# LES VRAIS PRINCIPES

SUR

# LA PRÉDICATION,

OU

Manière d'annoncer avec fruit la parole de Dieu,

PAR M. L'ABBÉ J.-X. VÊTU,

Chanoine honoraire, ancien vicaire-général de Dijon.

TOME SECOND.

DIJON,

CHEZ POPELAIN, LIBRAIRE,

Place St.-Jean, maison Bossuet.

1840.

LES VRAIS PRINCIPES

SUR

# LA PRÉDICATION.

# LES VRAIS PRINCIPES

SUR

# LA PRÉDICATION,

OU

Manière d'annoncer avec fruit la parole de Dieu,

PAR M. L'ABBÉ J.-X. VÉTU,

Chanoine honoraire, ancien vicaire-général de Dijon.

**TOME SECOND.**

1re PARTIE.

Quand vous enseignerez dans l'église, n'excitez point les applaudissemens, mais les gémissemens du peuple. Que les larmes de vos auditeurs soient vos louanges. (SAINT JÉRÔME A NÉPOTIEN.)

DIJON,

IMPRIMERIE DE SIMONNOT-CARION.

1839.

# LES VRAIS PRINCIPES

SUR

# LA PRÉDICATION,

OU

MANIÈRE D'ANNONCER AVEC FRUIT LA PAROLE DE DIEU.

## CHAPITRE VII.

### DE L'INSTRUCTION ET DES MOYENS ORATOIRES D'ÉCLAIRER ET DE FRAPPER LES ESPRITS.

Observations préliminaires.

1. Nous savons qu'il n'appartient qu'à Dieu d'éclairer les esprits par sa divine lumière et de toucher les cœurs par sa grace. Il est l'auteur de tout don. La lumière et la grace s'obtiennent ordinairement par la prière qu'on lui adresse avec un sincère désir de connaître la vérité et de pratiquer la vertu. Il les donne aussi à l'occasion de la prédication de sa parole, surtout quand on l'écoute de bonne foi et avec un cœur droit. Ces vérités supposées, nous disons qu'il est également des moyens humains, des moyens indi-

qués par les règles de l'art oratoire pour éclairer les esprits et toucher les cœurs. Ils n'ont, à la vérité, d'efficacité que par l'opération de Dieu, mais Dieu lui-même veut qu'on les emploie. Ce serait donc le tenter que de les négliger. Nous ne sommes, il est vrai, que des instrumens, que des ouvriers employés à la culture de sa vigne; mais il lui a plu d'attacher sa grace à des moyens extérieurs qui sont pour sa providence des occasions d'opérer dans les ames. Il est de notre devoir de planter, de tailler et d'arroser; c'est Dieu qui se charge du reste et qui opère en chacun selon qu'il le juge à propos (1).

---

(1) Un prédicateur zélé ne se contentera pas de savoir ces vérités. Il les fera connaître à ses auditeurs et leur apprendra à joindre au soin de venir l'entendre *la bonne foi* dans la recherche de la vérité et la *fuite du mal*. Il s'appliquera à leur faire bien comprendre que le don de voir et de sentir la *vérité religieuse* n'est accordé qu'à la sincérité et à la bonne vie. Il les engagera à *prier*, pour obtenir de la bonté de Dieu la lumière et la force qui leur sont nécessaires.

S'il a occasion d'avoir des *entretiens* avec les incrédules, les sectaires ou les pécheurs, il achèvera par ce moyen ce que ses prédications auront commencé. S'il ne voit dans ceux qui lui parlent qu'une envie de chicaner et de disputer, il n'entrera point en discussion avec eux, parce que ce serait inutile. Mais

2. Les esprits qui ont besoin d'être éclairés peuvent se trouver dans deux situations diffé-

Des différentes situations des esprits qui ont besoin d'être éclairés.

---

s'il remarque qu'ils sont dans la bonne foi et qu'ils désirent sincèrement s'instruire, alors il leur donnera volontiers tous les éclaircissemens dont ils auront besoin. Il prendra les gens où ils en sont et les conduira jusqu'au point convenable pour être dans la foi catholique. La prédication s'adresse à tous en commun. Dans la conversation on peut appliquer à chacun ce qui lui convient selon qu'on le trouve.

Les incrédules ne peuvent aller plus loin que le *doute* ou l'indifférence qui est plutôt une distraction, un étourdissement volontaire, qu'un système. Il est facile, en supposant les graces ordinaires, de leur faire sentir que cette situation n'est pas tenable pour quiconque réfléchit, et qu'ils doivent, s'ils veulent être raisonnables et prudens, sortir de ce triste état qui ne présente aucune consolation pour le présent et aucune sécurité pour l'avenir. Et quel avenir que l'éternité! En partant des principes généraux du bon sens, qui constituent la raison, ils sortiront bientôt du scepticisme et de l'illusion. Ce premier pas fait, tout marchera facilement. L'existence de Dieu, qu'on ne peut s'empêcher de reconnaître par la seule inspection de ce monde visible qui n'a pu se faire et qui peut encore moins se gouverner sans une intelligence suprême; la nécessité d'un culte qui l'honore, d'une révélation qui éclaire l'homme sur son origine, sa nature, sa destinée et ses devoirs; l'existence de cette révélation, qui est un fait prouvé par toutes les preuves qui établissent la vérité de l'histoire; la certitude des miracles et par conséquent de la divinité de Jésus-Christ

rentes. Ils sont, ou dans l'ignorance, ou dans l'erreur ou les préjugés. Ces deux situations

---

et de sa religion; les changemens prodigieux qui se sont faits dans le monde, et qui en sont l'effet nécessaire; l'existence toujours permanente d'une société visible établie par Jésus-Christ pour transmettre de génération en génération le dépôt de la révélation avec ses preuves; en un mot, une Église établie dès l'origine avec une hiérarchie et des pouvoirs qu'elle exerce sur la société chrétienne durant tous les temps et avant la naissance de toutes les sectes particulières qui s'en sont détachées; une Église qui a pour elle la possession et qui se présente avec tous ses titres: la simple exposition suivie et raisonnée de ces différentes vérités ne suffira-t-elle pas pour éclairer les incrédules qui ne sont pas endurcis, ou pour ramener à la vraie foi ceux qui auraient eu le malheur de s'en écarter?

On pourra conseiller à ceux avec lesquels on aura des entretiens de lire quelques bons ouvrages apologétiques de la religion, qui achèveront ce que les conversations auront commencé. Il ne faudrait pas indiquer d'abord les grands traités. On n'est pas assez instruit aujourd'hui *en matière de religion* pour les bien comprendre, ni assez libre d'affaires pour se livrer à des études approfondies. Ces lectures mettraient d'ailleurs de la confusion dans les esprits. Les personnes dont il est question ici sont dans une sorte d'enfance spirituelle; il faut leur indiquer des ouvrages courts, substantiels et faciles à comprendre. Les plus modernes sont les meilleurs, parce qu'ordinairement ils répondent mieux aux besoins présens, et nécessitent différens moyens pour dissiper les ténèbres qui empêchent la vérité de parvenir à

---

qu'ils plaisent, parce qu'ils ont la couleur du temps, du moins dans l'accessoire. Un contemporain se conforme à la situation des esprits et se fait écouter plus volontiers. Parmi les ouvrages nouveaux, nous conseillerons celui que M. Nault vient de donner au public (*), parce que, mettant de côté toutes les considérations trop élevées pour le commun des hommes, il se borne à ce qui est essentiel. C'est par là qu'il diffère d'une foule d'auteurs de nos jours qui, écrivant en faveur de la religion, semblent prendre à tâche de s'élever au-dessus des intelligences vulgaires. Ce qu'ils disent est bon, est vrai; mais qu'en résulte-t-il pour la masse des lecteurs? Quelques conclusions éloignées qui ne tiennent pas d'assez près aux véritables fondemens de la foi. M. Nault a donc fait preuve d'un bon esprit et d'un jugement solide en ne suivant pas cette marche. Il va droit au but. Ecoutons-le rendre compte lui-même de son dessein et de son plan.

« Après les travaux de tant d'esprits supérieurs qui « ont pris la défense du Christianisme dans les der-

(*) Vérité catholique, ou *Vue générale de la Religion considérée dans son histoire et dans sa doctrine*; suivie d'une Notice analytique des Pères de l'Église; par J.-P.-B. Nault, ancien procureur-général; avec cette épigraphe : *Videte quoniam non soli mihi laboravi, sed omnibus exquirentibus veritatem.* (Eccli., XIV, 17.) A Paris, chez Gaume frères, libraires, rue du Pot-de-Fer-Saint-Sulpice, 1839; 1 vol. in-8°. Cette édition, qui est la seconde, a été considérablement augmentée. Sous le rapport typographique, elle est assez bien exécutée.

l'intelligence. Nous allons en indiquer plusieurs dont l'expérience a montré l'efficacité. Commen-

---

« niers siècles, on a pu croire la question chrétienne « épuisée sous les formes anciennes. Aussi plusieurs « apologistes de notre époque ont-ils tenté de la met- « tre dans un nouveau jour. Une différence marquée « dans le but de leurs efforts les divise en deux « classes. Ceux d'entre eux qui s'attachent au point « de vue historique cherchent à éclairer la tradition. « Ils montrent, par une investigation savante des « livres sacrés des peuples anciens, des monumens « primitifs, l'analogie de ces débris du passé à une « tradition primordiale dont le dépôt est consigné « dans la Bible : tradition originale et pure, source « de la vérité et point de départ de l'erreur. Ces tra- « vaux, qui supposent un grand fonds d'érudition, « de sagacité et de patience, sont d'une haute por- « tée, parce qu'ils nous font voir les vestiges des « temps antiques venant tous aboutir à un point cen- « tral et fixe, qui est le récit tracé dans les livres « saints. Des apologistes de l'école philosophique « s'étudient de leur côté à mettre le dogme chrétien « en harmonie avec ce que la pensée peut saisir de « plus intime en toutes choses, soit dans les œuvres « de l'homme, telles que les arts et les lois, soit dans « la science de la nature. Ils s'appliquent à montrer, « dans l'universalité des rapports que le christianisme « embrasse et domine, un titre incontestable de sa « grandeur, et une marque certaine de sa vérité. « Cette manière de traiter la religion, hardie et « féconde dans ses aperçus, peut être profitable « sans doute à des intelligences très-éclairées. Mais,

çons par ce qui regarde l'instruction des ignorans (1).

---

« quoi que nous puissions dire des exigences du siècle « et de cette ardeur pour les nouveautés qui le pousse « en dehors des chemins battus, les efforts de pensées, comme les coups de Providence qui ont ramené quelques hommes à la foi, seront dans tous « les temps des exceptions. *La voie qui mène à la « vérité doit rester accessible et facile.*

« Les preuves tirées du fond même de la religion, « à la fois simples et lumineuses, seront toujours ac« commodées, ce nous semble, aux dispositions du « grand nombre des hommes. Il nous a paru qu'un « ouvrage qui réunirait en un seul tableau ces preu« ves le plus ordinairement divisées dans des com« positions étendues, pourrait être aujourd'hui de « quelque utilité, s'il était clair, substantiel et court. « En rapprochant les deux points de vue du chris-

---

(1) Nous ne parlerons point, du moins dans cet ouvrage, du *Catéchisme*, qui est le premier et le meilleur moyen, mais seulement de l'*Instruction familière* où l'on n'interroge pas. Elle se rapproche de la méthode du Catéchisme, à l'interrogation près, qui n'a pas lieu, puisque le prédicateur parle seul. On pourrait, par le moyen des *Conférences*, dont nous avons parlé au chapitre V, n° 37, instruire avec beaucoup d'avantage les ignorans sur toute la doctrine chrétienne; mais ce moyen n'est pas toujours praticable. Bornons-nous donc à ce qui est en usage dans l'Église.

De l'instruction des ignorans.

3. Pour éclairer les ignorans, une simple exposition ne suffit pas. Il faut expliquer les

---

« tianisme, sa suite historique et sa doctrine ; en « mettant en regard ses preuves extérieures et ses « preuves intrinsèques, on reflète le système complet « de la religion, qui frappera toujours les esprits at- « tentifs par sa grandeur et sa simplicité. On invite « le lecteur à approfondir ce qui lui était mal connu : « et n'est-ce pas souvent tout obtenir dans l'intérêt « de la vérité? C'est dans ce dessein que, sous le « titre général de *Vérité catholique,* nous avons en- « trepris un exposé rapide des preuves de la religion « considérée *dans son histoire et dans sa doctrine.*

« On sent assez qu'un ouvrage de ce genre ne com- « portait pas l'examen des différens systèmes philo- « sophiques qui ont préoccupé ou préoccupent les « esprits spéculatifs, qui rejettent ou scindent la vé- « rité chrétienne. La doctrine écossaise, celle de « l'éclectisme, celle du progrès, celle aujourd'hui pré- « conisée du *monde-dieu* qui déclare la science l'*uni- « que fin de l'homme devenu Dieu ;* tous ces systèmes, « dans lesquels se joue tour-à-tour la mobile sagesse « de l'homme, ne devaient point nous arrêter dans « notre marche. Ce n'est point une œuvre polémi- « que que nous avons voulu faire : nous nous som- « mes proposé une exposition de preuves de la re- « ligion, lesquelles se défendront assez d'elles-mê- « mes quand elles seront examinées avec candeur « et *bonne foi.* Nous lisons que les réédificateurs du « temple *faisaient leur œuvre d'une main, et de l'autre « tenaient l'épée.* (2 Esd., 4, 17.) Nous aussi, nous

choses dans le détail, se mettre à la portée des plus bornés, et ne rien négliger pour se faire

---

« apportons notre grain de sable, mais sans nous « mêler au combat : nous allons droit au but.

« Il nous fallait un point de départ qui servît de « base à nos preuves ; nous l'empruntons à la psy-« chologie, à l'observation des phénomènes de la « conscience, qui partout se sont reproduits sembla-« bles, chez tous les hommes et dans tous les âges. « Cette étude de nous-mêmes nous découvre en no-« tre nature des mystères, mais sans les expliquer ; « alors nous avons recours à la tradition, nous cher-« chons si elle n'aurait point le dépôt des vérités « premières que l'observation psychologique laisse à « désirer et n'enseigne point. Nous reconnaissons que, « dans une succession de faits, dont les hommes se « sont transmis le souvenir, la religion s'identifie « avec l'histoire primitive du genre humain ; et cette « connaissance de Dieu, aussi ancienne que l'homme, « lui explique le secret de sa propre nature. Après « avoir reconnu l'origine de la vraie religion, nous « la suivons dans son progrès chez un peuple jusqu'à « son établissement complet pour tous ; celui des faits « de son histoire le plus significatif et le plus écla-« tant, et dont la conséquence est sous nos yeux. « Nous arrivons alors aux preuves morales. La loi « chrétienne, par sa doctrine, sympathise avec les « dispositions intimes de notre ame ; sa perfection « commande au cœur de l'homme l'admiration et l'a-« mour, de même que sa vérité réclame l'assenti-« ment de la raison. Tel est le cadre que nous nous « proposons de remplir.

bien comprendre. C'est surtout quand on s'adresse à la multitude qu'il faut savoir se faire

« Ce plan n'est point *nôtre* sans doute, en ce sens « que nous ne l'avons pas inventé, et les vues fécon- « des qui en dérivent sont *anciennes*. Mais nous n'as- « pirons pas à dire des choses neuves; à Dieu ne « plaise! Ce sont d'anciennes vérités mises en oubli « que nous avons voulu remettre en lumière (*). Pour « exposer les preuves de la religion, il n'y avait pas « deux voies à prendre. Le fond de ce sujet impé- « rissable ne peut varier; puisqu'il repose sur des faits « accomplis et sur l'observation de la nature humaine, « qui ne change pas; la mise en œuvre seulement « doit être en rapport avec le cours successif des « idées et l'opportunité du temps. A une époque de « préoccupations matérielles et d'agitations sans terme, « nous avons cru devoir entreprendre de renfermer « dans un cadre resserré tout l'ensemble de la reli- « gion. A des esprits dominés par les choses du dehors, « nous ne demandons qu'une attention courte. Nous « leur offrons une œuvre succincte, qui est le fruit « d'une longue application. Quand ce travail n'abou- « tirait qu'à incliner l'esprit d'un homme vers la « vérité, n'aurions-nous pas reçu le prix de nos ef- « forts? »

Pour les pécheurs, comme ce n'est pas la foi qui leur manque, il suffira de la réveiller et d'en tirer les conséquences pour leur faire ouvrir les yeux sur la folie de leur conduite. Il faudra les ramener à leur

(*) *Eadem quæ didicisti doce, ut cum dicas nove, non dicas nova.* (VINCENT DE LÉRINS.)

petit. « Tout est énigme pour le peuple, dit « Gaichiés; c'est à lui que le prédicateur parle; « il ne lui doit rien laisser à deviner. Le peuple « ne voit les choses spirituelles que dans un « grand éloignement; il faut les lui rapprocher « par de grands traits, tels qu'on les trace sur « ces tableaux qu'on voit dans les voûtes des « temples. Dans les miniatures tout se confond, « tout échappe à qui n'a pas l'œil fin. Le gros « de l'auditoire ne saurait lire dans la pensée du « prédicateur, il s'en tient aux paroles. On doit

---

devoir, en leur montrant leur véritable intérêt dans la pratique de la religion. Il faudra exciter leur confiance dans la miséricorde de Dieu, faire naître en eux l'espérance du pardon, et surtout celle de la possibilité de la correction de leurs mauvaises habitudes. On tâchera de les bien convaincre que le chemin de la vertu devient facile quand on sait avoir un peu de courage dans les commencemens. On les encouragera de toute manière; et, quand on aura eu le bonheur de les ramener, on leur indiquera les moyens de se soutenir et de persévérer.

Si le prédicateur fait de son côté tout ce qu'il peut pour obtenir la grace pour ses auditeurs, s'il les recommande fréquemment à Dieu, et surtout à l'auguste Marie; si à la prière il joint la mortification, à l'exemple des hommes apostoliques, il est impossible que la réunion de tous ces moyens n'ait pas un résultat favorable, du moins pour quelques ames.

« supposer peu et expliquer beaucoup. Il vaut « mieux risquer d'en dire trop pour les gens « d'esprit que de n'en dire pas assez pour le « vulgaire. »

Ils sont plus nombreux qu'on ne pense. — Nécessité des instructions familières sur les choses les plus communes.

4. Les prédicateurs ont donc souvent tort de supposer que leurs auditeurs connaissent les premiers élémens de la religion et le détail de la vie chrétienne. L'expérience prouve qu'aujourd'hui surtout un grand nombre de personnes, même dans les premiers rangs de la société, auraient besoin de retourner au catéchisme. Comme la plupart rougiraient de s'y présenter, et qu'ils négligent la lecture des livres qui pourraient les instruire sur les vérités et sur les devoirs de la religion, il est donc nécessaire de faire des instructions familières sur les choses les plus communes. Sans cela la plupart des sermons seront inutiles au plus grand nombre, parce qu'en général ils supposent un fonds qui manque dans beaucoup d'auditeurs.

Sentiment d'Abelly.

5. « Le véritable caractère d'un apôtre, dit Abelly, c'est d'instruire; et le seul emploi que Notre Seigneur donna à ses disciples, ce fut d'*enseigner toutes les nations* et de leur apprendre son saint Évangile. Il faut donc, dans l'exercice de ce saint ministère, se faire un point

capital d'instruire et d'éclairer. C'est pourquoi il faut bien s'appliquer à faire concevoir aux peuples les mystères de notre sainte religion, de la Trinité, de l'Incarnation, du Saint-Sacrement, de l'Église, des points de la foi décidés dans les sacrés conciles; et, pour cela, il ne faut point appréhender de dire des choses trop communes. Si vous savez ces vérités, vos auditeurs ne les savent pas; et s'il y en a plusieurs d'entre eux qui les savent, ils ne seront pas fâchés que vous les appreniez à de plus ignorans qu'eux. Il ne faut pas employer tout le temps d'un sermon à rechercher des pensées curieuses et relevées, pendant qu'on laisse le peuple dans l'ignorance. »

Il faut se mettre à la portée du plus grand nombre, en laissant les pensées trop relevées.

6. C'est une règle générale que, dans l'*enseignement*, il faut toujours commencer par ce qui peut donner l'intelligence de ce qui doit suivre, c'est-à-dire qu'*il faut aller du connu à l'inconnu, ou du plus connu à ce qui l'est moins*. Nous marchons dans les ténèbres; la vérité est la lumière qui éclaire nos pas. Nous ne voyons que par degrés et à une très-petite distance de nous. La lumière croît peu à peu, jusqu'à ce que nous arrivions à la pleine clarté, qui est celle du ciel. En attendant ce jour heureux, qui doit

être sans nuages, nous n'avons ici-bas, pour nous conduire, que la raison et la foi qui suffisent à l'état présent. Nous n'avons pas en naissant, et le baptême ne nous donne pas les connaissances nécessaires. Nous avons seulement la capacité et les dispositions pour les recevoir. C'est par l'instruction qu'elles nous sont données. Les ministres de l'Église sont chargés d'office de nous transmettre la doctrine chrétienne. C'est la fonction des pasteurs et des catéchistes, c'est celle des prédicateurs qui ont reçu la mission légitime de l'Église.

Le degré de connaissance qui peut être acquis ici-bas, quoique très-borné en comparaison de celui que nous aurons dans le ciel, n'est cependant pas la mesure qui doit et qui peut être commune. Les simples fidèles ne sont pas tenus d'en savoir autant que les théologiens et les docteurs qui sont chargés d'enseigner. Il suffit qu'ils aient les notions essentielles, dont l'Église a fixé la mesure. Ces notions, quelque restreintes qu'elles soient, ne sont pas encore aussi communes qu'on pourrait le croire et qu'on le suppose ordinairement. Les supposer et parler d'autres objets dans ses instructions, ou bien choisir, pour les établir, des preuves trop savantes pour le peuple, c'est ou ignorer le véritable état des esprits, ou céder à une misérable considération d'amour-propre qu'on devrait mépriser quand il s'agit d'un intérêt aussi majeur que celui du salut des âmes.

Le devoir du prédicateur est de se faire petit avec les petits, et de se mettre à la portée de tous pour être compris par les plus simples. Ceux-là s'éloignent donc entièrement de leur but, qui, sans égard pour les besoins du plus grand nombre, ne s'adressent qu'aux plus éclairés de l'auditoire et négligent la multitude qui ne peut les suivre dans les régions élevées où leur vanité se complaît. Le vrai zèle ne cherche point à se faire admirer par de hautes conceptions; il préfère toujours être utile et instruire solidement pour convertir. « Ce n'est pas toujours la science et la profondeur du raisonnement, dit Abelly, qui font les conversions. Tout le monde n'en est pas capable, et quiconque saura choisir ce qui convient à ses auditeurs fera plus de fruit que les plus grands docteurs qui débiteraient sans cesse une théologie trop élevée; c'est la remarque d'Aristote, qui dit que parmi le peuple un homme fort médiocrement savant est plus propre, parce que, n'étant capable que de choses communes, il se trouve qu'elles sont justement à la portée de ses auditeurs qui y entrent facilement (1), tandis qu'un plus savant perd son temps en disant des choses trop belles et trop sublimes. Il faut demeurer d'accord que tous nos mystères sont très-simples, et que la pratique de toutes les vertus doit être très-familière. C'est aller trop loin que de montrer la Nativité de Notre Seigneur par rapport à sa génération éternelle; de donner pour modèle de nos préparations à la communion ce que font les anges dans le ciel; d'instruire les pauvres enfans de leurs devoirs par l'imitation qu'ils doivent à Dieu le père, *a quo omnis paternitas,* et de faire valoir la pauvreté évangélique par comparaison à Jésus-Christ qui a été si pauvre qu'il a dépouillé son humanité sainte de sa propre subsistance et de sa personnalité. Tout cela est beau, docte et véritable, mais fort peu propre à persuader les esprits; et le bon sens choisira toujours des raisons plus communes et moins abstraites. C'est mal juger que de dire : Cela est savant et

(1) *Magis idonei ad persuadendum sunt inerudite quam eruditi inter vulgares, quia communia dicunt* (RHET., c. 21.)

curieux, donc cela convaincra les esprits. Car tout le monde n'est pas capable de science et de curiosité. Mais il n'y a personne qui ne raisonne en sa manière et qui n'entre dans des argumens qui lui soient proportionnés. Voilà pourquoi quantité d'habiles gens ne sont pas suivis, parce qu'ils s'imaginent que le plus sublime est le meilleur, et que ce qui contente leur entendement doit enlever la volonté de tout le monde.

« *Le véritable secret est de choisir ce qui est propre à convaincre l'auditeur, et le préférer à ce qui flatte la capacité* (c'est-à-dire la vanité) *du prédicateur*. Ce choix n'est pas si difficile qu'on s'imagine. Il faut seulement faire ce qu'un des meilleurs et des plus fructueux des prédicateurs de notre temps avait coutume de conseiller comme une pratique qui lui avait été très-avantageuse : d'examiner la force d'une preuve avant que de l'employer ; de se demander à soi-même si l'on serait convaincu d'une telle raison, en cas que l'on fût dans l'état du pécheur que l'on entreprend de convertir ; et, lorsqu'agissant de bonne foi, on trouve des réponses à cette raison, ou des obscurités qui peuvent empêcher qu'on ne la conçoive, il la faut laisser et en chercher une autre à quelque prix que ce soit. Cicéron en usait de la sorte, et Grenade en fait une des principales instructions de sa Rhétorique. Je ne prétends pas que l'on ne mette rien qui ne soit sans réplique; mais il faut que tout ce qu'on emploie soit bon, quoiqu'il y ait quelque chose de plus excellent. On me pourra répondre que l'on a peur de manquer de matière, et qu'on ne peut mal faire en disant ce que la Théologie enseigne, et ce que les saints Pères ont prêché; mais je sais bien que ce ne sont pas les savans et les judicieux qui me feront cette objection, puisqu'ils n'ignorent pas que l'abondance des matières est finie, et que dans le choix que je recommande ce ne sont pas les matières précieuses que je désire, mais les communes qui se trouvent très-facilement. »

Ne pas craindre de rappeler souvent les mêmes vérités.

7. Il ne faut pas craindre de rappeler souvent les mêmes vérités. C'est le moyen de les inculquer dans les esprits et dans les cœurs. On blâmait un jour, devant saint François de Sales, un prédicateur célèbre, de ce qu'il revenait souvent sur les mêmes vérités. C'est, répondit le saint, en quoi je le trouve plus louable, puisqu'il pratique exactement le précepte de saint Paul : *insta opportune, importune* (2 TIM., 4, 2). Il importe fort peu que l'on choque l'o-

reille des délicats, pourvu qu'on touche le cœur des auditeurs ; il faut parler au cœur de Jérusalem, et ramener à leur devoir, s'il est possible, les prévaricateurs. Et quel moyen de les rappeler à leur devoir, si on ne rebat souvent les mêmes vérités, pour les graver dans leurs dures cervelles et sur leur cœur de pierre et incirconcis! Il ne faut jamais se lasser d'inculquer aux peuples les enseignemens qui les peuvent conduire au salut. Quelle était la prédication de Jonas, sinon de dire et répéter sans cesse : *Encore quarante jours, et Ninive sera détruite* (3, 4). Les paroles de salut sont bonnes, fussent-elles répétées dix fois. Les médecins ne cessent de répéter les mêmes remèdes, jusqu'à ce qu'ils soient victorieux du mal. Il faut mépriser les jugemens des petits esprits qui ne regardent les choses que superficiellement. Qu'importe leur mépris ou leur estime, pourvu que Jésus-Christ soit annoncé, et les bonnes ames édifiées? (Philipp. 1, 18). Il faut dire peu de choses et bonnes, et il faut les inculquer soigneusement et ne point s'embarrasser de ces esprits dégoûtés qui se fâchent quand un prédicateur répète et rebat une même chose. Quoi! pour faire un fer de cheval, combien ne faut-il pas le battre et le rebattre!

Pour faire un tableau, combien ne faut-il pas passer et repasser le pinceau sur les mêmes traits! Combien plus, pour graver des vérités éternelles en des cœurs affermis dans le mal et en des cervelles dures! »

Excès à éviter. Règles à suivre.

8. Il y a en ceci un excès à éviter : c'est de répéter les choses de manière à ennuyer les auditeurs. Ce défaut est celui des prédicateurs qui montent en chaire sans préparation, et qui, n'ayant pas une marche bien tracée et un plan bien nourri, ne font que battre la campagne et revenir sans cesse sur ce qu'ils ont déjà dit, parce que leur mémoire ne leur présente rien autre chose. Pour que les répétitions ne fatiguent pas, il faut, 1° qu'elles ne soient jamais faites inutilement; 2° qu'elles soient courtes. Ce serait manquer à cette règle que de répéter une partie considérable de son discours. Ce defaut est ordinairement la suite d'une mauvaise division où les parties rentrent l'une dans l'autre. Les choses ayant toujours entre elles quelque analogie, quelques points de rapprochement, il faut être attentif pour ne pas dépasser la ligne qui les sépare et pour s'arrêter à ce qui se rapporte directement à l'article qu'on traite. 3° Il faut, autant que possible,

que les répétitions ne se fassent pas dans les mêmes termes.

Des moyens d'éclairer ceux qui sont dans l'erreur ou les préjugés sur les vérités de la Religion.

9. La fonction d'instruire les ignorans n'est pas celle qui est la plus difficile. Il en est une qui présente plus d'obstacles à l'orateur sacré. C'est celle d'éclairer et de détromper ceux qui ont le malheur d'être dans l'erreur ou les préjugés, surtout s'ils y ont été élevés. Sur cet article un grand nombre de prédicateurs s'écartent des vrais principes. On se trompe beaucoup si l'on croit qu'il faut toujours attaquer de front l'erreur ou l'incrédulité, et qu'il n'y a pas d'inconvénient pour les auditeurs à suivre la méthode ordinaire de discuter. Ce n'est pas ainsi que procédaient les François de Sales, les Fénélon, et tous ces hommes apostoliques qui ont ramené à la vérité un si grand nombre d'ames.

Sentiment de saint François de Sales sur les controverses.

10. Le jugement de saint François de Sales sur cette matière a d'autant plus de poids, que Dieu s'est servi de lui pour convertir un grand nombre d'hérétiques. Son avis était qu'il ne fallait pas, dans les sermons, traiter des matières de controverse *directement et par forme de dispute*. Cette méthode, disait-il, ne m'a jamais réussi, et j'ai remarqué la même chose de ceux qui m'étaient associés pour la conversion du

Chablais. Les sermons où l'on attaque de front la doctrine de nos frères séparés, les effarouchent au lieu de les apprivoiser; quand ils voient qu'on les attaque, ils se mettent en garde; et quand on leur porte la lampe trop près des yeux, ils se rendent rebelles à la lumière; ils se défient de ces discours où celui qui fait l'objection fait aussi la réponse, et où le prédicateur dit ce qu'il veut sans que personne lui tienne tête. Pour moi, je pense que c'est ce que saint Paul appelle combattre en l'air (1 Cor. 9, 26); il me semble que la chaire évangélique est faite pour édifier l'édifice du salut, en persuadant les bonnes mœurs, et non en disputant et en contestant.

Danger des sermons de controverse, même pour les catholiques.

11. Mais, dira-t-on, c'est pour affermir les catholiques dans leur croyance que l'on détruit devant eux les objections de leurs adversaires. Spécieuse raison, mais que l'expérience fait connaître peu efficace; parce qu'outre les épines de tant de difficultés qui se rencontrent en ces fâcheuses contestations, l'esprit humain, par la corruption de la nature, a tant de penchant vers le mal, qu'il s'arrête plutôt à l'objection qu'à la solution, et ainsi prend le serpent pour le pain.

Méthode du

12. La méthode du saint évêque de Genève

saint évêque de Genève.

était, soit dans ses sermons, soit dans ses conférences particulières avec les protestans, d'expliquer, avec cette clarté et cette facilité qui lui étaient naturelles, les simples et nues vérités de la foi; disant que la vérité, en sa simplicité toute naïve, avait des graces et des attraits capables de se faire aimer par les ames les plus rebelles. Ce procédé lui réussissait si admirablement que, pourvu qu'il pût obtenir d'un protestant une audience tranquille et paisible, non-seulement il lui faisait tomber les armes des mains et lui enlevait ses objections avant qu'il les eût faites, mais, s'il ne le gagnait pas sur-le-champ, il le blessait du moins si avant, que bientôt l'hérétique revenait pour chercher le remède et la guérison en la main qui l'avait si heureusement blessé.

Il aimait beaucoup avoir avec eux ces conférences paisibles et amicales. C'est par ce moyen qu'il a ramené un si grand nombre d'ames dans le sein de l'Église. Voici la conduite qu'il tenait ordinairement dans ses conversations avec les hérétiques. Il les laissait parler de leur religion avec beaucoup de patience, sans témoigner aucun ennui ni mépris des choses sottes et ridicules qui souvent sortaient de leur bouche; par-là il les disposait à lui donner à son tour quelque petite audience. Quand on lui avait donné le loisir de parler, il se gardait bien de perdre ce temps, dont les moindres momens lui étaient précieux, à réfuter leurs objections; mais, s'attachant au sujet qui avait été traité par l'hérétique, ou à quelque autre article de notre foi qu'il estimait plus important, il exposait brièvement, nettement et fort simplement ce qu'enseignait l'Église catholique, sans aucun mot qui sentît la controverse, et de la même manière que l'on traite des articles de foi dans les catéchismes. Il souffrait avec une patience incroyable les huées, les moqueries, les mépris, les interruptions que faisaient ces pauvres gens; et, sans s'émouvoir, il continuait son discours quand on lui en donnait le loisir.

Vous ne sauriez croire, disait-il à M. de Belley, combien les vérités de notre sainte foi sont belles quand on les considère en esprit de tranquillité; nous les suffoquons à force de les revêtir, et nous les cachons pour vouloir les rendre trop visibles; les proposer simplement, c'est un excellent moyen pour les persuader, pourvu que les auditeurs ne résistent pas au Saint-Esprit; toutes les preuves extérieures sont faibles, si le

Saint-Esprit ne fait luire aux yeux de l'ame sa lumière surnaturelle; et on suffoque l'action intérieure du Saint-Esprit en entassant des argumens appuyés sur la raison.

L'un de leurs plus grands maux, c'est que leurs ministres leur déguisent notre croyance et la leur représentent toute autre qu'elle n'est. Ils disent, par exemple, que nous ne faisons aucun cas de l'Écriture-Sainte, que nous adorons les images, que nous privons le peuple de la participation au sang de Jésus-Christ, et mille semblables calomnies qui rendent notre religion odieuse à ces peuples mal informés. Aussitôt que nous leur faisons connaître la droiture de notre croyance sur tous ces articles, les écailles leur tombent des yeux, et ils voient que leurs prédicateurs leur ont caché la vérité et ont substitué les ténèbres à la place de la lumière.

Ils commencent ordinairement par branler la tête et se moquer de nous, parce qu'ils sont habitués à mépriser nos dogmes, et quelquefois aussi parce qu'ils se persuadent que nous voulons leur déguiser notre véritable croyance; mais, quand ils se sont retirés et qu'ils ont eu le temps de réfléchir sur ce que nous leur avons dit, ils sont tourmentés par le désir d'éclaircir les choses et de s'instruire plus à fond ; ils reviennent nous demander de nouveaux éclaircissemens, et ils finissent par être convaincus de la vérité. Peu à peu les uns tombent à droite, les autres à gauche ; et le Saint-Esprit les amène ainsi à la véritable Église.

Le Saint alléguait une infinité d'exemples de conversions arrivées ainsi, entre ses mains, pendant les cinq ans qu'il fut employé à la conversion du Chablais. Il disait qu'au contraire les disputes en matière de religion n'opéraient pas de conversions, et n'avaient d'autre effet que de faire paraître la science ou l'adresse des disputans. Si l'on commence, disait-il, par le dessein de soutenir la religion, on entre, dès le troisième argument, dans le désir de maintenir sa réputation ; on veut, à quelque prix que ce soit, soutenir son opinion et lui faire remporter l'avantage sur celle de son adversaire ; ce n'est plus Dieu que l'on cherche, mais soi-même ; car, de garder la modération dans la dispute, c'est une chose plus à désirer qu'à espérer. L'esprit de tempête et d'orage, tel qu'est celui de la contestation, n'est pas propre à conduire au port de la vérité. Dieu habite dans la paix, et il veut que nous agissions les uns avec les autres en esprit de paix et de tranquillité.

Ce n'est pas qu'il ne faille soutenir les vérités catholiques et réfuter les erreurs ; car les armes de la milice spirituelle et de la parole de Dieu sont puissantes pour détruire la fausseté qui s'élève contre la vérité, et pour vaincre la désobéissance (2 Cor., 10, 4) ; mais il faut bien prendre garde de ne pas s'en servir comme les guerriers qui, le sabre à la main, frappent indistinctement à droite et à gauche ; il faut, au contraire, les manier avec une grande dextérité, comme les chirurgiens, qui usent de leurs lancettes et de leurs autres instrumens avec toute l'adresse possible, pour faire souffrir leurs malades le moins qu'ils peuvent.

De quel secret faut-il donc user pour manier adroitement les matières controversées, soit en prêchant, soit en conversant familièrement avec les protestans ? En voici un qui renferme plusieurs avantages : 1° Il cache la lancette dans le coton, et, tandis que l'on fait semblant de frotter l'abcès avec de l'huile, il n'y a qu'à presser et appuyer dessus, et on le crève ; 2° il ôte l'ennui et l'importunité qui accompagnent ordinairement les discours épineux des contestations ; 3° il surprend heureusement ceux qui l'écoutent, et leur fait recevoir la vérité, non-seulement sans peine, mais avec délectation; 4° il est simple, et néanmoins, en sa simplicité, il contient une merveilleuse énergie, changeant les armes offensives en défensives, et tirant des preuves pour la défense de la vérité des objections mêmes que font les hérétiques.

Il se pratique de cette sorte. Les réponses que les catholiques font aux objections que les protestans tirent des Écritures, étant conformes aux vérités que l'Église enseigne, il n'y a qu'à faire marcher la solution la première, laquelle étant bien expliquée par manière de raisonnement, sans faire paraître que ce soit une réponse à une objection, le passage objecté vient ensuite faire la preuve de la vérité qui est avancée. Voici un exemple qui mettra la chose en évidence :

Les protestans objectent communément contre la présence réelle ce passage : *C'est l'esprit qui vivifie, la chair ne sert de rien* (1); à quoi nous apportons deux réponses, l'une de saint Chrysostôme, l'autre de saint Augustin : la première, que la chair seule sans l'esprit, c'est-à-dire sans

(1) *Spiritus est qui vivificat; caro non prodest quidquam.* (JOAN., VI, 64.)

la divinité, ne profiterait pas; l'autre, que l'intelligence charnelle, grossière et telle que l'avaient les Capharnaïtes, qui croyaient que Jésus-Christ couperait sa chair en morceaux pour la donner à manger, ne sert de rien pour comprendre les intentions du Sauveur. Pour mettre cette industrie en pratique, il ne faut que représenter la faiblesse de la chair seule, sans son onction, c'est-à-dire sans l'union avec la divinité, et montrer que c'est la divinité qui donne à l'humanité le pouvoir qu'elle a d'influer sur ses membres, qui sont les fidèles, et de répandre en eux la grace qui lui est communiquée en qualité de chef; et ainsi, que c'est cet esprit de la divinité qui vivifie et la chair sacrée de Jésus-Christ, et les ames qui, par la communion, en sont rendues participantes.

Selon le second sens, il ne faut que représenter combien était grossier et indigne de la majesté de ce mystère le sentiment des Capharnaïtes, et combien la croyance catholique est éloignée de ce sentiment. Après avoir bien exposé la doctrine catholique sur ces deux points, on prouve que cette doctrine est véritable, et on allègue en preuve la parole du Sauveur : *La chair ne sert de rien.* Il se trouve ainsi que cette parole, au lieu d'être une objection contre la doctrine catholique, en est la confirmation, et qu'on a amené doucement les protestans à entendre cette parole dans son véritable sens, au lieu du sens faux que lui veulent donner les ministres pour en faire une arme contre l'Église romaine.

Saint François de Sales m'a dit, ajoute l'évêque de Belley qui rapporte tout ceci (1), qu'il s'était fort long-temps servi de cette méthode, et qu'elle déguisait tellement les controverses,

(1) Ce que nous disons de saint François de Sales dans plusieurs endroits de cet ouvrage, est tiré en grande partie d'un recueil excellent, qui a paru à Lyon, en 1829, en un volume in-12, sous ce titre : *Le Guide de ceux qui annoncent la parole de Dieu.* Nous y avons aussi puisé presque entièrement ce que nous rapportons des Saints qui ont appartenu à la compagnie de Jésus. Pour les autres saints personnages canonisés ou non, nous avons surtout consulté leurs vies particulières, qui sont entre les mains de tout le monde. Ainsi la vie du P. Eudes, par M. l'abbé Trevaux, vicaire-général de Paris, nous a fourni ce que nous avons dit de cet homme apostolique. Nous avons extrait de celle de M. de la Motte, évêque d'Amiens, par l'abbé Proyart, ce que nous rapportons de ce saint prélat. Nous avons fait de même usage de celle de saint Liguori, par l'abbé Jeancard, et des autres qui sont assez connues.

qu'encore que l'on ne prêchât autre chose, il était malaisé que les auditeurs, quand ils n'en sont pas avertis, s'en aperçoivent. Il prêcha un avent et un carême à Grenoble, où il y a quantité de protestans, lesquels se rendaient plus assidus à ses prédications qu'à celles de leurs ministres, parce que, disaient-ils, il n'avait pas l'esprit de contestation qui résidait sans cesse sur la langue de leurs prédicateurs; et cependant il employait toujours la première partie de ses sermons à représenter les vérités de la doctrine catholique, mais en la manière que je viens de dire, donnant la seconde partie à la morale et à la piété : et les protestans, ne s'apercevant pas de son adresse et de sa méthode, étaient dans un étonnement continuel de voir qu'il prouvât les articles de la croyance de l'Église romaine par les mêmes passages de l'Écriture dont leurs ministres prétendaient se servir pour faire leurs principales objections.

Conversions innombrables que fit saint François de Sales.

13. On fait monter à soixante et dix mille le nombre des hérétiques que saint François de Sales a fait rentrer, pendant sa vie, dans le sein de l'Église. C'est un fait inséré dans la bulle de sa canonisation. On a attribué la cause de cette multitude de conversions à sa grande douceur,

et il est vrai qu'elle y a beaucoup contribué. Aussi le fameux cardinal du Perron disait-il qu'il se chargeait de convaincre les hérétiques, mais que c'était à saint François de Sales de les toucher et de les convertir. Il est nécessaire cependant d'ajouter que la douceur de notre saint n'a eu ces merveilleux effets que parce qu'elle était accompagnée de la science. La douceur dispose et ouvre les cœurs, mais il faut la science pour éclairer les esprits. La douceur de saint François de Sales le faisait aimer; on sentait qu'elle était en lui l'épanchement d'un cœur plein de charité et de zèle. Dans ses discours publics et dans ses conversations particulières, il cherchait à persuader les hérétiques, sans leur causer ni honte ni confusion; il ménageait un certain orgueil secret qui nous prévient contre les vérités que les autres nous découvrent; il veillait à ce que les discussions de controverse ne dégénérassent pas en dispute, parce qu'alors il arrive d'ordinaire que les esprits échauffés s'opiniâtrent dans leurs sentimens.

Il ne se montrait point comme un guerrier qui veut remporter la victoire, mais comme un bon père vivement touché de l'égarement de ses enfans; il plaignait leur malheur d'avoir sucé de fausses doctrines avec le lait, et montrait pour eux une affection si vive, un amour si tendre, qu'il aurait fallu avoir des entrailles de bronze pour ne pas en être touché, d'autant plus qu'il n'y avait en cela rien d'affecté. Formé à l'école de Jésus-Christ, il était pénétré d'amour pour le prochain et de zèle pour le salut des ames; les sentimens de son cœur se peignaient sur son visage, dans sa voix, dans ses gestes, dans toute sa conduite; il obtenait par-là de se faire écouter favorablement, et sa science achevait alors le triomphe que sa douceur avait commencé. Il prouvait la vérité d'une manière si claire et si intelligible, que tous les sophismes de l'erreur se dissipaient comme la fumée.

14. Ce qu'il y a de remarquable, c'est que souvent il convertissait les hérétiques sans traiter des sujets de controverse. En voici un exemple. Une calviniste orgueilleuse, qui joignait l'obstination de l'hérésie à la présomption d'une fausse science, étant venue à un de ses sermons, le premier dimanche de l'avent, il y fit une peinture si vive du jugement dernier et des tourmens d'une éternité malheureuse, il jeta tellement dans son cœur un trouble salutaire, Trait particulier.

qu'elle en tomba malade. Alors elle demanda avec empressement celui dont elle ne parlait auparavant qu'avec dédain, elle écouta avec docilité les vérités de la foi; la tranquillité qu'elle recouvra avec la santé de l'ame lui rendit bientôt la santé du corps; elle n'en fit usage que pour se rendre l'apôtre de l'Église catholique dont elle avait été si long-temps l'ennemie.

Cette conversion fit beaucoup de plaisir à saint François de Sales; et il en parle dans une de ses lettres, mais avec cette humilité profonde qui lui faisait taire toutes les circonstances qui pouvaient tourner à sa gloire. « Étant à « Paris, dit-il, en prêchant en la chapelle de « la reine le jour du jugement, il se trouva « une dame nommée madame de Perdreauville, « qui était venue par curiosité; elle demeura « dans les filets, et sur ce sermon prit résolu- « tion de s'instruire, et trois semaines après » m'amena toute sa famille à confesse, et je fus « leur parrain de tous en la confirmation. « Voyez-vous : ce sermon-là, qui ne fut point « fait contre l'hérésie, respirait cependant une « vérité catholique dont Dieu se servit contre « l'hérésie; car Dieu me donna en ce moment

« de parler ainsi en faveur de ces ames. Depuis « lors, j'ai toujours dit que qui prêche avec « amour, prêche assez contre les hérétiques, « quoiqu'il ne dise pas un seul mot de dispute « contre eux. »

Les sermons de morale peuvent servir à convertir même les hérétiques.

15. « Les sermons de morale accompagnés et animés de mouvemens de dévotion me paraissent, dit le même saint, bien plus propres à la conversion, non-seulement des pécheurs, mais encore des hérétiques, que toutes les pointes et les aigreurs de la controverse : le vinaigre chasse les mouches, que le miel et le sucre attirent en quantité. Certes, depuis trente-trois ans que Dieu m'a appelé à la fonction sacrée de rompre le pain de sa parole au peuple, j'ai remarqué que les sermons de morale traités avec piété et zèle, sont autant de charbons ardens que l'on jette au visage des protestans, quand ils y assistent, qu'ils les prennent en fort bonne part, en demeurent édifiés, et en deviennent plus dociles et traitables quand on vient à éclaircir en conférence les points sur lesquels ils diffèrent avec nous. Ce n'est pas mon sentiment seul, mais celui des plus célèbres prédicateurs que j'ai connus ; et ils conviennent que la chaire n'est point le champ de bataille de la

controverse, et que l'on y démolit plus que l'on n'y édifie, si on y veut traiter les disputes de religion autrement qu'en passant. »

Sentimens de Saint Vincent de Paul sur les controverses.

16. Saint Vincent de Paul avait sur les controverses les mêmes sentimens que saint François de Sales. Il pensait que les contentions et les disputes en matière de religion, et particulièrement celles qui se font avec esprit d'aigreur, et avec des paroles piquantes, n'étaient en aucune façon propres pour convertir les hérétiques; c'est pourquoi il recommandait aux siens de les éviter absolument, surtout les invectives et les reproches, parce qu'il y entre toujours beaucoup d'orgueil. Il disait à ce propos que les gens doctes ne pouvaient rien gagner avec le diable par la superbe, d'autant qu'il en était plus rempli qu'eux; mais au contraire qu'il serait aisément vaincu par l'humilité, parce que c'était une arme dont il ne pouvait se servir. Il ajoutait sur ce même sujet, qu'il n'avait jamais vu ni entendu qu'aucun hérétique eût été converti par la subtilité d'un argument, mais bien par la douceur et par l'humilité.

Quoique saint Vincent de Paul ne fût pas d'avis que ses missionnaires s'engageassent aux contentions et disputes contre les hérétiques, il leur recommandait pourtant d'apprendre soigneusement tout ce qui appartient à la théologie polémique et aux controverses, pour être toujours prêts, selon la maxime du prince des Apôtres, de rendre raison de leur foi, d'en soutenir la vérité, et de convaincre de fausseté les erreurs contraires; conférant à l'amiable avec les hérétiques, et répondant doucement à leurs objections, plutôt pour les convertir que pour les confondre; et de tout temps il les a obligés de faire des conférences, et une étude particulière sur ce sujet. Voici ce qu'il écrivait dès l'année 1628, de la ville de Beauvais où il était alors, à celui auquel il avait laissé en son absence la conduite du collége des Bons-Enfans, à Paris.

« Comment se porte la compagnie? lui dit-« il; chacun est-il en bonne disposition et « bien content? les petits réglemens s'obser-« vent-ils? étudie-t-on et s'exerce-t-on sur les « controverses? y observez-vous l'ordre pres-« crit? Je vous supplie, Monsieur, qu'on tra-« vaille soigneusement à cela; qu'on tâche de « bien posséder le petit Bécan (1), il ne se peut

(1) Bécan est un théologien catholique qui a fait plusieurs bons ouvrages sur les controverses, entre

« dire combien ce petit livret est utile à cette « fin. Il a plu à Dieu de se servir de ce misé- « rable (c'est de lui qu'il parle) pour la con- « version de trois personnes depuis que je suis « parti de Paris ; mais il faut que j'avoue que « la douceur, l'humilité et la patience, en trai- « tant avec ces pauvres dévoyés, est comme « l'ame de ce bien. Il m'a fallu employer deux « jours pour en convertir un, les deux autres « ne m'ont pas tant coûté de temps. J'ai bien « voulu vous dire cela à ma confusion, afin « que la compagnie voie que, s'il a plu à Dieu « de se servir du plus ignorant et du plus mi- « sérable de la troupe, il se servira encore plus « efficacement de chacun des autres. »

C'était donc sa maxime de joindre à la doctrine et à l'étude des controverses une bonne provision d'humilité, de douceur, de patience, pour s'en servir lorsqu'il serait question de converser, ou de conférer avec les hérétiques; il voulait même qu'on leur témoignât quelque sorte de respect et d'affection, non pour les flat-

autres un *Compendium* qui a été très-utile aux prêtres employés dans les missions. On a donné son nom à son livre.

ter dans leurs erreurs, mais pour gagner plus facilement et plus efficacement leurs esprits; surtout il estimait que la vie vertueuse et exemplaire des catholiques, et particulièrement des ecclésiastiques et des missionnaires, aurait plus de force qu'aucune autre chose pour les retirer de l'erreur, et leur faire embrasser la véritable religion; c'est ce qu'il a souvent inculqué dans ses lettres, comme on le voit entre autres dans celle qu'il écrivait au supérieur de la maison de Sédan.

« Lorsque le roi vous envoya à Sédan, lui « dit-il, ce fut à condition de ne jamais dis- « puter contre les hérétiques, ni en chaire ni « en particulier; sachant que cela sert de peu, « et que bien souvent on fait plus de bruit que « de fruit. La bonne vie, et la bonne odeur « des vertus chrétiennes mises en pratique, « attire les dévoyés au droit chemin, et y con- « firme les catholiques; c'est ainsi que la com- « pagnie doit profiter à la ville de Sédan, en « ajoutant aux bons exemples les exercices de « nos fonctions, comme d'instruire le peuple « selon notre façon ordinaire, de prêcher con- « tre le vice et les mauvaises mœurs, d'établir « et persuader les vertus, montrant leur néces-

« sité, leur beauté, leur usage et les moyens « de les acquérir ; c'est à quoi principalement « vous devez travailler. Que si vous désirez « parler de quelques points de controverse, ne « le faites point si l'évangile du jour ne vous y « porte, et alors vous pourrez soutenir et « prouver les vérités que les hérétiques com- « battent, et même répondre à leurs raisons, « sans néanmoins les nommer ni parler d'eux. »

L'un des frères de la congrégation de la mission, qui était fort habile en chirurgie, ayant eu mouvement d'aller contribuer par les bienfaits de son art et de sa charité à l'établissement de la foi dans l'île de Madagascar, saint Vincent l'envoya pour s'embarquer à La Rochelle, au mois de décembre de l'année 1659, avec quelques prêtres de sa compagnie. Ce bon frère ayant remarqué que plusieurs huguenots devaient faire le même voyage, et s'embarquer dans le même navire qui devait les mener en cette île, il en conçut un grand déplaisir, qu'il fit connaître à son supérieur par une de ses lettres. Le saint lui fit la réponse suivante :

« Je suis fort affligé, lui dit-il, de savoir « que vous aurez des hérétiques dans votre « vaisseau, et par conséquent beaucoup à souf-

« frir de leur part. Mais enfin Dieu est le maî-
« tre, et il l'a ainsi permis pour des raisons
« que nous ne savons pas; peut-être pour vous
« obliger d'être plus retenu en leur présence,
« plus humble et plus dévot envers Dieu, et
« plus charitable envers le prochain, afin qu'ils
« voient la beauté et la sainteté de notre reli-
« gion, et qu'ils soient par ce moyen excités
« d'y revenir. Il faudra soigneusement éviter
« toutes sortes de disputes et d'invectives avec
« eux, vous montrer patient et débonnaire en
« leur endroit, lors même qu'ils s'échapperont
« contre vous, ou contre notre créance et nos
« pratiques. La vertu est si belle et si aimable,
« qu'ils seront contraints de l'aimer en vous,
« si vous la pratiquez bien. Il est à souhaiter
« que, dans les services que vous rendrez à Dieu
« sur le vaisseau, vous ne fassiez point accep-
« tion de personne, et ne mettiez pas de diffé-
« rence qui paraisse entre les catholiques et
« les huguenots, afin que ceux-ci connaissent
« que vous les aimez en Dieu. J'espère que vos
« bons exemples profiteront aux uns et aux
« autres. »

Sentiment de saint François de Borgia sur la même matière.

17. « Il faut, dit saint François de Borgia, dans son ouvrage sur la manière de bien prêcher,

traiter avec beaucoup de prudence les questions de controverse ; car, si on rapporte les objections des hérétiques pour les réfuter, les gens peu instruits n'en tireront aucun profit ; et, quand même les auditeurs auraient assez de lumière pour pouvoir suivre ces discussions, il ne conviendrait pas encore de s'y arrêter. L'expérience nous a appris que la malice et l'astuce du démon surpassent de beaucoup la vigilance et la prudence des hommes.

« Il sera donc du devoir d'un ecclésiastique prudent de présenter avec force les preuves qui établissent la foi catholique, et *de réfuter les erreurs qui y sont opposées, sans avoir l'air de répondre à des objections*. Par exemple, il établira l'obéissance due à l'Église romaine ; il prouvera, par l'Écriture et par de fortes raisons, l'excellence de la virginité, la nécessité du célibat des prêtres ; il exposera les avantages de la vie religieuse et les importans services que rendent les religieux. Il expliquera quel est le mérite des bonnes œuvres et de la pénitence ; il exhortera à l'obéissance envers les supérieurs ecclésiastiques et séculiers ; il parlera du fruit que l'on retire des indulgences, soit pour les vivans, soit pour les morts ; de l'utilité que nous apporte l'intercession des Saints, et il recommandera aux fidèles de les invoquer ; il les excitera aussi à la dévotion pour les reliques des Saints et pour les autels qui leur sont consacrés. Un ecclésiastique prudent, animé d'un saint zèle, parlera sur tout cela de telle manière que celui qui connaît les erreurs opposées puisse comprendre par quels raisonnemens on les réfute, et que celui qui n'en aurait aucune idée, conserve sa simplicité, qu'il continue à ignorer les objections des hérétiques, qu'il ait cependant en main de quoi se défendre, si par hasard quelques tentations contre la foi venaient à l'attaquer intérieurement ou extérieurement. »

18. Lorsque le P. Eudes parlait devant les calvinistes, ou qu'il traitait des matières controversées entre eux et nous, il prenait à tâche d'établir solidement les vérités que l'Église nous enseigne. Tout occupé à bien instruire, il donnait alors ses plus grands soins à se mettre à la portée des plus simples, sans néanmoins négliger de répondre aux difficultés que pouvaient faire les plus habiles. Il ne se permettait jamais ces invectives qu'inspire un faux zèle, et qui ne servent très-souvent qu'à aliéner les

Méthode du P. Eudes.

esprits. Ce que la bonté et la charité la plus compatissante donnent de talent pour l'insinuation paraissait lui être naturel.

Ce fut à Fresne que commença à se faire remarquer plus particulièrement le talent que Dieu lui avait donné pour la conversion des protestans. Dans le petit nombre de ceux que la curiosité avait attirés aux exercices de la mission, il y en eut douze ou treize qui furent si touchés de ses discours, qu'après quelques instructions particulières, ils firent publiquement abjuration, et furent réconciliés à l'Église. Ce ne fut là que l'essai, pour ainsi dire, des victoires qu'il remporta dans la suite sur l'hérésie. Quelque soin qu'on eût de prévenir contre lui les calvinistes, dans les lieux où il devait annoncer les vérités du salut, il suffisait qu'il pût les engager à assister à ses discours, pour les disposer bientôt à se rendre. Sa douceur, sa simplicité, ses manières insinuantes, une conduite édifiante et toujours égale, lui gagnaient les cœurs les plus rebelles, et son habileté dans les matières de controverse, cette éloquence aisée et naturelle avec laquelle il s'expliquait sur les points les plus difficiles, achevaient toujours de soumettre les esprits.

Son but en général était de faire goûter à la raison les vérités orthodoxes, et, sans prétendre pénétrer la sublimité de nos mystères, toujours fort au-dessus de ce que l'homme le plus éclairé peut comprendre, il s'attachait à faire sentir combien l'obéissance que la foi exige est juste et raisonnable (1). Le P. Eudes ne pouvait

(1) « Les mystères de la religion, dit à ce sujet le P. de Montigny, un des historiens du P. Eudes, ne sont que ce qu'il a plu à l'aimable sagesse de notre Dieu de nous révéler de ses perfections infinies ou des opérations de sa toute-puissance adorable. Serait-il l'être infiniment parfait, ses œuvres annonceraient-elles l'immensité qui le distingue des êtres créés, si ce qu'il nous apprend de l'excellence de sa nature ou de la magnificence de ses productions ne passait pas les bornes de notre intelligence? Une religion qui nous donnerait de Dieu des idées telles que nos faibles esprits pourraient s'en former serait-elle bien digne de lui? mériterait-elle d'être son ouvrage? suffirait-elle pour nous faire connaître véritablement ce qu'il est? Non, l'incompréhensibilité de nos mystères ne nous doit point révolter. Plus ils sont incompréhensibles, mieux ils nous peignent la grandeur et la majesté du souverain Être; mieux ils nous font comprendre que c'est Dieu lui-même qui se montre à nous, et que la révélation qui nous en est faite vient de lui. Ce serait donc étrangement nous abuser que de mettre notre application à pénétrer ces mystères.

guère suivre une meilleure méthode; c'est en effet la plus courte, la plus aisée, l'unique qui soit à la portée du commun des hommes, même de ceux d'entre eux qui sont savans dans les sciences humaines, mais qui n'ont pas fait de la religion une étude particulière. Il est certain qu'elle débarrasse la controverse d'une infinité

---

« Notre curiosité, s'il est permis d'appeler ainsi cette ardeur de nous instruire, ne doit aller qu'à constater les preuves par lesquelles Dieu a dû sagement nous garantir la révélation qu'il nous a faite... Les lois qui nous ordonnent de croire et d'agir sont les édits et les déclarations du Monarque Suprême : ce n'est point à de vils sujets à sonder les vues sublimes qui les ont dictées. Ce qui leur est permis, ce que Dieu veut même que nous fassions pour nous y soumettre en hommes raisonnables, c'est que nous examinions si ces vérités, qui demandent que nous captivions nos esprits sous le joug de la foi, ont pour elles le témoignage de l'autorité de Dieu.

« Pour nous en assurer, il est des règles capables de dissiper jusqu'à l'ombre du soupçon : l'Écriture et la tradition les conservent, ces règles ou ces titres authentiques, marqués au sceau de l'auteur et du consommateur de notre foi; mais, après tout, une discussion qui nous obligerait à vérifier chacun des articles qui nous sont proposés à croire, serait-elle praticable? le serait-elle pour une multitude de personnes de tout âge, de tout sexe, de tout état, de toute condition, de tout caractère? Ne serait-il pas

de discussions épineuses sur lesquelles il est inutile de perdre son temps à disputer, dès que l'on ne peut les décider sans réplique, si l'on n'a pas recours à l'autorité, c'est-à-dire si l'on n'en vient pas à la résolution de ces trois questions également simples et faciles, auxquelles se réduit toute la méthode dont il s'agit. Y a-t-il

---

à craindre que, dans un examen aussi laborieux, et auquel il serait si difficile d'apporter un cœur sans passions, les plus adroits ou les plus habiles n'essayassent de faire fléchir au gré de leurs préjugés, de leurs penchans, de leurs intérêts, ces règles mortes et incapables de se défendre contre la violence qu'on leur pourrait faire?

« Dans tout état bien policé, le prince porte ses lois : il a des ministres chargés de les intimer à tout son peuple. C'est entre leurs mains qu'il dépose les ordres qui manifestent sa volonté suprême, et qui les autorisent à la déclarer ; mais ces ordres respectables ne sont point faits pour être soumis aux ordres de la multitude ; il suffit qu'on s'en instruise, et ce serait dégrader la majesté du trône que d'exiger de ceux qui la représentent qu'ils donnassent d'autres preuves de l'existence et de l'autorité de la loi que celles que porte avec lui le caractère dont ils sont revêtus, et qui les oblige à faire connaître aux sujets les volontés de leur maître. Eux seuls sont dans l'obligation de s'assurer que le prince a porté la loi : ils ont en main ce qui peut leur donner une entière certitude, et, sur ces preuves qui forment la

une église à laquelle on soit obligé de croire? où est cette église? que dit cette église? Ce fut en développant ces principes si raisonnables de notre foi que le P. Eudes ramena un grand nombre d'hérétiques dans le sein de l'Église catholique.

---

règle de leur conduite, ils deviennent pour les sujets une règle vivante; ils parlent au nom du monarque, et tous doivent obéir.

« Il en est ainsi dans le royaume que Jésus-Christ s'est formé sur la terre : il y a établi des ministres pour gouverner le peuple qu'il s'est acquis par l'effusion de son sang. Ses lois, contenues dans l'Écriture-Sainte et dans la tradition, sont confiées à son Église entre les mains de ceux qui y sont distingués par l'auguste caractère des premiers pasteurs. Voilà les règles de l'enseignement qu'ils doivent aux fidèles; mais ces seuls ministres ont droit de les promulguer et de les expliquer, parce qu'eux seuls, en conséquence des promesses de Jésus-Christ, le peuvent faire sûrement et sans risque de s'y méprendre. Dès-lors ils sont nécessairement pour le peuple la règle vivante de la foi, et une règle qui, non-seulement lui épargne un examen quelquefois impossible, toujours difficile, souvent dangereux, mais encore une règle qui lui interdit toute espèce de discussion, laquelle supposerait le moindre doute contraire à la certitude que doit produire dans tout esprit raisonnable l'autorité divine, et conséquemment cette autorité infaillible garantie par Jésus-Christ à son Église. »

Règles à suivre dans les controverses directes.

19. Quand on est forcé par les circonstances de combattre ouvertement l'erreur, il faut alors se borner aux plus fortes preuves et les bien présenter (1). Des preuves faibles ou mal présentées feraient un très-mauvais effet. Non-seulement on ne détruirait pas l'erreur dans l'esprit des impies ou des sectaires, mais on ébranlerait la foi des fidèles, ou du moins on les jetterait dans le doute ou dans le trouble. Alors, au lieu de travailler au bien de la religion, on la compromettrait. C'est pourquoi il faut être bien assuré de la victoire avant de livrer le combat, et bien mesurer ses forces avant de s'engager dans les controverses. « Les jeunes orateurs, dit Maury, ne doivent point débuter par de pareils sujets, réservés à la plénitude de l'instruction et à la maturité du talent. Si les sermons ne portaient pas la lumière et la con-

(1) Les plus fortes preuves en elles-mêmes ne conviennent pas toujours pour la chaire. Les meilleures sont celles qui sont le plus à la portée de la multitude. Il faut donc choisir celles qui font le plus d'impression, qui intéressent davantage, ou que l'auditeur saisit plus aisément, et dont il est plus frappé. Ces preuves sont les plus communes et les plus faciles à trouver.

viction dans tous les esprits, ils pourraient y affaiblir les fondemens de la foi. On ne doit jamais se permettre aucun raisonnement faible, aucune solution vacillante des difficultés qu'on se propose à soi-même, de peur que l'auditeur ne retienne beaucoup mieux l'objection que la réponse. Bannissez aussi de ces discussions publiques la sécheresse de l'argumentation, pour y substituer l'éloquence du raisonnement. Ne mésalliez jamais votre ministère apostolique avec l'étalage d'une érudition aussi ambitieuse que facile à compiler, et avec ces abstractions métaphysiques inaccessibles à l'intelligence commune, et même à la perspicacité des auditeurs les plus instruits, durant le cours rapide du débit oratoire. C'est surtout avec les armes de la charité que vous devez défendre la vérité dans nos temples, en vous interdisant sévèrement les diatribes et les injures contre des adversaires qu'on n'a jamais besoin d'outrager, quand on sait les combattre.

« La manière la plus triomphante de défendre la religion en chaire consiste surtout à bien attaquer l'incrédulité, en l'environnant sans cesse des contradictions, des inconséquences, des absurdités, de l'immoralité, des désordres publics et personnels inséparables de ses vains systèmes. Cependant, quand les réfutations sont courtes et frappantes, elles donnent beaucoup de relief aux victoires accumulées du discours. Je vais en présenter un bel exemple, qui produirait un très-grand effet dans la bouche d'un orateur sacré ; je le tire de l'admirable explication du troisième chapitre d'Isaïe, par le pieux et savant père Berthier, qui, en commentant ce prophète et les psaumes de David, s'est montré le premier écrivain ascétique du dernier siècle.»

« L'histoire nous apprend que des nations « entières ont péri par ces abus ; et peut-être « n'y a-t-il aucun des anciens empires qui n'ait « dû sa chute à tous ces principes destructeurs. « On faisait illusion au peuple juif ; on lui disait « que les nations idolâtres étaient florissantes, « et qu'il pouvait jouir des mêmes avantages « en abandonnant le culte du vrai Dieu. N'est-« ce pas encore là le langage qu'on tient tous « les jours et qu'on ose appuyer de sophismes « dans des livres insidieux ? On n'entrepend « point de rappeler les absurdités de l'idolâtrie ; « mais on tâche de persuader aux peuples que « la religion a causé des maux sans nombre ; « que les ministres des autels ont toujours abusé

« de leur ministère ; qu'il n'y a point de moyen « plus sûr, pour conserver la paix des États, « que de ramener les hommes à l'étude de la « philosophie ; qu'il n'est jamais arrivé que les « athées ou les déistes aient troublé l'ordre « public ; que le culte de la divinité, et surtout « la doctrine de l'Évangile, énerve les esprits « et détruit les ressorts des passions, sans les-« quelles les hommes n'entreprennent et n'exé-« cutent rien de grand. En un mot, on prétend « ouvrir aux peuples la route du bonheur en « leur enlevant la foi d'une vie future, la crainte « d'un Dieu vengeur, le respect pour la religion « que nous ont transmis nos pères.

« O hommes ! puis-je m'écrier avec le pro-« phète, *on vous trompe*, on vous séduit par « ces discours aussi artificieux que frivoles ; il « ne s'agit pas ici de montrer le vice de ces rai-« sonnemens ; on les a réfutés cent fois. Je me « contente de dire qu'il n'y a jamais eu de répu-« blique d'athées, parce que la raison a toujours « démontré aux hommes la nécessité de recon-« naître un Être suprême ; que, s'il pouvait « exister une pareille république, elle serait « bientôt corrompue par les principes qu'on y « admettrait, et par l'insuffisance des lois qu'on

« prétendrait y établir ; qu'il y a eu peut-être « quelques hommes sans religion, que le tem- « pérament, la vanité, la crainte, la nécessité ont « retenus dans les bornes d'une sorte de sagesse « purement humaine ; encore aurait-il fallu « examiner de près les détails de leur vie pour « bien juger de cette prétendue sagesse ; mais, « en portant même de ce petit nombre le juge- « ment le plus avantageux, on ne pourrait « espérer la même modération de tout le genre « humain qu'on supposerait tombé dans l'a- « théisme ; puisque les passions livrées à elles- « mêmes, le cri de l'amour-propre non réprimé « par la conscience, la soif de l'intérêt toujours « renaissante et dégagée de toute crainte inté- « rieure, l'emporteraient en mille occasions « sur les principes spéculatifs de la philosophie. « Il serait aisé, d'ailleurs, de faire voir que les « crimes qu'on impute à la religion ne sont « nullement son ouvrage ; je n'aurais qu'à con- « sulter ses livres, ses enseignemens, ses déci- « sions authentiques. Tous ces monumens por- « tent à la paix, à la charité, à la patience, à « l'obéissance, au pardon des injures, à tous « les devoirs envers la patrie et au zèle le plus « ardent pour la servir. Je dirais que la foi

« d'une vie future rend les hommes humbles « dans la prospérité, tranquilles dans les revers, « toujours prêts à sacrifier leurs intérêts pour « maintenir l'ordre public. J'opposerais aux « censures calomnieuses des incrédules la mul- « titude innombrable de bienfaits que l'esprit « de piété a répandus sur le genre humain, « l'histoire des actions héroïques d'une infinité « de chrétiens dans tous les siècles, la sagesse « admirable qui règne dans toute la législation « évangélique. J'observerais qu'une loi qui com- « mande au cœur doit l'emporter, au jugement « de tous les sages, sur toutes les institutions « humaines qui ne peuvent régler que la con- « duite extérieure des hommes ; que l'Évangile « seul, avec ses promesses, peut consoler les « malheureux, dont le nombre est toujours le « plus grand parmi les habitans de la terre ; et « qu'enfin il est absurde et pernicieux d'ôter « aux hommes un moyen de devenir foncière- « ment et radicalement meilleurs qu'ils ne « sont ; moyen, d'ailleurs, qui appuie les lois « extérieures et en recommande l'observation. « Quand même ces lois pourraient absolument « et dans tous les cas suffire pour maintenir la « probité et la sûreté dans le monde, ce qui

« est faux dans la généralité, il faudrait encore « recevoir la loi évangélique, parce que, dans « un si grand intérêt, il vaut mieux avoir deux « principes réprimans, deux freins qui concou- « rent ensemble au même but, que de n'en « établir qu'un seul. La vérité de cette asser- « tion se présente d'elle-même (1). »

Des moyens de bien instruire sur les devoirs du christianisme (sur la morale). 1er MOYEN. — Éviter deux excès, le relâchement et la trop grande sévérité.

20. L'enseignement des devoirs du christianisme ne demande pas moins de science et de prudence dans l'orateur sacré que l'enseignement du dogme. Les fausses doctrines en fait de morale peuvent avoir les conséquences les plus funestes pour le salut des ames. Pour bien instruire sur les devoirs, il faut être vrai et dans les principes généraux et dans leurs conséquences pour l'application aux cas particuliers. Pour être vrai, il faut éviter deux excès également condamnables, qui sont le relâchement et la trop grande sévérité. Par le premier, on endort les pécheurs dans leurs péchés, et on leur donne une sécurité qui est funeste à leur salut. Par le second, on décourage les ames en leur faisant regarder comme impossible l'accomplissement

---

(1) Voyez ce que nous avons dit des *Conférences avec les sectaires* à la fin du chapitre V.

de leurs devoirs, ou bien on les jette dans le fâcheux état du scrupule. Le chemin du ciel est déjà assez étroit sans le rétrécir encore.

Pour éviter ces deux excès, il faut se mettre bien au fait des principes et en faire une juste application. C'est ordinairement l'ignorance et le défaut d'expérience qui jettent dans les deux extrêmes. On remarque que les jeunes prêtres sont généralement plus sévères que les anciens. Ils ont étudié les principes au séminaire; mais il est une science, celle de l'application aux cas particuliers, qui ne s'acquiert pas dans les livres, ni dans les classes de théologie, mais dans l'exercice du saint ministère (1). Pour ne pas s'exposer à outrer la morale, ils doivent avoir la prudence de consulter ceux qui ont de l'expérience, surtout pendant les premières années de leur ministère. Nous leur conseillons aussi de lire fréquemment les ouvrages de piété de saint François de Sales, et de faire usage de la théologie morale de saint Liguori, qui est

(1) C'est cette raison qui devrait toujours porter à choisir pour professeurs de théologie des prêtres qui ont exercé quelque temps le ministère dans les paroisses. Ceux qui n'ont pas cette expérience sont ordinairement trop sévères.

approuvée à Rome (1). C'est en se nourrissant de leur doctrine qu'ils rendront la piété aisée, et qu'ils éviteront l'inconvénient de donner pour précepte ce qui n'est que de conseil, ou de faire regarder comme mortel ce qui n'est que véniel (2). Cet inconvénient est plus grave qu'on ne pense. Il fausse la conscience des auditeurs. Il leur fait commettre une foule de péchés mortels et leur en ôte l'horreur. Le péché est dans la volonté et dans l'intention. Lorsqu'on fait des choses

(1) Il y a des jeunes gens qui cherchent les principes dans les sermonnaires. Cette source n'est propre qu'à les égarer, en leur faisant prendre comme décisions sûres certaines exagérations qui sont ordinairement tempérées par des correctifs qu'ils n'aperçoivent pas toujours. Il s'en trouve même dans Bourdaloue, qui est cependant un des plus exacts pour la doctrine. Il y en a bien davantage dans Massillon, qui n'était pas si profond théologien que le célèbre jésuite.

(2) Pour aider à distinguer les péchés mortels des péchés véniels, nous indiquerons un excellent ouvrage qui a paru l'année dernière. Il est intitulé : *Examen raisonné ou Décisions théologiques sur les commandemens de Dieu et de l'Église, sur les sacremens et les péchés capitaux. Ouvrage où l'on décide, d'après les meilleurs théologiens, ce qui est péché mortel ou véniel en cette matière; par un ancien professeur de théologie, de la société de Saint-Sulpice.* 2 vol. in-8°.

qu'on croit graves, on pèche gravement, quoique, dans la réalité, il n'y ait souvent que des fautes vénielles.

Sur la vogue des prédicateurs sévères.

21. Il ne faut pas que la vogue où sont quelquefois les prédicateurs sévères fasse illusion. C'est la nouveauté de leur doctrine qui attire à leurs sermons. Cette nouveauté est la marque de la fausseté de leurs principes. La vraie doctrine religieuse n'est pas nouvelle et locale, elle est aussi ancienne que la religion. Pour être vrai, il faut prêcher ce qui a toujours été prêché et ce qui est prêché dans toutes les parties de l'Église catholique. Quiconque prêche autre chose est un novateur qui est nécessairement dans l'erreur. Il n'est pas donné aux hommes de faire des découvertes en religion comme en philosophie et en physique. Les ministres sacrés sont chargés de transmettre fidèlement le dépôt de l'enseignement religieux, sans y rien ajouter de leur invention. La doctrine révélée est un dépôt qui ne peut être augmenté que par une nouvelle révélation accompagnée de ses preuves. Les prédicateurs qui prêchent du nouveau en fait de dogme ou de morale ne sont donc pas des ministres fidèles. Leur parole est la parole de l'homme et non celle de Dieu. « La vogue des

« réformateurs outrés a, dit Abelly, le même « sort que celle des médecins empyriques qui « font bruit un an ou deux, après quoi tout le « monde revient à la véritable doctrine. »

Le P. Rapin, parlant de ceux de son temps, s'exprime ainsi : « Il se trouve des prédicateurs assez extravagans pour ne débiter en chaire que leur chagrin et leur tempérament tout pur pour toute morale, qu'ils accompagnent de ridicules visions, dont ils sont peut-être déjà préoccupés, et que l'esprit de la nouveauté leur inspire. N'a-t-on pas vu, depuis quelque temps, prêcher à Paris un ecclésiastique qui, dans une profonde ignorance des choses que doit savoir un prédicateur, se mêlait de décider de tout dans la dernière rigueur? et, parce qu'il débitait avec une assurance de prophète et une hardiesse de bachelier les plus grandes absurdités du monde, et qu'en matière de morale il n'y avait point de fantaisie qu'il ne hasardât, dès que la fumée de son zèle lui montait au cerveau, on le courait plus que les autres prédicateurs. Car c'est assez la manière de notre nation, surtout à Paris, où (comme autrefois à Athènes) l'on court après tout ce qui est nouveau et qui a quelque air de singularité. Mais, quand on a pénétré le fond de ces prédicateurs qui font profession d'embellir leurs discours d'une affectation de sévérité, on trouve qu'ils ne sont pas tout-à-fait si durs à eux-mêmes qu'ils le sont aux autres. Tel fut ce docteur qui, prêchant il y a quelque temps dans une des célèbres paroisses de Paris, commença son carême par promettre, d'un ton de réformateur, qu'il ne prêcherait que la morale sévère et la rigueur toute pure du véritable christianisme, pour l'opposer à la morale relâchée des nouveaux casuistes. Mais, comme on est fort peu charitable à Paris, on parla de la morale du prédicateur qui avait parlé de celle des autres, et son histoire fut mêlée dans les discours dont la raillerie prend plaisir à réjouir les compagnies. Quand on veut prêcher la sévérité, il faut le faire comme Jésus-Christ l'a fait, c'est-à-dire la prêcher par son exemple. Le caractère de la sévérité chrétienne est d'être doux aux autres et dur à soi-même. C'est faire l'imposteur et le comédien, et non pas le prédicateur, que d'en user autrement.

On a vu, dans le siècle passé, de faux zélés qui faisaient profession de prêcher une morale plus rigide que les autres, pendant qu'ils levaient des mains impures vers le ciel et qu'ils fomentaient l'erreur sur la terre. Enfin, tous ces prédicateurs, qui ne sont excessifs que parce qu'ils sont ignorans, qui de pures bagatelles font des énormités et des abominations, qui damnent une femme de leur autorité pour avoir porté un ruban de couleur, ou pour avoir été à la promenade un jour de fête; ces prédicateurs, dis-je, déshonorent leur ministère par l'excès de leurs sottes exagérations. Ils découragent les fidèles en leur faisant de fausses images du crime, et autorisent le libertinage des impies par les terribles idées qu'ils leur donnent de la vertu; car ils la font sans comparaison plus affreuse et plus sauvage qu'elle ne l'est en effet.»

2me MOYEN. — Entrer dans des détails pratiques. Leur importance et la manière de les faire.

22. C'est, comme nous l'avons déjà observé, un défaut, lorsqu'on prêche sur la morale, de s'arrêter trop long-temps sur la théorie (1).

(1) «Il est du devoir du prédicateur, dit Grenade, après avoir prouvé et établi quelque sentence ou maxime de morale, de descendre aux actions de vertu ou aux vices auxquels elle se rapporte, afin de porter les auditeurs aux unes et de les détourner des autres; car la morale ne se borne pas à une simple spéculation : elle a pour fin l'action qui regarde les œuvres particulières. C'est pourquoi quiconque veut traiter utilement la doctrine évangélique, doit, après avoir prouvé quelque vérité, appliquer aussitôt aux

Après avoir exposé ce qui suffit pour l'instruction, il faut en venir à la pratique. Elle est le but principal du discours *qui doit toujours tendre à ce qui est le plus utile au salut du pro-*

---

actions particulières tout ce qu'il a dit en général.

« Aussi voyons-nous dans Isaïe que le Seigneur, ayant fortement reproché aux juifs leur corruption et leur impiété, ajoute, immédiatement après, ce qu'ils doivent faire pour apaiser sa colère justement irritée contre eux : « Lavez-vous, leur dit-il, purifiez-« vous, ôtez de devant mes yeux la malignité de vos « pensées ; cessez de faire le mal, apprenez à faire « le bien ; examinez tout avant de juger, assistez l'op-« primé, faites justice à l'orphelin, défendez la « veuve, et, après cela, venez et soutenez votre cause « contre moi. » *Lavamini, mundi estote, auferte malum cogitationum vestrarum ab oculis meis, quiescite agere perverse, discite benefacere, quærite judicium, subvenite oppresso, judicate pupillo, defendite viduam; et venite, et arguite me, dicit Dominus* (Is., 1, 16). Jésus-Christ notre divin maître en use aussi de même dans l'Évangile, où, après avoir prédit beaucoup de choses touchant le jour terrible du dernier jugement, il en tire des instructions salutaires qu'il nous donne en même temps par ces paroles : « Prenez donc gar-« de à vous, de peur que vos cœurs ne s'appesantis-« sent par l'excès des viandes et du vin, et par les « inquiétudes de cette vie, et que ce jour ne vienne « tout d'un coup vous surprendre ; car il envelop-« pera comme un filet tous ceux qui habitent sur la « surface de la terre. Veillez donc en priant tou-

*chain.* Ce doit être le désir habituel du prédicateur que de sauver les ames. « Ce désir de profiter pour le salut de ses auditeurs, dit le pieux Abelly, doit être répandu dans tout le

---

« jours, afin que vous soyiez rendus dignes d'éviter tous « ces maux qui arriveront, et de comparaître avec con- « fiance devant le Fils de l'homme. » *Attendite autem vobis ne forte graventur corda vestra in crapula, et ebrietate, et curis hujus vitæ, et superveniat in vos repentina dies illa : tanquam laqueus enim superveniet in omnes qui sedent super faciem omnis terræ. Vigilate itaque omni tempore orantes ut digni habeamini fugere ista omnia quæ futura sunt, et stare ante Filium hominis* (Luc., 21, 34). Le prophète royal fait encore la même chose, lorsque, après avoir exposé la puissance et la justice souveraine de Jésus-Christ, qui devait réduire toute la terre sous son empire, il fait aussitôt de cette vérité une instruction pour le réglement de la vie, en disant : « Et vous maintenant, ô rois, ou- « vrez votre cœur à l'intelligence; recevez les ins- « tructions de la vérité, vous qui jugez la terre. Ser- « vez le Seigneur dans la crainte, et réjouissez-vous « en lui avec tremblement. Embrassez la pureté de « la discipline, de peur qu'enfin le Seigneur ne se « mette en colère, et que vous ne périssiez hors de la « voie de la justice. » *Et nunc, reges, intelligite; erudimini, qui judicatis terram. Servite Domino in timore, et exultate ei cum tremore. Apprehendite disciplinam, nequando irascatur Dominus, et pereatis de via justa* (Ps. 2, 10).

Sur ces paroles de saint Jean : *Hoc autem dicebat*

discours, comme une couleur vive et animée qui se voit dans tout un corps, non par le secours d'une surface extérieure, mais comme un effet du sang qui, se répandant partout,

---

*(Jesus) tentans eum (Philippum).* « Jésus disait ceci pour tenter Philippe (JOAN., 6, 6) » Grenade, après avoir montré (dans un sermon pour le 4e dimanche de carême) que Dieu permet les tentations pour plusieurs raisons, et surtout afin que les hommes connaissent par ces épreuves quelle est la force, la fermeté de leur vertu, ou plutôt quelle est leur faiblesse et leur infirmité, passe au détail pratique et conclut en cette sorte : « La parfaite et véritable vertu est « donc celle qui, étant exposée à l'épreuve de la tentation, ne se laisse point abattre ; qui, étant assail- « lie de tous côtés, demeure invariable contre toutes « sortes d'attaques ; qui ne sait ce que c'est, ni de « s'élever dans la prospérité la plus riante, ni de se « décourager dans la plus pressante adversité ; et qui « enfin a jeté de si fortes et de si profondes racines « dans l'âme, que, comme le feu qui est agité d'un « vent impétueux, bien loin de s'éteindre, en devient « plus ardent et plus enflammé ; ainsi, quelque diver- « sement battue et agitée qu'elle soit, bien loin d'ê- « tre vaincue et de succomber, les plus rudes coups, « comme dit élégamment un sage, ne font que re- « nouveler et affermir de plus en plus sa vigueur. « De là il est aisé de conjecturer quelle est la vraie et « la fausse vertu, la vertu solide et consommée, ou « la vertu apparente et imparfaite.

« Ainsi une femme, à qui personne n'a jamais rien

fait un coloris bien différent de celui qui pourrait être appliqué par artifice. Ainsi, cet esprit de moralité qui est intérieur, et qui anime insensiblement toutes les preuves, vaut incom-

« demandé contre l'honneur de la chasteté, n'est « pas parfaitement chaste pour l'avoir gardée; mais « c'est celle qui, ayant été tentée, pressée et sollici- « tée en diverses manières, l'a conservée entière et « inviolable contre tous les attraits et les efforts de « la tentation. L'homme parfaitement doux n'est pas « celui qui ne se met point en colère, quand per- « sonne ne l'offense, mais celui qui, étant insulté par « des outrages ou des injures, ne répond rien de dur « ni de fâcheux. Ce n'est pas celui qui ne désire point « les honneurs qui est parfaitement humble; mais « c'est celui à qui on les ravit, et qui les perd sans « en concevoir de l'indignation contre personne. Ce- « lui qui a une parfaite patience n'est pas celui qui « ne se plaint de rien, quand tout lui réussit à sou- « hait; mais c'est celui qui, au milieu des afflictions, « et dans le fort de ses souffrances, peut dire avec « le saint prophète : *Vous avez mis mon cœur à l'é- « preuve, et vous l'avez visité durant la nuit; vous « m'avez examiné en m'éprouvant par le feu des afflic- « tions, et l'iniquité ne s'est point trouvée en moi, etc.* « (Ps. 16, 4.) On n'est pas parfaitement obéissant « pour ne pas pécher contre l'obéissance; mais on « l'est sans doute quand on suit en toutes choses la « volonté et le jugement d'autrui, malgré toute la « répugnance de sa propre volonté et de son propre « jugement. » On connaît évidemment, par cet exem-

parablement mieux que toutes ces morales postiches que l'on applique à la fin de chaque point ou de tout le sermon, afin que l'on puisse dire qu'il y en a un peu. Il est vrai que l'on peut appeler *discours moral* tout ce qui parle des mœurs; c'est ce qui trompe plusieurs prédicateurs, qui ne savent pourquoi on se plaint que leurs sermons ne sont point moraux, vu qu'ils ne disent rien qui n'ait des rapports avec les mœurs. Mais c'est la différente manière d'en traiter qui fait que l'on n'est pas moral, comme le doit être un homme apostolique, quoiqu'on

---

ple, combien il est avantageux de descendre dans ce détail particulier, pour rendre plus claires et plus utiles à chacun les vérités que l'on prêche; car, par ce moyen, ceux qui les entendent savent sonder le fond de leur cœur et juger quels sentimens ils doivent avoir d'eux-mêmes. « Il faut encore avertir ici le prédicateur, continue Grenade, qu'il descende ainsi dans le détail des choses, non-seulement lorsqu'il a rapporté ses preuves et achevé son raisonnement, mais souvent aussi dans les autres endroits de son discours, et dans toutes les occasions qui se présentent d'en tirer des instructions particulières; car quiconque veut travailler sincèrement et du fond du cœur à se rendre utile aux autres par la prédication, doit suivre principalement cette manière d'enseigner les vérités du salut. »

ne parle que des actions humaines, en quoi consiste toute la morale. Les anciens rhéteurs faisaient voir la beauté de la vertu et la laideur du vice; les philosophes en ont expliqué la nature, les causes, les propriétés, les effets; les satyriques, en piquant le vicieux, rendent le vice ridicule; tout cela est moral et bon en soi: mais un prédicateur qui n'aurait que ces manières ne serait point moral, parce qu'il ne le serait pas de la manière qui convient à son ministère. Si l'on fait de beaux éloges de la vertu et de fortes invectives contre les désordres en général; Cicéron et Sénèque en faisaient très-bien. Ils entraient dans le cœur humain, ils en connaissaient tous les ressorts; mais ils ne prêchaient pas l'Évangile de Jésus-Christ, non plus que ceux qui voudraient débiter leur morale dans la chaire. Si l'on explique les passions et tous leurs effets, ce sera la morale d'Aristote, une morale toute métaphysique, et, pour ainsi dire, en l'air, faisant abstraction de tout sujet. C'est le défaut de quelques prédicateurs qui chantent continuellement la cupidité, la corruption de la nature, l'opinion, la prévention, le monde, les idoles du cœur, la résistance à la grace, etc. Tout cela est beau et véritable; mais toutes ces déclamations générales n'aboutissent à rien, et ne sont que des morales métaphysiques. Si l'on veut, d'un style aigre et mordant, faire des portraits satyriques de tous les défauts de la vie, et dépeindre les actions les plus ordinaires avec des traits de censure et de raillerie, ce sera une morale de Juvénal qui rendra les gens ridicules, mais fort éloignée de celle de saint Paul, c'est-à-dire de la morale qui doit les convertir.

« Je ne blâme pas absolument ces manières, et un homme d'esprit en peut tirer de grandes utilités; mais je dis qu'elles ne sont pas suffisantes pour faire une morale chrétienne. Voici ce que je conçois devoir y être ajouté, et ce que je dis devoir animer toutes les preuves d'un sermon; c'est un certain air de persuasion, d'exhortation, de promesse, de menace, d'instruction, d'insinuation, d'amour de Dieu; en un mot, certain zèle dans le prédicateur, qui souhaite qu'on fasse ce qu'il dit, qui prend tous les moyens pour y encourager, et pour aider ses auditeurs en donnant les conseils, les remèdes, les motifs nécessaires pour faire prendre de bonnes résolutions : c'est enfin tout ce qui fait voir que c'est le cœur qui parle. C'est là précisément la raison pourquoi de très-habiles prédicateurs, savans, éloquens, comblés de louanges et suivis d'un grand monde, font pourtant fort peu de fruit, parce qu'ils n'ont qu'une morale trop spéculative; au lieu qu'au contraire, des gens de médiocre capacité, mais qui ont cette ardeur de convertir, qui indiquent les moyens de salut, qui mènent, pour ainsi dire, les auditeurs par la main pour leur insinuer des actes de vertu, des pratiques de dévotion, qui les font rentrer dans les sentimens de contrition, d'amour de Dieu, de compassion, etc.; ceux-là ne passent pas pour être si éloquens, mais ils ont bien plus amplement la fin de la prédication, qui est la conversion des cœurs. C'est cet esprit et ce désir de persuader que je dis devoir être répandu dans tout le discours, comme le sang dans les veines; c'est-à-dire que, sans paraître, il anime et il soutient tout ce qu'on dit. »

Le même auteur donne encore sur cette matière les avis suivans : « Il faut, dit-il, que je dise avec Grenade que, quand je devrais passer pour incommode, ce sujet est trop important pour ne pas continuer d'en parler encore. C'est une chose pitoyable de voir que des prédicateurs oublient si fort les obligations de leur ministère, et peut-être même la fin qu'ils avaient en vue en commençant de composer leur sermon, qu'ils y mettent une infinité de choses inutiles, et qu'ils omettent celle qui est essentielle à la prédication, de faire voir au peuple ses péchés par un détail, qui est le véritable appareil capable de guérir toutes les maladies spirituelles. Ceux qui croient acquérir de la réputation en disant des choses curieuses, et qui craignent de paraître simples ou ignorans, en descendant dans le particulier, se trompent étrangement; car il n'y a rien où le peuple coure avec plus d'avidité, et que les savans même approuvent plus universellement, que cette connaissance générale qui fait voir qu'un prédicateur sait tout ce qui se passe dans tous les états, et qu'il n'ignore pas même les pensées de tous les particuliers, dont il fait une fidèle peinture. Il faut dire aussi la vérité, que cette manière est beaucoup plus difficile que celle où l'on parle toujours en prouvant. On ne trouve pas cela dans les livres, et il faut de grandes réflexions pour faire bien pénétrer le secret des cœurs (1). Il me semble que la lec-

(1) « La connaissance du cœur de l'homme plus

ture des casuistes et l'exercice du confessionnal y donnent de grandes ouvertures. Ce qui rend cette pratique difficile, c'est la médiocrité qu'il faut garder pour ne pas faire un détail trop élevé, et par conséquent inutile, et pour ne pas tomber dans des bassesses qui le rendent ridicule. Les plus beaux esprits croient donner un beau détail en faisant des portraits, qui ne ressemblent à personne parce qu'on veut qu'ils ressemblent à tout le monde. Ils décrivent les passions, les intrigues, les pensées et

---

ou moins grande, dit le P. Rapin, est presque la seule chose qui fait la véritable distinction des différens talens de la prédication, dans le nombre infini des diverses manières qu'il y a de prêcher. Le peu de soin qu'ont la plupart des prédicateurs de bien connaître l'homme est une des causes les plus ordinaires du petit nombre de ceux qui réussissent, parce que, quand ils disent les choses si fort dans le général et qu'ils ne descendent point dans le détail particulier des mœurs, on ne s'intéresse nullement à ce qu'ils disent. C'est ce détail de moral, quand il est naturel, qui fait le succès du prédicateur; et, comme ce secret est rare, le succès l'est aussi. » Cette science de détail des mœurs se fait remarquer dans Massillon. C'est elle qui donne tant d'intérêt aux sermons des missionnaires qui sont plus à même que personne de l'acquérir par l'exercice du saint ministère en différens lieux.

les actions dont tout le genre humain est capable, d'une manière si agréable, que chacun y connaît son prochain et ne s'y reconnaît pas soi-même ; on laisse passer par-dessus la tête ces beaux foudres dont on n'aime que les éclairs, et qui semblent ne tonner que comme des canons que l'on tire aux entrées des grands seigneurs dans les villes armées, pour leur faire honneur. On n'aurait garde de les braquer contre des têtes si précieuses, et on met bon ordre que le boulet, s'il y en a, ne les puisse toucher ; mais on prétend seulement les régaler d'un grand bruit. Il n'arrive aussi que trop souvent qu'un prédicateur dit des choses fort morales, et même dans un assez beau détail, mais qu'il tire en l'air, parce qu'il y ajoute certains petits adoucissemens, ou qu'il n'y met pas de certains mots qui en font toute l'application. Tout le monde est réjoui du bruit, et personne n'est blessé du coup.

« L'autre danger est lorsqu'on veut trop familiariser; car, à moins que l'on ne se souvienne de soutenir la majesté de la chaire, on dit des puérilités, comme font ceux qui, parlant contre le luxe, s'attachent à dépeindre tous les rubans des femmes et à nommer toutes les modes par leur nom ; ou bien l'on donne dans le comique, si, par exemple, on voulait rapporter toutes les paroles et représenter les postures de deux harangères qui se querellent ; ou enfin on dit des choses indécentes, ce qui arriverait en dépeignant toutes les manières et toutes les suites de l'ivrognerie, comme il est en effet arrivé quelquefois à ceux qui ont voulu donner un détail trop exact au sujet de l'impureté. Il ne faut pas s'étonner de ce que je recommande si fort cette médiocrité, que le poète appelle toute d'or (1), parce que c'est elle qui fait la véritable richesse du discours. »

La pratique, pour le salut, est le but essentiel de la prédication.

23. Il faut s'attacher à l'essentiel dans les instructions. « Ce m'est une peine insupportable, dit Grenade, que de voir quelquefois des prédicateurs qui ne font rien moins que ce qu'ils sont plus particulièrement obligés de faire. En effet, au lieu que le but, la fin principale du prédicateur est de faire en sorte que tout ce qu'il dit se rapporte et tende à procurer le salut des ames, à corriger les mœurs corrompues des hommes, à leur enseigner les règles et les préceptes de la vertu, à les détour-

(1) *Auream quisquis mediocritatem diligit.* HORAT. Od.

ner du vice, à leur inspirer le mépris du monde, l'amour et la crainte de Dieu, et les autres semblables sentimens de piété; il y en a au contraire qui ne cherchent dans tous leurs discours qu'à s'étendre sur des choses non nécessaires, ou plutôt vaines et entièrement inutiles; en sorte que les pauvres auditeurs qui croyaient en tirer quelque instruction salutaire pour la nourriture de leur ame, se trouvent, après les avoir entendues, aussi vides et affamés qu'ils l'étaient auparavant. Ces prédicateurs ne sont-ils pas aussi coupables qu'un médecin qui, s'étant chargé du soin d'un malade qu'on lui aurait recommandé, négligerait de s'acquitter de ce devoir, et ferait tout autre chose?

« Quiconque veut donc bien prêcher et remplir dignement le devoir de ce saint emploi, doit, comme un habile tireur qui ne perd pas de vue le but où il vise, envisager toujours de même la fin de son ministère, pour y ajuster la force de ses discours; et, comme un architecte ne pose aucune pierre dans un bâtiment, sans y appliquer la règle et le cordeau, pour connaître si elle est taillée et placée justement selon son dessein, ainsi un fidèle et prudent dispensateur de la parole de Dieu doit examiner de même si tout ce qu'il se propose de faire entrer dans son discours se rapporte à cette fin. Lors donc qu'il a trouvé quelques pensées, ou inventé quelque chose à dire sur un sujet, qu'il se fasse à lui-même cette demande : *Quel effet peut avoir ceci pour le salut des ames, pour le règlement des mœurs, et pour la conduite de la vie des hommes?* Et si la chose ne tend pas à cela, quelque subtile et délicate, et quelque pleine de traits d'esprit qu'elle lui paraisse, s'il est vraiment sage, et qu'il ne cherche point à s'attirer les regards du peuple dans l'exercice de son ministère, il la rejettera comme inutile et entièrement éloignée de la fin unique où doit tendre tout son travail et toute son application. »

Il faut recommander souvent les pratiques pieuses à l'exemple de saint Liguori.

24. Il faut recommander souvent les pratiques pieuses à l'exemple de saint Liguori. « Je vous engage surtout, écrivait-il à un prédicateur, à insinuer à vos auditeurs la nécessité des pratiques pieuses qui donnent le moyen de se maintenir en état de grace, comme d'avoir grand soin de ne point arrêter ses regards sur des objets dangereux ; de fuir les occasions qu'on ne trouve que trop en conversant avec les personnes d'un autre sexe, ou en fréquentant de

mauvaises compagnies ; de fréquenter les sacremens ; d'entendre la messe chaque jour (quand on le peut facilement) ; d'entrer dans quelque congrégation, de faire l'oraison mentale et de lire avec fruit des livres spirituels ; de visiter le Saint-Sacrement et la Vierge Marie. Recommandez la soumission à la volonté de Dieu dans l'adversité, car c'est dans cette soumission qu'est tout notre salut. Exhortez vos auditeurs à recourir chaque jour à Jésus et à Marie pour obtenir la persévérance, surtout quand ils éprouvent des tentations ; et surtout faites goûter au peuple la prière, ce grand moyen de salut dont on néglige presque entièrement de parler, quoiqu'on sache bien que c'est par la prière que nous obtenons tous les biens.

« Je sais que les prédicateurs de haut rang n'aiment pas à parler de toutes ces choses, parce qu'ils les regardent comme *communes et triviales*, et qu'en parlant d'elles ils ne peuvent faire montre de leurs belles phrases. Mais ainsi prêcha saint François de Sales qui convertit tant d'ames. Toutes les fois qu'il le pouvait, il insinuait quelque pratique de la vie chrétienne ; tellement que, dans une contrée où il se trouvait, les habitans lui demandèrent par écrit les règles de pratique qu'il leur avait indiquées de la chaire, afin qu'il leur fût plus aisé de les suivre. Si tous les orateurs sacrés suivaient ce bel exemple, s'ils prêchaient avec le seul désir de plaire à Dieu; s'ils parlaient des vérités éternelles et des maximes de l'Évangile toutes nues et sans apprêt; s'ils recommandaient les pratiques religieuses comme remèdes contre le péché et moyen de persévérance, le monde changerait bientôt de face, et Dieu ne serait pas aussi offensé que nous le voyons. Nous observons que si, dans un pays, il se trouve un prêtre plein de ferveur, qui prêche véritablement Jésus-Christ crucifié, ce pays devient saint; si, dans une Église, on fait un sermon simple, mais nerveux, vous voyez l'auditoire tout plein de componction, et si tous ne se convertissent pas, ou si la conversion n'est pas entière, du moins elle est commencée chez beaucoup d'individus. Or, si partout on prêchait ainsi, quel immense avantage pour les ames (1)!

Dans un autre endroit, parlant aux mission-

(1) A la fin de sa lettre il engage le prédicateur (qui était un saint religieux qui l'avait consulté sur la vraie manière d'annoncer la parole de Dieu avec

naires, il revient sur ce même avis en ces termes : « Les missionnaires, dit-il, doivent savoir que ce qu'il y a de plus important et de plus utile pour le peuple pendant les missions, c'est de lui enseigner certaines pratiques pour se délivrer de ses vices et les moyens de persévérer dans la bonne voie, comme de fuir les occasions, les cabarets, les mauvaises compagnies, les maisons suspectes ; à faire des efforts pour

---

fruit) à faire avec lui la prière suivante à Jésus-Christ :

« O Sauveur du monde, que le monde connaît
« peu, souvent par la faute de vos ministres ; vous
« qui, pour sauver les ames, avez donné votre vie,
« ah ! par les mérites de votre Passion, daignez éclai-
« rer et fortifier tant de prêtres qui pourraient con-
« vertir tant de pécheurs et sanctifier la terre s'ils
« prêchaient votre parole sans vanité, mais avec sim-
« plicité comme vous l'avez fait vous-même, et comme
« l'ont fait vos disciples ; mais ils se prêchent eux-
« mêmes et ne vous prêchent pas, de sorte que le
« monde est rempli de prédicateurs et que l'enfer se
« remplit d'ames. Seigneur, empêchez la ruine de
« votre Eglise si mal servie par les prédicateurs ; humi-
« liez, s'il le faut, pour l'exemple des autres et par
« quelque signe visible, quelqu'un de ces prêtres va-
« niteux qui se permettent d'altérer votre sainte pa-
« role, afin qu'ils s'amendent et que l'avantage du
« peuple ne soit plus retardé. Je l'espère ainsi.
« Ainsi soit-il. »

s'empêcher de blasphémer, de dire des imprécations, et pour les remplacer par des invocations, en disant, par exemple : *Seigneur, donnez-moi la patience; Sainte-Vierge, secourez-moi; ô mon Dieu, sanctifiez-moi*, et autres prières semblables; les engager à se confesser souvent, à faire des lectures pieuses, à renouveler tous les matins la résolution de ne plus offenser Dieu, et à lui demander sa grace pour persévérer; à faire le soir l'examen de conscience avec un acte de contrition; à faire, après avoir commis quelque péché, un acte de repentir et de bon propos, et puis s'en confesser au plus tôt; à recourir à Dieu et à Marie dans les tentations, etc. Ces remèdes et ces moyens doivent être souvent indiqués par le prédicateur. Il doit les insinuer fréquemment dans le cours des prédications, et ne pas faire attention aux critiques des hommes lettrés qui pourraient dire que le prédicateur rebat toujours les mêmes choses. Un orateur chrétien ne doit pas rechercher les louanges des personnes instruites, mais bien la volonté de Dieu, le salut des ames, et surtout celui des pauvres gens qui viennent à la mission et qui, à cause de leur ignorance, ne retirent pas des avis et des preuves qu'on leur donne autant d'utilité qu'ils en retirent des pratiques faciles qu'on leur a apprises plusieurs fois; je dis plusieurs fois, parce que les esprits grossiers oublient très-facilement ce qu'on leur enseigne, si l'on n'a le soin de le leur répéter souvent, comme l'expérience le prouve. »

Avantage des faits et des comparaisons pour l'enseignement de la religion.

25. Parmi les moyens d'éclairer promptement les esprits et de les frapper vivement, il n'en est point de plus efficaces que les faits et les comparaisons. Il faut à la multitude des choses sensibles. C'est surtout par des faits et des images que Dieu instruisait son peuple. Les prophètes inspirés par l'Esprit-Saint en ont fait un grand usage. On voit dans l'Évangile que Jésus-Christ n'avait pas d'autre méthode.

Sentiment de Fénélon.

26. « Cette méthode, dit Fénélon, convient « surtout à ceux qui prêchent la religion; car « tout y est tradition, tout y est histoire, tout « y est antiquité. La plupart des prédicateurs « n'instruisent pas assez et ne prouvent que faiblement, faute de remonter à ces sources. » Voici ce que dit le même auteur dans un autre endroit de ses *Dialogues sur l'éloquence*. On verra dans ce que nous allons citer ses sentimens, non-seulement sur l'article qui nous occupe, mais aussi sur la controverse, et en géné-

ral sur l'enseignement de la religion au peuple. Il veut aussi qu'on réfute indirectement les objections des hérétiques et des impies. Il pense que la véritable manière de prouver la vérité de la religion est de la bien expliquer. « Elle se « prouve elle-même, dit-il, quand on en donne « la vraie idée. Toutes les autres preuves qui « ne sont pas tirées du fond et des circonstances « de la religion même lui sont comme étran- « gères. Par exemple, la meilleure preuve de la « création du monde, du déluge et des mira- « cles de Moïse, c'est la nature de ces mira- « cles, et la manière dont l'histoire en est « écrite. Il ne faut, à un homme sage et sans « passion, que les lire pour en sentir la vérité.

« Je voudrais qu'un prédicateur expliquât « toute la religion; qu'il la développât d'une « manière sensible; qu'il montrât l'institution « des choses; qu'il en marquât la suite et la « tradition; qu'en montrant ainsi l'origine et « l'établissement de la religion, il détruisît les « objections des libertins, *sans entreprendre* « *ouvertement de les attaquer*, de peur de scan- « daliser les simples fidèles.

« Je voudrais encore qu'un prédicateur ex- « pliquât assidûment et de suite au peuple,

« outre tout le détail de l'Évangile et des mys-
« tères, l'origine et l'institution des sacremens,
« les traditions, les disciplines, l'office et les
« cérémonies de l'Église. Par-là on prémuni-
« rait les fidèles contre les objections des héréti-
« ques ; on les mettrait en état de rendre raison
« de leur foi, et de toucher même ceux d'entre
« les hérétiques qui ne sont point opiniâtres.
« Toutes ces instructions affermiraient la foi,
« donneraient une haute idée de la religion, et
« feraient que le peuple profiterait pour son édi-
« fication de tout ce qu'il voit dans l'église : au
« lieu qu'avec l'instruction superficielle qu'on
« lui donne, il ne comprend presque rien de tout
« ce qu'il voit, et il n'a même qu'une idée très-
« confuse de ce qu'il entend dire au prédica-
« teur. C'est principalement à cause de cette
« suite d'instruction que je voudrais que des
« gens fixes, comme les pasteurs, prêchassent
« dans chaque paroisse (1). J'ai souvent remar-
« qué qu'il n'y a ni art ni science dans le

(1) Les pasteurs y sont tenus par le devoir de leur charge. Rien ne les empêche de prêcher par ordre. Les prédications extraordinaires faites par des prêtres étrangers ne peuvent être un obstacle à l'enseignement suivi qu'ils feraient de la religion dans leurs pa-

« monde, que les maîtres n'enseignent de suite « par principes et avec méthode. Il n'y a que « la religion qu'on n'enseigne point de cette ma- « nière aux fidèles. On leur donne dans l'en- « fance un petit Catéchisme sec, et qu'ils ap- « prennent par cœur, sans en comprendre le « sens; après quoi ils n'ont plus pour instruction « que des sermons vagues et détachés. Je vou- « drais qu'on enseignât aux chrétiens les pre- « miers élémens de leur religion, et qu'on les me- « nât avec ordre jusqu'aux plus hauts mystères.

« C'est ce que l'on faisait autrefois. On com- « mençait par les catéchiser, après quoi les « pasteurs enseignaient de suite l'Évangile par « des homélies. Cela faisait des chrétiens très- « instruits de toute la parole de Dieu. On con- « naît le livre de saint Augustin, *de Catechi- « sandis rudibus*, et le *Pédagogue* de saint « Clément, qui est un ouvrage fait pour faire « connaître aux païens qui se convertissaient « les mœurs de la philosophie chrétienne. C'é- « taient les plus grands hommes qui étaient

---

roisses. Ces prédications et les exercices qui les accompagnent sont toujours très-utiles et souvent nécessaires aux peuples pour réveiller en eux les sentimens religieux, et remédier aux plaies des ames.

« employés à ces instructions : aussi produi-
« saient-elles des fruits merveilleux et qui
« nous paraissent maintenant presque incroya-
« bles (1).

« On parle tous les jours au peuple de l'Écri-
« ture, de l'Église, des deux lois, des sacrifices,
« de Moïse, d'Aaron, de Melchisédech, des
« prophètes, des apôtres; et on ne se met point
« en peine de lui apprendre ce que signifient
« toutes ces choses, et ce qu'ont fait ces per-

(1) M. De la Motte, évêque d'Amiens, suivit cette méthode d'enseigner la religion par principes lorsqu'il fut théologal. Il composa, sur le dogme et la morale évangélique, un cours complet d'instructions, qu'il renferma dans un nombre de discours qui lui suffisaient pour prêcher tous les dimanches, sans se répéter, pendant quatre ans. Il avait distribué toutes ses matières avec ordre, et de manière que les vérités qu'il annonçait se prêtaient mutuellement une nouvelle force. Sans supposer aux fidèles plus de connaissance de la religion qu'ils n'en ont communément, il s'abaissait jusqu'à eux, et savait entrer avec dignité dans les moindres détails propres à édifier ou à instruire. Cette méthode lui avait si bien réussi que, lorsqu'il fut évêque, il conseillait à ses curés de la suivre, comme la meilleure qu'il connût pour prêcher avec fruit. Il est à regretter qu'on n'ait pas donné au public ce cours d'instructions. Il eût été très-utile aux pasteurs.

« sonnes-là. On suivrait vingt ans bien des pré-
« dicateurs sans apprendre la religion comme
« on doit la savoir. »

Un grand nombre d'auditeurs ignorent ces premiers fondemens de la religion, que les prédicateurs supposent qu'on sait, parce qu'on a coutume de les apprendre aux enfans qu'on prépare à leur première communion. Mais la plupart ne les ont pas compris suffisamment alors ou ne les ont pas retenus. Leur instruction n'ayant été que superficielle, il n'en est presque rien resté dans leur esprit. Comme ils n'ont pas pris le temps de repasser ces premiers enseignemens, les prédications ordinaires sont pour eux, en bien des points, des énigmes. On peut donc, sans paraître leur faire le catéchisme, leur rappeler les histoires qui font connaître l'origine et l'institution des choses saintes. Bien loin que cette recherche de l'origine des choses fût basse, elle donnerait à la plupart des discours une force et une beauté qui leur manquent. « L'auditoire, dit Fénélon, dont nous
« venons d'analyser les pensées, n'est ni instruit,
« ni persuadé, si on ne remonte à la source.
« Comment, par exemple, ferez-vous entendre
« au peuple ce que l'Église dit si souvent après

« saint Paul, que *Jésus-Christ est notre Pâ-
« que*, si vous ne lui expliquez quelle était la « Pâque des Juifs, instituée pour être un mo- « nument éternel de la délivrance d'Egypte, et « pour figurer une délivrance bien plus impor- « tante qui était réservée au Sauveur? Presque « tout est historique dans la religion. »

Les faits font mieux sentir les choses que les meilleurs raisonnemens. — Exemples.

27. Les faits font mieux sentir les choses que les meilleurs raisonnemens. Ils abrègent singulièrement les discussions. Il suffit, par exemple, de raconter simplement l'histoire des hérésies pour les réfuter complètement. Quoi de plus propre aussi, pour ramener les incrédules, que de les conduire par l'histoire au lit de leurs confrères mourans? Leur repentir et leurs aveux sont la meilleure réfutation qu'on puisse faire de leurs ouvrages.

Où les puiser.

28. Les sources ordinaires où l'on doit puiser les faits historiques sont l'Écriture-Sainte, la vie des Saints et l'histoire ecclésiastique. Il ne faut proposer aux fidèles que des modèles dignes d'être imités. On les trouve dans cette foule de saints personnages qui font la gloire de la religion. Loin donc des discours chrétiens ces faits tirés des histoires profanes, ces exemples de vertus païennes que la religion n'a point sancti-

fiés. Qu'on les cite pour confondre les chrétiens qui n'en font pas autant, cela peut quelquefois être utile; mais que ce ne soit jamais pour les donner pour modèles et pour porter à les imiter.

29. Les faits qui ne sont pas appuyés sur des preuves solides ne doivent jamais trouver place dans nos discours, quand même ils passeraient pour indubitables dans l'esprit du peuple. Il faut donc en bannir les choses douteuses et incertaines. Autant les faits incontestables sont efficaces pour frapper, autant et plus ceux qui peuvent être contestés sont nuisibles au bien de la religion. Il y a danger qu'on ne mette au même rang les faits de l'Écriture-Sainte et les miracles mêmes qui servent de fondement à notre foi en prouvant la révélation. Les faits incertains nuisent même au prédicateur en lui ôtant quelque chose de la confiance qu'on avait en lui. On le regarde au moins comme trop crédule, et cette opinion nuit à son ministère.

Ne citer que des faits certains.

30. Il ne faut pas trop multiplier les exemples dans les sermons. Un petit nombre bien choisis et cités à propos font plus d'effet qu'un grand nombre, qui fatiguent l'auditoire et détournent trop long-temps son attention du sujet

N'en citer qu'un petit nombre et à propos.

principal. Cet excès fut porté à un tel point dans le seizième siècle, que, du temps d'Abelly, qui vécut dans le siècle suivant, les prédicateurs n'osaient plus en citer. Voici ce qu'il dit à ce sujet dans son ouvrage sur la prédication : « Les histoires sont maintenant tellement décriées parmi les prédicateurs qui se piquent d'avoir le bon goût, qu'elles semblent absolument proscrites et bannies de la prédication. Si l'on entendait dans Paris un homme qui ferait quelque récit un peu long et un peu pathétique, on le traiterait de prêcheur de village et de conteur d'histoires. Cependant l'expérience fait voir que les exemples ont un pouvoir surprenant, et contribuent en plusieurs manières à l'artifice de l'orateur ; car on a pour les affaires d'autrui une certaine curiosité naturelle qui réveille l'attention ; et, comme Cicéron dit très-bien, que l'on a encore plus besoin de se concilier la bienveillance de l'auditeur dans la suite et à la fin du discours qu'au commencement, où les esprits sont encore tout frais, un récit aide beaucoup à les délasser et à les remettre. De plus, l'histoire est une espèce de peinture que le peuple regarde, et c'est un grand charme lorsqu'il semble, selon l'expression de saint

Augustin, que la chose se passe devant nous, et que nos yeux y ont plus de part que nos oreilles. J'ajouterai qu'il n'est rien de si commode et de si efficace pour insinuer certaines vérités délicates, pour instruire des gens que l'on n'ose reprendre, pour toucher et pour persuader tout ce qu'on veut, parce que l'artifice est extrêmement caché; et, sous prétexte de ne blâmer qu'un certain particulier, tous les autres peuvent voir ce qu'ils doivent penser et faire dans de semblables occasions. Enfin, comme on est naturellement ému des aventures du prochain, et que l'on entre facilement dans ses intérêts, si peu que l'orateur ajoute d'exhortation, de menace, de promesse, d'instruction, il trouve la porte du cœur déjà ouverte, sans que l'auditeur s'en soit aperçu. Il est vrai que, comme cette adresse gagne sensiblement le peuple, plusieurs prédicateurs en ont abusé, ou par le récit d'histoires apocryphes, ou par l'exagération des véritables, ou par le trop fréquent usage de ces récits dont les sermons étaient remplis; les véritables savans ont été offensés de ce qui n'était pas conforme à la vérité, les curieux ont été rebutés de cette apparente simplicité, et les libertins ont pris le parti des uns et des autres, pour éloigner ce qui les faisait rentrer en eux-mêmes et ce qui leur faisait voir ce qu'ils auraient bien voulu se dissimuler toujours; de sorte que l'on regarde maintenant une histoire comme une grande tache dans un beau sermon; jusque-là qu'un prédicateur trop prudent disait une fois, par une parenthèse par trop scrupuleuse, *à Dieu ne plaise que je dise une histoire en chaire!* Mais, à dire la vérité, si les uns ont trop de complaisance pour le peuple, les autres ont trop de respect pour les esprits délicats; et, s'il faut éviter avec grand soin les extrémités vicieuses, c'est principalement lorsqu'il y a de grands biens à espérer de la médiocrité. Il est vrai qu'elle est difficile à garder dans cette occasion, mais elle n'est pas impossible; et la sainte Bible est tellement remplie de toutes sortes d'histoires, qu'il semble que l'Esprit de Dieu se plaise à en user, et qu'il nous commande de nous servir de cette manière de nous exprimer. »

Les citer brièvement et en faire l'application aux auditeurs.

31. Non-seulement il faut citer peu de faits, mais il faut en général les citer brièvement, en se contentant de rapporter ce qu'il y a de principal. Il vaut mieux employer le temps à faire l'application de ce qu'on cite aux auditeurs, que

de le perdre dans des narrations de détails qui ne sont pas nécessaires. Saint François de Sales, dans son vieux langage, donne à ce sujet d'excellens avis : « Les exemples, dit-il, ont une merveilleuse force et donnent un grand goût au « sermon. Il faut seulement qu'ils soient « propres, bien proposés et mieux appliqués. « Il faut choisir de belles histoires et éclatantes, « les proposer clairement et distinctement, et « les appliquer vivement, et comme font les « Pères, proposant l'exemple d'Abraham qui « immole son fils, pour montrer que nous ne « devons rien épargner pour faire la volonté de « Dieu; car ils remarquent tout ce qui peut « rendre recommandable l'obéissance d'Abra« ham. Abraham, disent-ils, vieil Abraham « qui n'avait que ce fils si beau, si sage, si « vertueux et si aimable ; néanmoins, sans « répliquer, sans murmurer et hésiter, il le « mène sur la montagne et veut lui-même de « ses propres mains l'immoler. Et certes ils font « l'application encore plus vive ; et toi, chrétien, « tu es si peu résolu à immoler, je ne dis pas ton « fils, ta fille, tous tes biens, ni une grande « partie, mais un seul écu pour l'amour de « Dieu, à secourir les pauvres, une seule heure

« de tes passe-temps à servir Dieu, une seule « petite affection, etc.

« Mais il faut prendre garde à ne pas faire « des descriptions vaines et flasques, comme « font plusieurs écoliers qui, au lieu de propo- « ser l'histoire naïvement et pour les mœurs, « se mettront à décrire les beautés d'Isaac, l'épée « tranchante d'Abraham, l'enceinte du lieu du « sacrifice, et semblables choses impertinentes. « Il ne faut être ni si court que l'exemple ne « pénètre pas, ni si long qu'il ennuie.

Des histoires où se trouvent des dialogues.

32. « Il faut aussi, dit le même Saint, se « garder de faire des introductions de colloques « entre les personnes de l'histoire, sinon qu'elles « soient tirées des paroles de l'Écriture ou très- « probables : comme en cette histoire qui intro- « duit Isaac se lamentant sur l'autel, implorant « la compassion paternelle pour s'échapper de la « mort; ou bien Abraham disputant en soi- « même et se plaignant ; il fait mal et tort à la « valeur et résolution de l'un et de l'autre. Ainsi, « ceux qui par méditation ont rencontré des « colloques, doivent observer deux règles en la « prédication : l'une, de voir s'ils sont solide- « ment fondés sur une apparente probabilité ; « l'autre, de ne point les proposer fort longs ; car « cela refroidit et le prédicateur et l'auditeur. »

33. Voici un exemple tiré de saint Grégoire de Nazianze. Comme il est un peu long, nous observerons qu'il se trouve dans une oraison funèbre, où les faits qui forment le fond du discours doivent nécessairement avoir plus d'étendue que dans les sermons. Saint Grégoire fait l'éloge de saint Basile son ami. Il loue particulièrement sa constance et la fermeté admirable avec laquelle il soutint la foi de l'Église contre un des premiers officiers de l'empereur Valens, arien.

Exemple tiré de saint Grégoire de Nazianze.

« Quel est l'homme, dit-il, qui n'ait entendu « parler de ce gouverneur de province dont la « férocité naturelle s'enflammait du fanatisme « de l'erreur (il avait reçu le baptême de la « main des ariens), et dont le servile dévoue- « ment à l'empereur lui valut la longue posses- « sion de son office? Cet homme, dont les « emportemens approchaient de la fureur du « lion, et qu'on n'abordait pas sans frayeur, « mande à son palais Basile, qui entre, non « pas comme s'il eût été cité en jugement, mais « comme s'il fût venu à un festin... — Quelle « raison avez-vous, lui dit-il (en l'appelant par « son nom et sans daigner le qualifier du titre « d'évêque); quelle est votre prétention de vous

« opposer à notre puissant empereur, et d'oser « tout seul lui résister avec tant d'opiniâtreté et « d'insolence ? — Pourquoi me parlez-vous de « la sorte ; car je ne vois pas sur quoi vous pou- « vez fonder un semblable reproche ? — C'est « que vous ne voulez pas embrasser la religion « de l'empereur, après que tous les autres ont « été obligés de s'y soumettre. — Non, mon « empereur ne peut vouloir que j'adore une « créature, moi, l'ouvrage de Dieu, appelé à « faire partie de sa divine substance. — Mais « nous, pour qui donc nous prenez-vous ? Est- « ce que vous nous comptez pour rien ? Croyez- « vous qu'il n'y ait pas pour vous-même de « l'honneur à gagner en vous rangeant de notre « parti, en pensant comme nous ? — Vous êtes « gouverneur, j'en conviens, et au premier « rang ; mais vous n'êtes pas au-dessus de Dieu. « J'avoue qu'il m'est honorable de vous être « égal ; et comment ne serions-nous pas égaux, « puisque nous sommes, vous et moi, créatures « du même Dieu ? Mais je trouve le même hon- « neur à être égal au dernier de ceux qui vous « sont soumis ; car ce n'est pas la dignité des « personnes, c'est leur foi qui honore le chris- « tianisme.

« Ces paroles transportèrent le préfet d'une « nouvelle fureur ; il se lève de son siége, et « d'un ton plus véhément : Quoi donc ! ne crai- « gnez-vous pas ma puissance ? — Eh ! pour- « quoi ? Que peut-il m'arriver ? Quel mal me « ferez-vous ? — J'ai mille moyens de vous « nuire ; un seul me suffirait. — Quels sont « donc ces moyens ? De grace, apprenez-les-moi. « — La confiscation, l'exil, les tortures, la « mort. — Imaginez-en d'autres ; car rien de « tout cela ne peut m'atteindre. — Comment « l'entendez-vous ? — Qui n'a rien n'a rien à « perdre ; sinon peut-être ces misérables vête- « mens délabrés qui me couvrent, et quelques « livres, voilà toute ma richesse. Quant à l'exil, « je n'en connais pas, je ne suis attaché à aucun « lieu ; celui que j'habite n'est point à moi ; ma « patrie sera partout où l'on me jettera ; ou plu- « tôt je sais que toute la terre appartient à Dieu, « et que partout j'y suis étranger et voyageur. « Les tortures ! mais quelle prise auraient-elles « sur un homme qui n'a plus de corps, qui « pourrait à peine recevoir un premier coup, et « ce coup est le seul qui soit en votre pouvoir ? « La mort ne peut être pour moi qu'un bienfait : « j'irai plus tôt me réunir au Dieu pour qui je

« vis, pour qui j'agis, pour qui je suis plus qu'à « demi éteint, et vers qui je soupire depuis « long-temps.

« Le préfet, étourdi de ces paroles : Jamais, « poursuivit-il en se nommant lui-même, per- « sonne ne m'a parlé avec un tel langage, ni « avec une telle liberté. — C'est peut-être, ré- « pondit Basile, que vous n'avez jamais ren- « contré d'évêque. Il n'en est pas un qui n'en « dît autant s'il avait la même cause à défendre. « Sur tout le reste, faciles, pleins de condes- « cendance, humbles jusqu'à l'abaissement ; « par soumission pour notre loi, on ne nous « voit point affecter aucune indépendance à « l'égard des maîtres de la terre, pas même à « l'égard du dernier des hommes. Mais du mo- « ment qu'il s'agit de Dieu et de ses intérêts, « nous n'envisageons plus que lui seul et nous « méprisons tout le reste. Le feu, le glaive, les « bêtes féroces, les ongles de fer nous causent « plus de plaisir que de terreur. Après cela, « accablez-nous d'outrages, menacez, faites tout « ce qu'il vous plaira, usez de votre puissance, « rapportez à l'empereur tout ce que je vous ai « dit ; vous n'y gagnerez rien, et vous n'obtien- « drez pas de nous de souscrire à l'impiété,

« quand vous auriez encore de plus cruelles « menaces à nous faire.

« Le préfet, voyant la fermeté inébranlable « de Basile, le fit retirer et le congédia, non « plus avec menaces, mais avec respect et quel- « que sorte de soumission. Peu après, il alla « trouver l'empereur pour lui rendre compte de « sa commission; et, en l'abordant : Prince, « lui dit-il, nous sommes vaincus. L'évêque de « cette ville a trop de caractère pour céder à des « menaces; il est trop ferme dans ses principes « pour se laisser ébranler par nos raisonnemens « ou séduire par des caresses; il faut s'adresser « à quelque autre moins intrépide. L'empereur « se sentit frappé d'admiration (la vertu a un « ascendant secret qui force à l'admirer ceux « mêmes qui ne l'aiment pas); il défendit qu'on « fît au saint évêque aucune violence. »

34. Un autre moyen de frapper vivement les esprits est d'employer dans le discours des *comparaisons*. Elles produisent toujours un grand effet quand elles sont bien choisies et bien présentées. Elles se rencontrent fréquemment dans les grands écrivains. L'orateur sacré ne doit pas les négliger. Elles sont dans le discours comme autant de traits de lumière qui nous — Des comparaisons.

montrent, dans les deux objets qu'on compare, un rapport imprévu et frappant. Elles nous font embellir le premier de tout ce qui nous séduit dans le second. La narration tranquille admet des comparaisons fréquentes, développées, étendues et prises de loin. A mesure qu'elle s'anime, elle en veut moins, les veut plus concises et aperçues de plus près. Dans le pathétique, elles ne doivent être qu'indiquées par un trait rapide, et s'il s'en présente quelques-unes dans la véhémence de la passion, un seul mot les doit exprimer. Celles qui sont courtes ne sont pas pour cela moins frappantes.

Sources des comparaisons.

35. Les comparaisons se tirent de tous les objets connus, et surtout des grands objets de la nature. Les moins recherchées sont les meilleures. Ce serait un grave défaut que de les tirer d'objets qui ne sont pas à la connaissance du plus grand nombre des auditeurs. Au lieu d'éclaircir les choses, on les obscurcirait. Servez-vous donc de ce qui est familier à la multitude et connu généralement, sans cependant descendre trop bas. Il y a des comparaisons que la dignité de la chaire exclut, et dont un prédicateur qui a du tact ne se sert jamais.

Celles de l'Écriture sont les plus convenables

pour la prédication, non-seulement parce qu'elles sont consacrées par la piété, mais encore parce que, tirées des objets les plus riches de la nature, elles réunissent la hardiesse et la simplicité. Il en est quelques-unes qui convenaient au génie et aux mœurs du peuple juif, et qui feraient mauvais effet dans les temps où nous vivons. L'orateur prudent évitera de s'en servir. Il y en a assez d'autres dont il pourra faire usage. Les saints Pères en offrent beaucoup, surtout saint Jean-Chrysostôme. On en trouve aussi de fort belles chez les modernes.

36. Bossuet aimait à s'en servir, et il le faisait avec une noblesse et une majesté dignes de son génie. Parlant de la fermeté de la reine d'Angleterre au milieu du bouleversement de son royaume, il s'exprime ainsi : Comparaisons tirées de Bossuet.

« Comme une colonne, dont la masse solide « paraît le plus ferme appui d'un temple ruiné, « lorsque ce grand édifice qu'elle soutenait fond « sur elle sans l'abattre; ainsi la reine se montre « le ferme soutien de l'État, lorsqu'après en « avoir long-temps porté le faix, elle n'est pas « même courbée sous sa chute. »

En voici une qu'on sera bien étonné de trouver dans le même auteur, parce qu'elle paraît étrangère à son genre ; mais il n'en fait usage que sous le rapport qui convenait à son sujet. Il a pour but d'apprendre au chrétien comment il doit se laisser conduire par l'esprit de Dieu, à l'exemple du cheval dompté qui se laisse conduire par son écuyer.

« Quand il faudra agir, dit-il, l'ame trou- « vera ses forces entières et son action d'au- « tant plus ferme qu'elle sera plus paisible, non « plus comme ces torrens qui bouillonnent, « écument, se précipitent et se perdent, mais « comme ces fleuves bénins qui coulent tran- « quillement et toujours. L'ame se remplit ainsi « d'une céleste vivacité qui ne sera plus d'elle- « même, mais de Dieu. Voyez ce cheval ardent « et impétueux, pendant que son écuyer le « conduit et le dompte. Que de mouvemens ir- « réguliers ! C'est un effet de son ardeur ; « et son ardeur vient de sa force, mais d'une « force mal réglée. Il se compose : il devient « obéissant sous l'éperon, sous le frein, sous la « main qui le dirige à droite ou à gauche, le « presse, le retient comme elle veut. A la fin « il est dompté : il ne fait plus que ce qu'on « lui commande ; il sait aller le pas, il sait cou- « rir, non plus avec cette activité qui l'épui-

« sait, par laquelle son obéissance était encore « désobéissante. Son ardeur s'est changée en « force, ou plutôt, puisque cette force était en « quelque sorte dans son ardeur, elle s'est ré- « glée. Remarquez : elle n'est pas détruite, « elle se règle. Il ne faut plus d'éperons, pres- « que plus de bride; car la bride ne fait plus « l'effet de dompter l'animal fougueux. Par un « petit mouvement qui n'est que l'indication de « la volonté de l'écuyer, elle l'avertit plutôt « qu'elle ne le force : et le paisible animal ne « fait plus, pour ainsi dire, qu'écouter. Son « action est tellement unie à celle de son guide, « qu'il ne s'ensuit plus qu'une seule et même « action. Homme chrétien, agis ainsi, et « change ton ardeur en activité, en gravité, en « douceur, en règle. Noble animal, fait pour « être conduit de Dieu et le porter, pour ainsi « dire, c'est là ton courage, c'est là ta no- « blesse (1)! »

---

(1) On trouve dans Job la description suivante du cheval :

« Le souffle de ses narines répand la terreur. Il « frappe du pied la terre; il bondit, il s'élance avec « audace, il court au-devant des hommes armés. Il « méprise la peur, il brave les épées. Les flèches

Bossuet fait sur la vie humaine l'allégorie suivante, qui est d'une beauté frappante :

« La vie humaine, dit-il, est semblable à « un chemin dont l'issue est un précipice af- « freux. On nous en avertit dès le premier pas ; « mais la loi est portée, il faut avancer tou- « jours. Je voudrais retourner en arrière. « Marche, marche ! Un poids invincible, une « force irrésistible nous entraînent ; il faut sans « cesse avancer vers le précipice. Mille traverses, « mille peines nous fatiguent et nous inquiètent

« sifflent autour de lui : le fer des lances et des dards « le frappe de ses éclairs, il écume, il frémit, il « dévore la terre. Il n'est point effrayé du bruit des « trompettes. Lorsqu'on sonne la charge, il dit : Al- « lons ! De loin, il sent l'approche des guerriers, il « entend la voix des chefs et les cris confus des ar- « mées (*). »

Buffon a paraphrasé ainsi cette belle description :

« La plus noble conquête que l'homme ait ja- « mais faite est celle de ce fier et fougueux animal, « qui partage avec lui les fatigues de la guerre et « la gloire des combats : aussi intrépide que son

(*) *Gloria narium ejus terror. Terram ungula fodit, exultat audacter : in occursum pergit armatis. Contemnit pavorem, nec cedit gladio. Super ipsum sonabit pharetra, vibrabit hasta et clypeus. Fervens et fremens sorbet terram, nec reputat tubæ sonare clangorem. Ubi audierit buccinam, dicit : vah ! procul odoratur bellum, exhortationem ducum, et ululatum exercitus.* (Job., 39, 20 –25.)

« dans la route. Encore, si je pouvais éviter ce « précipice affreux ! Non, non ; il faut marcher, « il faut courir : telle est la rapidité des années. « On se console pourtant, parce que de temps « en temps on rencontre des objets qui nous « divertissent, des eaux courantes, des fleurs « qui passent. On voudrait s'arrêter. Marche, « marche ! Et cependant on voit tomber der- « rière soi tout ce qu'on avait passé ; fracas « effroyable ! inévitable ruine ! On se console,

---

« maître, le cheval voit le péril et l'affronte. Il se « fait au bruit des armes, il l'aime, il le cherche, « et s'anime de la même ardeur : il partage aussi ses « plaisirs à la chasse, aux tournois, à la course ; « il brille, il étincelle ; mais, docile autant que cou- « rageux, il ne se laisse point emporter à son feu, « il sait réprimer ses mouvemens ; non-seulement il « fléchit sous la main de celui qui le guide, mais il « semble consulter ses désirs ; et, obéissant toujours « aux impressions qu'il en reçoit, il se précipite, se « modère ou s'arrête, et n'agit que pour y satisfaire. « C'est une créature qui renonce à son être, pour « n'exister que par la volonté d'un autre ; qui sait « même la prévenir ; qui, par la promptitude et la « précision de ses mouvemens, l'exprime et l'exécute ; « qui sent autant qu'on le désire, et ne rend qu'au- « tant qu'on veut ; qui, se livrant sans réserve, ne se « refuse à rien, sert de toutes ses forces, s'excède, « et même meurt pour mieux obéir. »

« parce qu'on emporte quelques fleurs cueillies « en passant, qu'on voit se faner entre ses « mains du matin au soir, et quelques fruits « qu'on perd en les goûtant : enchantement! « illusion! toujours entraîné, tu approches du « gouffre affreux : déjà tout commence à s'ef- « facer, les jardins moins fleuris, les fleurs « moins brillantes, leurs couleurs moins vives, « les prairies moins riantes, les eaux moins « claires : tout se ternit, tout s'efface. L'om- « bre de la mort se présente : on commence à « sentir l'approche du gouffre fatal. Mais il « faut aller sur le bord. Encore un pas : déjà « l'horreur trouble le sens, la tête tourne, les « yeux s'égarent. Il faut marcher : on voudrait « retourner en arrière; plus de moyens : tout « est tombé, tout est évanoui, tout est échap- « pé (1)! »

Des comparaisons tirées de l'histoire.

37. On peut tirer les comparaisons de l'his- « toire, et surtout de l'Histoire-Sainte. En voici une que Massillon emploie très-heureusement dans son sermon *sur le bonheur des justes*. Il parle des sentimens qu'éprouvent les justes à la vue des chagrins et des agitations des pécheurs.

(1) Sermon pour le jour de Pâques.

Il compare leur sécurité à celle des Israélites après le passage de la mer Rouge à la vue des Égyptiens submergés :

« Que les amertumes de la vertu, dit-il, pa-
« raissent douces alors à un homme de bien,
« lorsqu'il les compare aux cruels chagrins et
« aux agitations éternelles des pécheurs! Qu'il
« se sait bon gré d'avoir trouvé un lieu de repos
« et de sûreté, tandis qu'il voit les amateurs
« du monde encore tristement agités au gré
« des passions et des espérances humaines!
« Ainsi, les Israélites, autrefois échappés de
« la mer Rouge, voyant de loin Pharaon et tous
« les grands de l'Égypte encore à la merci des
« flots, goûtaient le plaisir de leur sûreté,
« trouvaient les voies arides du désert douces et
« agréables, ne sentaient plus les incommodités
« du chemin; et, comparant leur destinée à
« celle des Egyptiens, loin de se plaindre et de
« murmurer, chantaient avec Moïse ce cantique
« divin de louanges et d'actions de graces, où
« sont célébrées, avec tant de magnificence, les
« merveilles et les miséricordes du Seigneur. »

Des paraboles ou similitudes.

38. Les *paraboles,* qu'on nomme aussi *similitudes*, sont d'un grand secours dans l'enseignement de la religion. Notre Seigneur les em-

ployait très-fréquemment pour mettre sa doctrine à la portée de la multitude. On connaît celles *de la semence*, *de l'ivraie*, *de l'enfant prodigue*, etc. Il en faisait aussi usage pour reprocher aux Juifs sous ce voile l'indignité de leur conduite, et pour leur en faire apercevoir les suites, comme on le voit dans la *parabole des noces* et dans celle *des vignerons homicides*. La vérité, lorsqu'elle contrarie les passions et les intérêts des hommes, leur est quelquefois désagréable. Il faut alors en adoucir l'austérité et la proportionner à la faiblesse de leur raison. Tel est le but des paraboles. C'est un langage à la portée des enfans et du peuple, et qui souvent n'est pas inutile aux grands et aux sages. On raconte qu'un jour, au sein de l'Académie française, un simple apologue produisit plus d'effet que les meilleurs raisonnemens : un grand seigneur fort riche, mais d'un esprit médiocre, se proposait pour remplir une place vacante dans cette compagnie. Plusieurs suffrages s'étaient déjà déclarés en sa faveur, et Boileau avait protesté inutilement contre l'admission du candidat. Patru se lève et dit : « Un ancien Grec avait une lyre admirable, « à laquelle se rompit une corde. Au lieu d'en

« remettre une de boyau, il y ajusta un fil d'ar-
« gent. Qu'arriva-t-il? L'instrument fut plus
« brillant, mais il perdit son harmonie. » Cet apologue décida la question et fit exclure le nouveau Midas. On connaît la fiction des membres et de l'estomac dont se servit Ménénius-Agrippa pour ramener le peuple romain qui s'était retiré sur le Mont-Sacré. Elle avait pour but de lui faire sentir les dangers de la séparation et les avantages de la concorde. Le fait qu'il racontait n'avait aucune réalité; et pourtant, que de vérité dans le récit! Quels mots, quels discours, si éloquens qu'on les suppose, pouvaient valoir cette fable à la fois si simple et si ingénieuse? (M. PÉRENNÈS.)

Il ne conviendrait pas que le prédicateur proposât en chaire de semblables fictions; mais, sans aller jusqu'à faire des fables, il peut imiter les paraboles du Sauveur, ou du moins rappeler celles qu'il a faites et les expliquer au peuple. Rien n'instruit mieux que cette méthode. Le missionnaire Brydayne savait l'employer avec beaucoup de succès pour soutenir et ranimer l'attention de son auditoire pendant ses instructions. Son imagination était inépuisable en ressources de ce genre si propre à piquer la curiosité des auditeurs, et dans lequel il savait être familier avec éloquence. C'était par ce moyen puissant, que lui suggérait son zèle, qu'il enfonçait plus avant le glaive de la parole et qu'il retournait dans tous les sens le trait dont il frappait les consciences coupables pour les ébranler et produire la conversion.

Des suppositions ou hypothèses.

39. On peut dans le discours faire des *suppositions* qui n'ont pas moins d'effet que les comparaisons et les paraboles. On connaît la célèbre supposition de Massillon dans son sermon *sur le petit nombre des Élus,* et l'effet qu'elle produisit. Tout l'auditoire se leva saisi d'effroi. Voici ce morceau vraiment éloquent :

« Je m'arrête à vous, mes Frères, qui êtes « ici assemblés : je ne parle plus du reste des « hommes ; je vous regarde comme si vous étiez « seuls sur la terre : et voici la pensée qui m'oc- « cupe et qui m'épouvante. Je suppose que « c'est ici votre dernière heure et la fin de « l'univers ; que les cieux vont s'ouvrir sur « vos têtes, Jésus - Christ paraître dans sa « gloire, au milieu de ce temple, et que vous « n'y êtes assemblés que pour l'attendre, et « comme des criminels tremblans, à qui l'on « va prononcer, ou une sentence de grace, ou

« un arrêt de mort éternelle : car vous avez « beau vous flatter, vous mourrez tels que vous « êtes aujourd'hui ; tous ces désirs de chan- « gement qui vous amusent vous amuseront « jusqu'au lit de la mort, c'est l'expérience de « tous les siècles ; tout ce que vous trouverez « alors en vous de nouveau sera peut-être un « compte un peu plus grand que celui que « vous auriez aujourd'hui à rendre ; et sur ce « que vous seriez, si l'on venait vous juger dans « le moment, vous pouvez presque décider de « ce qui vous arrivera au sortir de la vie.

« Or, je vous demande, et je vous le deman- « de frappé de terreur, ne séparant pas en ce « point mon sort du vôtre, et me mettant dans « la même disposition où je souhaite que vous « entriez ; je vous demande donc : si Jésus- « Christ paraissait dans ce temple, au milieu « de cette assemblée, la plus auguste de l'uni- « vers, pour nous juger, pour faire le terrible « discernement des boucs et des brebis, croyez- « vous que le plus grand nombre de tout ce « que nous sommes ici fût placé à la droite ? « Croyez-vous du moins que les choses fussent « égales ? Croyez-vous qu'il s'y trouvât seule- « ment dix justes que le Seigneur ne put trou-

« ver autrefois en cinq villes tout entières ? Je « vous le demande, vous l'ignorez, et je l'ignore « moi-même ; vous seul, ô mon Dieu ! connais- « sez ceux qui vous appartiennent ; mais, si nous « ne connaissons pas ceux qui lui appartien- « nent, nous savons du moins que les pécheurs « ne lui appartiennent pas. Or, qui sont les « Fidèles ici assemblés ? Les titres et les digni- « tés ne doivent être comptés pour rien ; vous « en serez dépouillés devant Jésus-Christ : qui « sont-ils ? beaucoup de pécheurs qui ne veu- « lent pas se convertir ; encore plus qui le vou- « draient, mais qui diffèrent leur conversion ; « plusieurs autres qui ne se convertissent ja- « mais que pour retomber ; enfin un grand « nombre qui croient n'avoir pas besoin de con- « version : voilà le parti des réprouvés. Retran- « chez ces quatre sortes de pécheurs de cette « assemblée sainte ; car ils seront retranchés « au grand jour : paraissez maintenant, Justes ; « où êtes-vous ? restes d'Israël, passez à la « droite : froment de Jésus-Christ, démêlez- « vous de cette paille destinée au feu : ô Dieu ! « où sont vos élus, et que reste-t-il pour votre « partage ? »

Les suppositions oratoires réussissent tou-

jours et font un merveilleux effet dans la chaire quand elles sont bien faites. C'est l'une des parties les plus brillantes de l'abbé Poule, qui s'enrichissait à propos de ces hypothèses si favorables aux orateurs. Entre autres exemples de son art et de ses succès dans l'heureux emploi de cette figure, on peut voir, dit Maury, dans son sermon *sur la parole de Dieu*, le parti qu'il sait en tirer, en se demandant à lui-même, et en développant ce que pourrait penser du ministère évangélique un sauvage à qui notre religion et notre langue seraient inconnues, et qui entrerait tout-à-coup dans le temple, s'il voulait deviner l'objet du discours par l'émotion du prédicateur et par l'indifférence de l'auditoire. « Cet infidèle, dit-il, ne s'imagi-
« nerait-il pas, en voyant le prédicateur si ému
« et les auditeurs si tranquilles, que c'est ici
« un criminel déjà condamné, qui tâche par
« toutes sortes de moyens d'attendrir et de flé-
« chir une multitude de juges insensibles à son
« infortune? » Cet apologue, rendu en quelque sorte magique par l'action de l'orateur, excitait une commotion d'enthousiasme dans l'assemblée.

40. On peut peindre et représenter les choses Des descrip-

tions et des tableaux oratoires.

par le moyen des *descriptions* et des *tableaux oratoires*. Rien n'est plus propre à faire impression sur l'esprit des auditeurs. Il n'est guère possible en effet qu'ayant, pour ainsi dire, les choses sous les yeux, ils n'en soient pas frappés. La vive peinture des choses est comme l'ame de l'éloquence. C'est par elle que l'orateur triomphe. « Sans elle, dit Fénélon, tout est sec, languissant et ennuyeux. Depuis le péché originel, l'homme est tout enfoncé dans les choses sensibles; c'est là son grand mal : il ne peut être long-temps attentif à ce qui est abstrait. Il faut donner du corps à toutes les instructions qu'on veut insinuer dans son esprit : il faut des images qui l'arrêtent. De là vient que, sitôt après la chute du genre humain, la poésie et l'idolâtrie, toujours jointes ensemble, firent toute la religion des anciens. »

Manière de peindre les choses.

41. « Peindre, dit le même auteur, c'est non-seulement décrire les choses, mais en représenter les circonstances d'une manière si vive et si sensible, que l'auditeur s'imagine presque les voir. Par exemple, un froid historien qui raconterait la mort de Didon se contenterait de dire : Elle fut si accablée de douleur après le départ d'Énée, qu'elle ne put supporter la

vie : elle monta au haut de son palais, elle se mit sur un bûcher, et se tua elle-même. En écoutant ces paroles, vous apprenez le fait, mais vous ne le voyez pas.... Écoutez Virgile ; il le mettra devant vos yeux. N'est-il pas vrai que, quand il ramasse toutes les circonstances de ce désespoir ; qu'il vous montre Didon furieuse, avec un visage où la mort est déjà peinte ; qu'il la fait parler à la vue de ce portrait et de cette épée, votre imagination vous transporte à Carthage : vous croyez voir la flotte des Troyens qui fuit le rivage, et la reine que rien n'est capable de consoler : vous entrez dans tous les sentimens qu'eurent alors les véritables spectateurs. Ce n'est plus Virgile que vous écoutez : vous êtes trop attentif aux dernières paroles de la malheureuse Didon pour penser à lui. Le poète disparaît; on ne voit plus que ce qu'il fait voir, on n'entend plus que ceux qu'il fait parler. Voilà la force de l'imitation et de la peinture. De là vient qu'un peintre et un poète ont tant de rapport; l'un peint pour les yeux, l'autre pour les oreilles : l'un et l'autre doivent porter les objets dans l'imagination des hommes. Je vous ai cité un exemple tiré d'un poète, pour vous faire mieux entendre la chose ; car la peinture est encore plus vive et plus forte dans les poëtes que dans les orateurs. La poésie ne diffère de la simple éloquence qu'en ce qu'elle peint avec enthousiasme et par des traits plus hardis. La prose a ses peintures, quoique plus modérées; sans ces peintures, on ne peut échauffer l'imagination de l'auditeur, ni exciter ses passions. Un récit simple ne peut émouvoir : il faut non-seulement instruire les auditeurs des faits, mais les leur rendre sensibles, et frapper leurs sens par une représentation parfaite de la manière touchante dont ils sont arrivés. »

Quand on fait une description ou un tableau, il faut, d'une part, ne pas négliger les circonstances qui peuvent le mieux représenter les choses; et, de l'autre, ne pas vouloir les mettre toutes sous les yeux. Il y a des orateurs qui n'osent rien dire qui ne leur paraisse relevé; ils sont toujours guindés et croiraient trop s'abaisser en nommant les choses par leur nom. « Tout entre, dit Fénélon, dans les sujets que l'éloquence doit traiter. La poésie même, qui est le genre le plus sublime, ne réussit qu'en peignant les choses avec toutes leurs circonstances. Voyez Virgile représentant les navires troyens qui quittent le rivage d'Afrique ou qui arrivent sur la côte d'Italie : tout le détail y est peint. Les Grecs poussaient encore plus loin le détail et suivaient plus sensiblement la nature. A cause de ce grand détail, bien des gens, s'ils l'osaient, trouveraient Homère trop simple. Par cette simplicité si originale, et dont nous avons tant perdu le goût, ce poète a beaucoup de rapport avec l'Écriture; mais l'Écriture le surpasse autant qu'il a surpassé tout le reste de l'antiquité pour peindre naïvement les choses. »

Du choix des circonstances.

42. En faisant un détail, dit encore Fénélon, il ne faut rien présenter à l'esprit de l'auditeur qui ne mérite son attention et qui ne contribue à l'idée qu'on veut lui donner. Ainsi il faut être judicieux pour le choix des circonstances; mais il ne faut point craindre de dire tout ce qui sert; et c'est une politesse mal entendue que de supprimer certains endroits utiles, parce qu'on ne les trouve pas susceptibles d'ornemens. Homère nous apprend assez, par son exemple, qu'on peut embellir en leur manière tous les sujets. » Le prédicateur ne peindra pas comme le poète. Ses tableaux doivent être plus graves, et parconséquent moins ornés; mais il ne négligera rien de ce qui peut frapper les esprits et laisser des impressions profondes. Qu'il se garde cepen-

dant de descendre dans des détails inconvenans et peu dignes de la chaire. Il est un point auquel il doit s'arrêter pour ne pas être bas et trivial. La lecture des bons modèles lui apprendra à le distinguer.

Exemples tirés de Bossuet.

43. Citons des exemples, afin de montrer comment les grands maîtres ont mis ces règles en pratique. Bossuet fait voir ainsi l'ardeur de Condé dans le combat :

« Pour combien fallait-il compter un jeune « prince qui portait la victoire dans ses yeux? Le « voyez-vous, comme il vole ou à la victoire ou « à la mort! Aussitôt qu'il eut porté de rang en « rang l'ardeur dont il était animé, on le voit « presque en même temps pousser l'aîle droite « des ennemis, soutenir la nôtre ébranlée, « rallier les Français à demi-vaincus, mettre en « fuite l'Espagnol victorieux, porter partout la « terreur et étonner de ses regards étincelans « ceux qui échappaient à ses coups. » Ne croit-on pas voir un combat, Condé enfoncer des bataillons et la victoire voler sur ses pas?

On ne peut, en lisant les morceaux qui suivent, s'empêcher de sentir au fond de son âme des impressions tristes et lugubres comme les choses qui y sont décrites. Dans l'exorde de l'oraison funèbre de la reine d'Angleterre, Bossuet met ainsi en raccourci sous les yeux le tableau qu'il va présenter :

« Chrétiens, que la mémoire d'une grande « reine, fille, femme, mère de rois si puissans, « et souveraine de trois royaumes, appelle de « tous côtés à cette triste cérémonie, ce discours « vous fera paraître un de ces exemples si redou- « tables qui étalent aux yeux du monde sa vanité « tout entière ; vous verrez, dans une seule vie, « toutes les extrémités des choses humaines ; la « félicité sans bornes aussi bien que les misè- « res.... Des retours soudains, des changemens « inouis ; la rébellion, long-temps retenue, à « la fin tout-à-fait maîtresse ; nul frein à la « licence, les lois abolies, la Majesté violée par « des attentats jusqu'alors inconnus ; l'usurpa- « tion et la tyrannie sous le nom de liberté ; une « reine fugitive, qui ne trouve aucune retraite « dans trois royaumes, et à qui sa propre patrie « n'est plus qu'un triste lieu d'exil ; neuf voya- « ges sur mer entrepris par une princesse, mal- « gré les tempêtes ; l'Océan étonné de se voir « traversé tant de fois en des appareils si divers « et pour des causes si différentes ; un trône « indignement renversé et miraculeusement

« rétabli : voilà les enseignemens que Dieu « donne aux rois ; ainsi fait-il voir au monde le « néant de ses pompes et de ses grandeurs. »

Voici une image de cette reine fugitive et persécutée :

« Elle partit des ports d'Angleterre à la vue « des vaisseaux des rebelles, qui la poursui- « vaient de si près qu'elle entendait presque « leurs cris et leurs menaces insolentes. O voyage « bien différent de celui qu'elle avait fait sur la « même mer, lorsque, venant prendre possession « du sceptre de la Grande-Bretagne, elle voyait, « pour ainsi dire, les ondes se courber sous « elle et soumettre toutes leurs vagues à la « dominatrice des mers ! Maintenant chassée, « poursuivie par ses ennemis implacables, qui « avaient eu l'audace de lui faire son procès, « tantôt sauvée, tantôt presque prise, changeant « de fortune à chaque quart-d'heure, n'ayant « pour elle que Dieu et son courage inébranla- « ble, elle n'avait ni assez de vents ni assez de « voiles pour favoriser sa fuite précipitée. »

Le même orateur raconte ainsi les derniers momens de la duchesse d'Orléans :

« Elle demanda le crucifix sur lequel elle « avait vu expirer la reine sa belle-mère, comme

« pour recueillir les impressoins de confiance et « de piété que cette ame vraiment chrétienne y « avait laissées avec les derniers soupirs. A la « vue de cet objet, n'attendez pas de cette prin- « cesse des discours étudiés et magnifiques; une « sainte simplicité fait ici toute la grandeur. « Elle s'écrie : O mon Dieu! pourquoi n'ai-je « pas toujours mis mon espérance en vous?... « Madame appelle plutôt les prêtres que les « médecins ; elle demande elle-même les sacre- « mens de l'Église : la pénitence avec componc- « tion, l'eucharistie avec crainte et puis avec « confiance, la sainte onction des mourans avec « un saint empressement. Bien loin d'en être « effrayée, elle veut la recevoir avec connais- « sance ; elle écoute l'explication de ces saintes « cérémonies, de ces prières apostoliques qui, « par une espèce de charme divin, suspendent « les douleurs les plus violentes... On lui voit « présenter son corps à cette huile sacrée, ou « plutôt au sang de Jésus-Christ qui coule si « abondamment avec cette précieuse liqueur. « Avec quelle tranquillité d'esprit a-t-elle satis- « fait à ses derniers devoirs! Rappelez en votre « pensée ce qu'elle dit à Monsieur; quelle force! « quelle tendresse! O paroles qu'on voyait sortir

« de l'abondance d'un cœur qui se sent au-« dessus de tout ; paroles que la mort présente, « et Dieu plus présent encore, ont consacrées ; « sincère production d'une ame qui, tenant au « ciel, ne doit plus rien à la terre que la vérité ! « Vous vivrez éternellement dans la mémoire « des hommes ; mais surtout vous vivrez éter-« nellement dans le cœur de ce grand prince... « Nous ne voyons en elle ni cette ostentation « par laquelle on veut tromper les autres, ni « ces émotions d'une ame alarmée par lesquelles « on se trompe soi-même. Tout était simple, « tout était solide, tout était tranquille ; tout « partait d'une ame soumise et d'une source « sanctifiée par le Saint-Esprit... Elle a aimé « en mourant le Sauveur Jésus, les bras lui ont « manqué plutôt que l'ardeur d'embrasser la « croix. J'ai vu sa main défaillante chercher en « tombant de nouvelles forces pour appliquer « sur ses lèvres le bienheureux signe de notre « rédemption. »

Peut-on lire sans s'attendrir la scène suivante tirée de l'oraison funèbre de Louis de Bourbon, prince de Condé :

« Quelles couleurs assez vives pourraient « vous représenter, et la constance du père, et

« les extrêmes douleurs du fils : d'abord le
« visage en pleurs, avec plus de sanglots que
« de paroles : tantôt la bouche collée sur ces
« mains victorieuses, et maintenant défaillan-
« tes : tantôt se jetant entre ces bras, et dans
« ce sein paternel; il semble, par tant d'efforts,
« vouloir retenir ce cher objet de ses respects
« et de ses tendresses. Les forces lui manquent,
« il tombe à ses pieds. Ce prince, sans s'émou-
« voir, lui laisse reprendre ses esprits; puis,
« appelant la duchesse sa belle-fille, qu'il voyait
« aussi sans parole et presque sans vie, avec
« une tendresse qui n'eut rien de faible, il leur
« donna ses derniers ordres, où tout respirait
« la piété; il les finit en bénissant, avec eux,
« ainsi qu'un autre Jacob, chacun de leurs
« enfans en particulier; et on vit de part
« et d'autre tout ce qu'on affaiblit en le répé-
« tant. »

On voit dans ces morceaux une simplicité touchante et cette négligence noble qui convient si bien à la douleur ennemie de la contrainte.

44. Les *peintures morales* ont un grand effet dans la prédication. Voici les avis que saint François-Xavier donnait à ce sujet au P. Barsée. « Employez, lui dit-il, la plus grande par- Des peintures morales.

tie de votre sermon à faire une peinture vive de l'état intérieur et du trouble des ames pécheresses; faites que chacun reconnaisse dans vos paroles et voie comme dans un miroir l'inquiétude de ses projets, la frivolité de ses pensées, le néant de ses vaines espérances, les fourberies artificieuses, les fraudes adroitement déguisées qu'il médite dans son esprit. Vous y ajouterez les funestes suites de leurs coupables desseins, vous répondrez aux sophismes captieux que leur suggère l'ennemi de tout bien, vous leur enseignerez le moyen de se dépêtrer de ses filets, et vous insisterez sur les châtimens dont le ciel frappera ceux qui seront sourds à la voix de leur conscience.

« Ces sortes d'instructions sont très-utiles, parce que les hommes n'écoutent rien avec plus d'attention que les choses dont le témoignage intime de leur conscience leur fait sentir la vérité. De sublimes spéculations, des questions épineuses, des discussions théologiques, surpassent l'intelligence des hommes vulgaires, et ils n'en font aucun cas; c'est un vain son qui frappe l'air, ce sont des paroles stériles qui ne produisent aucun fruit. Si donc vous voulez qu'ils vous écoutent avec attention, faites-leur un portrait fidèle de ce qui se passe en eux-mêmes ; mais, pour peindre ainsi ce qui se passe dans leur cœur, il est nécessaire de les bien connaître ; et la seule manière de les bien connaître est d'être beaucoup avec eux (1), d'examiner, d'observer, d'approfondir. Étudiez donc avec soin ces livres vivans ; vous y puiserez de quoi enseigner d'une manière efficace, et vous acquerrez un grand empire sur les pécheurs pour les attirer à vous, leur faire goûter la vérité, les détourner de leur mauvaise voie, et leur persuader tout ce qui sera nécessaire au salut de leur ame. »

Exemple tiré de Massillon (le Pécheur mourant).

45. Parmi les nombreux exemples de peintures morales que nous pourrions citer, nous nous bornons aux deux suivans. Le premier est tiré

(1) Le saint ne recommande pas ici les relations inutiles qu'il faut éviter soigneusement, mais celles que nécessitent ou l'exercice de nos fonctions et les devoirs de la vie civile, ou au moins le dessein formé de chercher dans des entretiens particuliers (qui ne doivent pas être trop fréquens ni habituels, de peur de nuire à nos autres obligations), les vrais moyens de gagner des ames à Jésus-Christ. Ces relations de nécessité ou de charité suffisent, si nous sommes observateurs, pour nous mettre au courant de tout ce qui peut nous être utile dans la prédication.

de Massillon. Est-il possible de décrire d'une manière plus frappante qu'il le fait la triste situation du pécheur mourant?

« Oui, mes Frères, cet infortuné qui s'était « toujours endormi dans le désordre, toujours « flatté qu'il ne fallait qu'un bon moment, « qu'un sentiment de componction à la mort « pour apaiser la colère de Dieu, désespère « alors de sa clémence. En vain on lui parle de « ses miséricordes éternelles ; il comprend à « quel point il en est indigne : en vain le minis- « tre de l'Église tâche de rassurer ses frayeurs, « en lui ouvrant le sein de la clémence divine ; « ces promesses le touchent peu, parce qu'il « sent bien que la charité de l'Église, qui ne « désespère jamais du salut de ses enfans, ne « change pourtant rien aux arrêts formidables « de la justice de Dieu. En vain on lui promet « le pardon de ses crimes : une voix secrète et « terrible lui dit au fond du cœur qu'il n'y a « point de salut pour l'impie, et qu'il ne faut « pas compter sur des espérances qu'on donne « à ses malheurs plutôt qu'à la vérité (1). En

(1) Voyez ce que nous avons dit chapitre IV, n^os 62 et suivans.

« vain on l'exhorte à recourir aux derniers re-
« mèdes que la religion offre aux mourans : il
« les regarde comme ces remèdes désespérés
« qu'on hasarde lorsqu'il n'y a plus d'espé-
« rance, et qu'on donne plus pour la consola-
« tion des vivans que pour l'utilité de celui
« qui meurt. On appelle des serviteurs de Jé-
« sus-Christ pour le soutenir dans cette der-
« nière heure; et tout ce qu'il peut faire, c'est
« d'envier en secret leur destinée et de détester
« le malheur de la sienne. On lui met dans la
« bouche les paroles des livres saints, et les
« sentimens d'un roi pénitent; et il sent bien
« que son cœur désavoue ces expressions di-
« vines; et que des paroles qu'une charité ar-
« dente et une componction parfaite a formées,
« ne conviennent pas à un pécheur surpris
« comme lui dans ses désordres. On assemble
« autour de son lit ses amis et ses proches pour
« recueillir ses derniers soupirs; et il en dé-
« tourne les yeux, parce qu'il retrouve encore
« au milieu d'eux le souvenir de ses crimes.
« Le ministre de l'Église lui présente un Dieu
« mourant; et cet objet si consolant, et si ca-
« pable d'exciter sa confiance, lui reproche
« tout bas ses ingratitudes, et l'abus perpétuel
« de ses graces.

« Cependant la mort approche ; le prêtre « tâche de soutenir, par les prières des mou- « rans, ce reste de vie qui l'anime encore. *Par- « tez, ame chrétienne,* lui dit-il : *Proficiscere, « anima christiana.* Il ne lui dit pas : Prince, « grand du monde, partez. Durant sa vie les « monumens publics pouvaient à peine suffire « au nombre et à l'orgueil de ses titres : dans « ce dernier moment, on ne lui donne que le « titre tout seul qu'il avait reçu dans le bap- « tême, le seul dont il ne faisait aucun cas, et « le seul qui doit lui demeurer éternellement. « *Proficiscere, anima christiana* : « Partez, « ame chrétienne. » Hélas ! elle avait vécu, « comme si le corps eût été tout son être : elle « avait même tâché de se persuader que son « ame n'était rien ; que l'homme n'était qu'un « ouvrage de chair et de sang ; et que tout « mourait avec nous : et on vient lui déclarer « que c'est son corps, qui n'était rien qu'un « peu de boue, qui va se dissoudre ; et que « c'est tout son être immortel, c'est-à-dire cette « ame, cette image de la divinité, cette intelli- « gence seule capable de l'aimer et de la con- « naître, qui va se détacher de sa maison ter- « restre, et paraître devant le tribunal redou-

« table. *Partez, ame chrétienne* : vous aviez « regardé la terre comme votre patrie; et ce « n'était qu'un lieu de pélerinage dont il faut « partir : l'Église croyait vous annoncer une « nouvelle de joie, la fin de votre exil, le terme « de vos misères, en vous annonçant la disso- « lution du corps terrestre; et elle ne vous « annonce, hélas! qu'une nouvelle lugubre et « effroyable, et le commencement de vos mal- « heurs et de vos peines. « Partez donc, ame « chrétienne » : *Proficiscere, anima christiana*, « ame marquée du sceau du salut, que vous « avez effacé; rachetée du sang de Jésus-Christ, « que vous avez foulé aux pieds; lavée par la « grace de la régénération, que vous avez mille « fois souillée; éclairée des lumières de la foi, « que vous avez toujours rejetées; comblée de « toutes les miséricordes du ciel, que vous avez « toujours indignement profanées, *Partez*, « *ame chrétienne*; allez porter devant Jésus- « Christ ce titre auguste, qui devait être le « signe magnifique de votre salut, et qui va « devenir le plus grand de vos crimes : *Profi-* « *ciscere, anima christiana*.

« Alors le pécheur mourant, ne trouvant « plus dans le souvenir du passé que des regrets

« qui l'accablent ; dans tout ce qui se passe à « ses yeux, que des images qui l'affligent ; dans « la pensée de l'avenir, que des horreurs qui « l'épouvantent : ne sachant plus à qui avoir « recours, ni aux créatures qui lui échappent, « ni au monde qui s'évanouit, ni aux hommes « qui ne sauraient le délivrer de la mort, ni « au Dieu juste, qu'il regarde comme un en- « nemi déclaré, dont il ne doit plus attendre « d'indulgence : il se roule dans ses propres « horreurs ; il se tourmente, il s'agite pour « fuir la mort qui le saisit, ou du moins pour « se fuir lui-même : il sort de ses yeux mou- « rans je ne sais quoi de sombre et de farou- « che, qui exprime les fureurs de son ame : il « pousse du fond de sa tristesse des paroles en- « trecoupées de sanglots, qu'on n'entend qu'à « demi, et qu'on ne sait si c'est le désespoir « ou le repentir qui les a formées ; il jette sur « un Dieu crucifié des regards affreux, et qui « laissent douter si c'est la crainte ou l'espé- « rance, la haine ou l'amour qu'ils expriment : « il entre dans des saisissemens où l'on ignore « si c'est le corps qui se dissout, ou l'ame qui « sent l'approche de son juge : il soupire pro- « fondément, et l'on ne sait si c'est le souve-

« nir de ses crimes qui lui arrache ces sou« pirs, ou le désespoir de quitter la vie. Enfin, « au milieu de ces tristes efforts, ses yeux se « fixent, ses traits changent, son visage se dé« figure, sa bouche livide s'entr'ouvre d'elle« même; tout son esprit frémit; et, par ce der« nier effort, son ame infortunée s'arrache « comme à regret de ce corps de boue, tombe « entre les mains de Dieu, et se trouve seule « aux pieds du tribunal redoutable. »

Autre exemple tiré de saint Augustin.

46. Le second exemple est tiré de saint Augustin. Voici comment il peint le triste état où l'a jeté la perte de sa mère :

« Mon cœur est obscurci par la douleur; « tout ce que je vois me retrace l'image de la « mort. La maison paternelle me rappelle sans « cesse ma douleur et mon malheur. Tout ce « qui m'était doux, quand je pouvais le par« tager avec celle que j'aimais, me devient un « supplice depuis que je l'ai perdue. Mes yeux « la cherchent partout et ne la trouvent nulle « part. Tout ce que je vois m'est en horreur, « parce que je ne la vois point. Quand elle vi« vait, quelque part que je fusse sans elle, tout « me disait : vous l'allez voir; rien ne me « le dit plus. Je ne trouve de douceur que

« dans mes larmes; elles me tiennent lieu de « ce qu'elle m'était, lorsqu'elle vivait. Je suis « malheureux, et on l'est dès qu'on livre son « cœur à l'amour des choses qui passent; on « est déchiré, quand on vient à les perdre; et « c'est alors qu'on sent tout son malheur. J'é- « tais loin de m'en former l'idée avant de l'a- « voir éprouvé. Je ne puis soutenir le poids de « mon cœur déchiré et ensanglanté, et je ne « sais où le reposer! »

Des portraits. — Il faut en faire rarement dans les sermons.

47. Nous ne parlerons des portraits que pour détourner le prédicateur d'en faire dans ses sermons. Ils sont rarement utiles (1). Nous allons citer ce qu'en dit Gaichiés dans ses *Maximes sur le ministère de la chaire.*

« Il n'y a pas encore un siècle, dit-il, que le prédicateur triomphait par la description des lieux, des événemens, etc. Heureusement ce style romanesque est tombé. On y a substitué les portraits, on a peint vivement les mœurs sur le modèle des caractères des anciens : la satire

(1) Nous parlons des portraits satiriques. Les autres ne sont pas toujours interdits aux prédicateurs, surtout s'ils sont faits à propos et si l'on sait se tenir dans de justes bornes.

grossissait l'auditoire. Il semble que ce goût soit sur son déclin, et que la charité soit parvenue à supprimer ces peintures critiques, ou du moins à les adoucir.

« De tous les traits du discours le portrait est le plus vif. Les autres proposent, expliquent, prouvent, réfutent, tirent des conséquences; le portrait peint, représente. Ces exemples réels et vivans désignent et font quelquefois rougir devant les hommes ceux qu'on ne doit humilier que devant Dieu.

« Il n'est pas défendu de rendre le vice ridicule; mais communément le péché doit moins exciter la risée que la détestation. Le ridicule ne passe que pour un mal léger : la crainte d'être raillé n'a jamais arrêté une passion ardente; on la satisfait, et on est le premier à se railler.

« Les portraits, qui sont les plus grands efforts de la réflexion, rarement valent ce qu'ils coûtent. Ils divertissent ceux qui ne s'y reconnaissent pas, ils irritent ceux qui s'y retrouvent, et personne n'en est converti.

« Comme les portraits font plus d'impression que les raisons, qu'ils montrent au pécheur ce qu'il se cache à lui-même, ils pourraient être utiles, si la charité les traçait, s'il n'y entrait plus de passion que d'avertissement, et si les originaux étaient moins reconnaissables. Mais quel fruit peut produire ce qu'a peint la malignité ou l'humeur chagrine? Il y paraît quand l'orateur a eu ses personnages en vue. Les traits en sont bien mieux marqués. Comment se croit-on permis, dans un sermon, ce qu'on punit dans des libelles satiriques? Peignez le péché, donnez-en de l'horreur, montrez-en l'énormité, quelquefois même le ridicule; mais épargnez le pécheur. L'auditeur équitable prend du portrait ce qui lui convient, sans supposer qu'on ait voulu lui en faire l'application. »

On peut faire des portraits dans les panégyriques et dans les oraisons funèbres.

48. S'il ne convient pas de faire des portraits dans les sermons, on peut en faire dans les panégyriques et dans les oraisons funèbres (1), en observant cependant avec soin les règles de prudence que les circonstances peuvent demander. Les portraits demandent une grande précision. Il faut que chaque coup de pinceau forme un grand trait, et qu'on rassemble des idées frappantes dans un très-court espace.

(1) Soit le portrait du sujet qu'on loue ou celui de quelque personnage notable qui a vécu de son temps.

Exemples. — Portrait de Cromwell par Bossuet.

49. Le portrait de Cromwell tracé par Bossuet, dans l'oraison funèbre de la reine d'Angleterre, offre un beau modèle en ce genre. Le voici :

« Un homme s'est rencontré d'une profon-
« deur d'esprit incroyable, hypocrite raffiné
« autant qu'habile politique, capable de tout
« entreprendre et de tout cacher, également
« actif et infatigable dans la paix et dans la
« guerre; qui ne laissait rien à la fortune de
« ce qu'il pouvait lui ôter par conseil ou par
« prévoyance; mais, au reste, si vigilant et si
« prêt à tout, qu'il n'a jamais manqué les oc-
« casions qu'elle lui a présentées; enfin, un
« de ces esprits remuans et audacieux qui sem-
« blent être nés pour changer le monde. »

Portrait de saint Louis.

50. Nous croyons utile de présenter quelques modèles d'un autre genre. Voici le portrait d'un saint tracé par un homme qui était loin de l'être. C'est le portrait de saint Louis par Voltaire.

« Voir d'un même œil la couronne et les
« fers, la santé et la maladie, la vie et la mort;
« faire des choses admirables, et craindre
« d'être admiré; n'avoir dans le cœur que Dieu
« et son devoir; n'être touché que des maux

« de ses frères, et regarder les siens comme une « épreuve nécessaire à sa sanctification; être « toujours en présence de son Dieu; n'entre- « prendre, ne réussir, ne souffrir, ne mourir « que pour lui : voilà saint Louis! voilà le héros « chrétien! Toujours grand et toujours sim- « ple, toujours s'oubliant lui-même. Il a régné « pour ses peuples; il a fait tout le bien qu'il « pouvait faire, même sans rechercher les bé- « nédictions de ceux qu'il rendait heureux. Il « a étendu ses bienfaits dans les siècles à venir, « en redoutant la gloire qui devait en être le « prix. Il n'a combattu que pour ses sujets et « pour son Dieu. Vainqueur, il a pardonné; « vaincu, il a supporté la captivité sans affec- « ter de la braver. Sa vie a coulé tout entière « dans l'innocence et dans la pénitence; il a « vécu sous le cilice, il est mort sur la cendre. »

Celui qui a tracé ces lignes a eu d'heureux momens; mais, hélas! qu'ils ont été courts! Il a donné un triste exemple de l'abus des graces et des talens. Qu'il eût été à souhaiter pour la religion et pour la société qu'il en eût fait un autre usage! Son nom serait passé avec honneur à la postérité, et les amis de la vertu ne rougiraient pas de le prononcer.

51. Maury trace ainsi le portrait de saint Vincent de Paul : Portrait de S. Vincent de Paul.

« A la tête de ces protecteurs de l'humanité « souffrante, je vois un homme qui a reçu du « ciel le don de l'élocution (1) et la sensibilité « la plus profonde; éloquent à force d'ame et « de vertu, fécond en pensées du cœur, et par-« là même également sublime et populaire « dans ses discours; doué du plus rare courage « d'esprit, de la conception des grandes entre-« prises et de la patience des plus petits détails; « d'une imagination hardie et d'un jugement « sage, d'une prudence consommée pour dis-« cerner l'à-propos des momens opportuns, « saisir le point de maturité des projets utiles et « s'attacher aux établissemens durables; enfin, « d'un zèle ardent et inébranlable, d'un attrait « de persuasion qui rallie toutes les opinions à « ses sentimens, et du talent plus heureux « encore et plus rare d'embrâser les cœurs du « feu divin, dont il est consumé lui-même. « Cet homme anime tout, propose les bonnes « œuvres, discute les moyens, indique les res-

(1) C'est plutôt celui de l'*éloquence*, ou le don de persuader, que l'*élocution* qui n'est que l'écorce de l'éloquence.

« sources, écarte les obstacles, correspond à « la fois avec le gouvernement, avec les riches, « avec les malheureux. Son regard embrasse « toutes les provinces, il veille sans cesse pour « la patrie, il est présent à toutes les calamités, « il atteint tous les malheurs par sa bienfai- « sance, il transporte tous ses auditeurs au « milieu des désastres publics; il les entraîne « dans ce tourbillon de charité qui l'environne, « les pénètre de terreur, les fait fondre en lar- « mes, les oppresse de sanglots, leur ôte leur « ame pour leur donner la sienne : et cet homme « de la Providence est Vincent de Paul qui, « du milieu de son assemblée de charité, sem- « ble dire, comme le Fils de Dieu, d'une voix « qui est entendue jusqu'aux extrémités du « royaume : *Venez à moi, ô vous tous qui « souffrez, et je vous soulagerai* (MATH. 11, 28). »

Portrait de M. de Beaumont, archevêque de Paris.

52. Terminons cet article par le portrait d'un grand évêque des temps modernes. Je veux parler de M. de Beaumont, archevêque de Paris. « Il n'est aucun Français, dit l'abbé Reyre, et surtout aucun vrai catholique, qui ne connaisse le zèle ardent et la fermeté inébranlable avec lesquels il a défendu la religion dans ces

derniers temps ; et la mémoire de ses actions est encore si récente, qu'il serait inutile de les rappeler. » Mais, comme on se plaît ordinairement à voir le portrait des personnes qu'on a aimées et révérées, on verra sans doute avec plaisir celui qu'un habile écrivain nous a tracé de ce nouvel Athanase. Voici sous quels traits il l'a représenté :

« A la tête des évêques de France, et au-
« dessus de tous, paraissait celui de la capitale,
« homme à caractère héroïque, immuable
« dans les principes, inflexible dans les consé-
« quences. Sans cesse en butte à toutes les fac-
« tions, et dans le foyer même où elles s'agi-
« taient avec le plus d'emportement, inca-
« pable de composer avec aucune, l'intrépide
« Beaumont combattait les jansénistes, com-
« battait les sophistes-encyclopédistes avec les
« magistrats-sophistes, élevait une voix cou-
« rageuse contre tous les genres de scandales,
« proclamait lui-même, en face des autels,
« l'innocence des Jésuites condamnés au pa-
« lais, et faisait défense aux magistrats, sous
« peine d'excommunication, de s'ingérer dans
« le domaine spirituel et la matière des sa-
« cremens. Estimé du Roi, chéri du Dauphin,

« révéré de toute la famille royale, ce grand
« prélat fuyait la cour, refusait une abbaye,
« et versait tous les ans cent mille écus dans
« le sein des pauvres. Exilé, vexé, dépouillé
« de son temporel, toujours lui-même, sans
« ostentation, et sans rien rabattre aussi de sa
« fermeté apostolique, le vertueux archevêque,
« l'admiration des princes infidèles (1), l'édifi-
« cation des saints (2) dans leur désert où il
« était relégué, de retour de ses exils, offrait
« de nouveau la vérité à ceux qui la repous-
« saient, ses vertus à son troupeau, et sa tête
« au parlement (3). »

---

(1) Les souverains protestans.

(2) Les religieux de la Trappe.

(3) Christophe de Beaumont, né au château de la Rocque, dans le diocèse de Sarlat, en 1703, d'une famille ancienne, contracta dès son enfance, par les soins de sa mère, l'amour de l'ordre, une grande sévérité de mœurs, et un respect profond pour tout ce qui tient à la religion. Ayant embrassé l'état ecclésiastique, il devint chanoine et comte de Lyon, évêque de Bayonne en 1741, et passa à l'archevêché de Vienne en 1745. Louis XV, l'ayant nommé en 1746 au siége de Paris, lui écrivit deux fois vainement pour le faire acquiescer à cette nomination, et le prélat n'obéit qu'à des ordres précis, qu'il regarda comme l'expression de la volonté de Dieu. Tout le monde sait de quelle manière il se conduisit dans ce

53. Il est un genre de comparaison qui intéresse vivement : c'est le *parallèle*. Il se compose de deux peintures ou de deux portraits qui sont en regard. C'est un rapprochement de deux objets ou de deux personnes, par lequel on examine leurs rapports et leurs différences. Voici comment La Bruyère a peint, avec sa précision ordinaire, deux concurrens dont le génie a porté au plus haut degré la gloire de la poésie française. Il s'agit de Corneille et de Racine. Du parallèle.

« Corneille nous assujettit à ses caractères et « à ses idées : Racine se conforme aux nôtres.

---

poste délicat; par quel mélange de douceur et de fermeté son zèle s'opposa tantôt aux progrès alarmans de l'impiété, tantôt aux artifices d'une secte d'autant plus redoutable au repos de l'Église, qu'elle s'opiniâtre à rester en apparence dans son sein pour le déchirer d'une manière plus sûre. Les principes qui dirigèrent invariablement la conduite de l'archevêque de Paris, dans ces temps pénibles, lui conservèrent l'estime de ceux même auxquels il croyait devoir opposer toute la résistance du ministère chrétien. Il acheva de la gagner par la tranquillité et l'égalité d'ame avec lesquelles il supporta les divers exils qui furent la suite de son zèle et de son courage. Louis XV eut constamment pour lui un attachement tendre et vif; les Anglais, malgré les préjugés du schisme

« Celui-là peint les hommes comme ils de-« vraient être ; celui-ci les peint tels qu'ils sont. « Il y a plus, dans le premier, de ce qu'on ad-« mire et de ce qu'on doit même imiter ; il y a « plus, dans le second, de ce qu'on reconnaît « dans les autres et de ce qu'on éprouve en « soi-même. L'un élève, étonne, maîtrise, ins-« truit ; l'autre plaît, remue, touche, pénètre. « Ce qu'il y a de plus grand, de plus impérieux « dans la raison, est manié par celui-là ; par « celui-ci, ce qu'il y a de plus tendre et de « plus flatteur dans la passion. Dans l'un, ce

---

et de l'hérésie, furent ses admirateurs ; le roi de Prusse fit de sa fermeté les plus grands éloges.

Après diverses tempêtes, rendu à son diocèse, il s'occupa à maintenir la discipline ecclésiastique, avec d'autant plus de vigueur que le relâchement devenait plus général ; à veiller sans cesse sur ses ouailles chéries, à les instruire, à les défendre contre ceux qui se parent si mal à propos du nom de philosophes ; à combattre sans ménagement l'erreur, et à la foudroyer par les instructions les plus lumineuses et les censures les plus vigoureuses. On vit à sa mort, arrivée le 12 décembre 1781, un spectacle bien touchant : celui de trois mille pauvres assiégeant les portes de l'archevêché, demandant un père, et dont les cris et les gémissemens annonçaient la grande perte que la capitale avait faite. On trouva plus de mille ecclé-

« sont des règles, des préceptes, des maximes; « dans l'autre, du goût et des sentimens. L'on « est plus occupé aux pièces de Corneille ; l'on « est plus ébranlé et plus attendri à celles de « Racine. Corneille est plus moral ; Racine plus « naturel. Il semble que l'un imite Sophocle, « et que l'autre doit plus à Euripide. »

Le parallèle ne fait plaisir que quand il est juste et vrai. On doit donc en bannir sévèrement les rapprochemens peu naturels ou qui viennent de trop loin, ainsi que les rapports faibles, vagues et peu prononcés. C'est l'écueil

---

siastiques, et plus de cinq cents autres personnes qui ne subsistaient que des bienfaits de ce digne prélat.

On a de lui un grand nombre d'*Instructions pastorales*, pleines d'onction et de force; on estime surtout celle où le prélat attaque les erreurs dominantes, et s'élève contre J.-J. Rousseau, contre Voltaire, contre le *Bélisaire* de Marmontel, etc. On a donné le recueil de ses *Mandemens et Instructions pastorales*, en un gros volume in-4°; recueil précieux, très-propre à maintenir les bons principes, l'autorité de l'Église, l'orthodoxie, et à démasquer les nouvelles erreurs. Il est malheureux qu'on ait retranché une des Instructions les plus essentielles, où les droits de l'Église sont supérieurement établis. Cette Instruction est celle qui concerne l'affaire des Jésuites. Espérons que quelque libraire donnera ce recueil complet, dont le débit serait assuré.

des orateurs médiocres. Les bons parallèles sont peut-être encore plus rares que les bons portraits. (GIRARD.)

On fait quelquefois entièrement le portrait d'une partie avant de présenter celui de l'autre. C'est ce qu'on voit dans le parallèle du riche et du pauvre par l'auteur des *Caractères*.

« Giton a le teint frais, le visage plein, et « les joues pendantes; l'œil fixe et assuré, les « épaules larges, l'estomac haut, la démarche « ferme et délibérée : il parle avec confiance, « il fait répéter celui qui l'entretient, et il ne « goûte que médiocrement tout ce qu'il dit : il « déploie un ample mouchoir, et se mouche « avec grand bruit; il crache fort loin, et il « éternue fort haut; il dort le jour, il dort la « nuit, et profondément; il ronfle en com- « pagnie; il occupe à table et à la promenade « plus de place qu'un autre; il tient le milieu « en se promenant avec ses égaux; il s'arrête, « et l'on s'arrête; continue de marcher, et l'on « marche; tous se règlent sur lui; il inter- « rompt, il redresse ceux qui ont la parole; « on ne l'interrompt pas, on l'écoute aussi « long-temps qu'il veut parler, on est de son « avis; on croit les nouvelles qu'il débite. S'il

« s'assied, vous le voyez s'enfoncer dans un « fauteuil, croiser ses jambes l'une sur l'autre, « froncer le sourcil, abaisser son chapeau sur « ses yeux pour ne voir personne, ou le relever « ensuite, et découvrir son front par fierté ou « par audace. Il est enjoué, grand rieur, im- « patient, présomptueux, colère, libertin, « politique, mystérieux sur les affaires du « temps ; il se croit des talens et de l'esprit : il « est riche.

« Phédon a les yeux creux, le teint échauffé, « le corps sec et le visage maigre : il dort peu, « et d'un sommeil fort léger : il est abstrait, « rêveur, et il a, avec de l'esprit, l'air d'un « stupide : il oublie de dire ce qu'il sait, ou « de parler d'événemens qui lui sont connus ; « et s'il le fait quelquefois, il s'en tire mal, il « croit peser à ceux à qui il parle : il conte « brièvement, mais froidement ; il ne se fait « pas écouter, il ne fait point rire ; il applau- « dit, il sourit à ce que les autres lui disent, « il est de leur avis, il court, il vole pour leur « rendre de petits services : il est complaisant, « flatteur, empressé ; il est mystérieux sur ses « affaires, quelquefois menteur ; il est super- « stitieux, scrupuleux, timide ; il marche dou-

« cement et légèrement, il semble craindre de « fouler la terre; il marche les yeux baissés, « et il n'ose lever les yeux sur ceux qui passent. « Il n'est jamais du nombre de ceux qui for- « ment un cercle pour discourir, il se met der- « rière celui qui parle, recueille furtivement « ce qui se dit, et se retire si on le regarde. Il « n'occupe point de lui, il ne tient point de « place; il va les épaules serrées, le chapeau « abaissé sur ses yeux pour n'être point vu; il « se replie, et se renferme dans son manteau; « il n'y a point de galeries si embarrassées et « si remplies de monde, où il ne trouve moyen « de passer sans effort, et de se couler sans « être aperçu. Si on le prie de s'asseoir, il se « met à peine sur le bord d'un siége; il parle « bas dans la conversation, et il articule mal : « libre néanmoins sur les affaires publiques, « chagrin contre le siècle, médiocrement pré- « venu des ministres et du ministère, il n'ou- « vre la bouche que pour répondre : il tousse, « il se mouche sous son chapeau, il crache « presque sur soi, et il attend qu'il soit seul « pour éternuer, ou, si cela lui arrive, c'est à « l'insu de la compagnie; il n'en coûte à per- « sonne ni salut, ni compliment : il est pau- « vre. »

La première méthode qui rapproche chaque trait successivement est celle qui convient au parallèle proprement dit. La seconde s'emploie assez souvent dans les sermons, surtout pour ce qui regarde les pécheurs et les justes. On en voit beaucoup d'exemples dans Massillon. Son sermon *sur le bonheur des justes* en présente un grand nombre.

54. Il est des objets qui ne sont pas à la portée des sens et même qui n'ont rien de sensible. L'éloquence a recours à l'imagination pour leur donner un corps. Elle les représente par des images vives ou des comparaisons frappantes qui les mettent, pour ainsi dire, sous les yeux. C'est l'imagination qui fournissait au missionnaire Brydayne ces allégories frappantes, ces images neuves et hardies dont il se servait pour épouvanter la conscience de ses auditeurs, lorsqu'il leur montrait d'un côté la mort prête à les frapper, et de l'autre le Dieu redoutable entre les mains duquel ils allaient tomber. Quel effet ne devaient pas produire les grandes images qu'il employait pour peindre l'éternité! Des images.

« Savez-vous ce que c'est que l'éternité, di-
« sait-il à ses auditeurs? C'est une pendule
« dont le balancier dit et redit sans cesse ces

« deux mots seulement dans le silence des tom-
« beaux : *Toujours! jamais! jamais! tou-*
« *jours! et toujours!* et pendant ces effroyables
« révolutions un réprouvé s'écrie : *Quelle*
« *heure est-il?* et la voix d'un autre misérable
« lui répond : l'ÉTERNITÉ! »

« On voit de quel secours est l'imagination dans l'éloquence. Elle nourrit les passions de l'orateur et le maintient dans son émotion; elle supplée à l'absence des objets, elle évoque des tableaux propres à toucher les cœurs, elle donne un corps et de la couleur aux pensées les plus abstraites. La multitude ne peut suivre long-temps des raisonnemens abstraits et métaphysiques. Il est indispensable, pour soutenir son attention, de descendre des hautes régions de l'intelligence, et de donner aux idées des formes sensibles et palpables. »

L'imagination pénètre dans l'infini.

55. Le monde ne suffit pas à la vaste étendue de l'esprit de l'homme. Il porte en lui un extrême penchant à pénétrer dans tout ce qui est au-delà du temps. Nos pensées vont souvent plus loin que les cieux et pénètrent au-delà de ces bornes qui environnent et qui terminent toutes les choses créées. L'orateur qui sait introduire l'auditeur dans les vastes régions de

l'infini, qui le transporte par l'imagination au-delà de l'espace, ou qui le fait assister aux grandes œuvres du Tout-Puissant et pénétrer jusque dans les conseils divins, exerce sur ses semblables un grand empire. C'était le talent de Bossuet. Son génie, nourri et agrandi par l'étude assidue des livres saints, se plaisait à méditer les vérités les plus sublimes, et il les exprimait avec un langage analogue à celui des prophètes, comme s'il eût été initié comme eux aux secrets du ciel.

Les images sont très-fréquentes dans l'Écriture.

56. Les images sont très-fréquentes dans l'Écriture. Les choses les plus spirituelles et les plus métaphysiques y sont représentées par des objets sensibles. C'est ce qu'on remarque spécialement dans Job, Isaïe, Ezéchiel, et surtout dans les psaumes. Voici comment le prophète royal représente les effets de la toute-puissance de Dieu :

« Sa colère a monté comme un tourbillon de « fumée; son visage a paru comme la flamme, « et son courroux comme un feu ardent. Il a « abaissé les cieux, il est descendu; et les « nuages étaient sous ses pieds. Il a pris son « vol sur les ailes des Chérubins; il s'est « élancé sur les vents. Les nuées amonce-

« lées formaient autour de lui un pavillon de « ténèbres : l'éclat de son visage les a dissipées « et une pluie de feu est tombée de leur sein. « Le Seigneur a tonné du haut des cieux ; et le « Très-Haut a fait entendre sa voix ; sa voix a « éclaté comme un orage brûlant. Il a lancé ses « flèches et dissipé ses ennemis ; il a redoublé « ses foudres qui les ont renversés. Alors les « eaux ont été dévoilées dans leurs sources ; « les fondemens de la terre ont paru à décou- « vert, parce que vous les avez menacés, Sei- « gneur, et qu'ils ont senti le souffle de votre « colère (1). »

---

(1) *Ascendit fumus in ira ejus : et ignis a facie ejus exarsit : carbones succensi sunt ab eo. Inclinavit cælos, et descendit : et caligo sub pedibus ejus. Et ascendit super Cherubim, et volavit : volavit super pennas ventorum. Et posuit tenebras latibulum suum, in circuitu ejus tabernaculum ejus : tenebrosa aqua in nubibus aëris. Præ fulgore in conspectu ejus nubes transierunt grando et carbones ignis. Et intonuit de cælo Dominus, et altissimus dedit vocem suam : grando et carbones ignis. Et misit sagittas suas, et dissipavit eos : fulgura multiplicavit, et conturbavit eos. Et apparuerunt fontes aquarum, et revelata sunt fundamenta orbis terrarum, ab increpatione tua, Domine, ab inspiratione spiritus iræ tuæ.* (Ps. 17, 9—16.)

« Il est impossible, dit l'abbé Girard, de porter plus haut le sublime des idées, la force et la simplicité de l'expression. Homère et Virgile n'ont rien qui approche de ce tableau tout divin. »

Des moyens extraordinaires de frapper les esprits par les sens en prêchant.

57. Outre les moyens dont nous venons de parler, il y a pour frapper les esprits des moyens extraordinaires dont il ne faut se servir qu'avec la plus grande discrétion. S'ils ne frappent pas, ils font rire. Les meilleurs sont ceux qui sont imprévus et auxquels les auditeurs ne s'attendent pas. Ces moyens frappent les esprits par les sens. Lorsqu'ils sont joints aux moyens oratoires, ils produisent un prompt effet.

Trait rapporté par Quintilien.

58. Les anciens les ont quelquefois employés avec succès. Quintilien en cite un exemple. C'est celui d'Antoine qui, en plaidant pour Aquilius, déchira l'habit de l'accusé et montra les blessures que son client avait reçues en combattant pour la patrie. Cette action, jointe à ses paroles, arracha des larmes au peuple romain qui ne put résister à un tel spectacle. L'orateur, profitant de ce transport soudain de compassion, fit absoudre son client (Lib. 2, cap. 15).

Trait de Massillon.

59. On cite un trait de Massillon qui fit la plus vive impression. Le voici. Cet orateur

était chargé de prononcer l'oraison funèbre de Louis XIV. Arrivé dans la chaire, il énonce lentement son texte. Il avait choisi ces paroles de Salomon : *Ecce magnus effectus sum, et præcessi omnes sapientia, qui fuerunt ante me in Jerusalem..... et agnovi quod in his quoque esset labor et afflictio spiritus.* « Je suis « devenu grand, j'ai surpassé en gloire et en « sagesse tous ceux qui m'ont précédé dans « Jérusalem, et j'ai reconnu qu'en cela même « il n'y avait que vanité et affliction d'esprit « (ECCLI. 1, 16 et 17). » Le contraste que le commencement forme avec la fin convenait parfaitement à l'effet qu'il voulait produire dès l'ouverture de son discours. Massillon parut frappé lui-même des réflexions que toutes ces idées de grandeur et de misère suggéraient à son esprit. Il voulut entrer en méditation pour se recueillir dans ces tristes pensées. L'émotion visible qu'il éprouvait devint une heureuse préparation oratoire pour faire partager à ses auditeurs le sentiment profond de la douleur muette dans laquelle il était absorbé. Son silence étonna et inspira le plus vif intérêt.

Avant de proférer un seul mot de son exorde, Massillon, avec la stupeur de l'abattement, la tête baissée et les mains appuyées sur la chaire, resta immobile et taciturne durant quelques instans dans cette attitude. Ses yeux à peine entr'ouverts se fixèrent d'abord sur le deuil de l'assemblée qui l'environnait ; il en détourna bientôt la vue pour chercher avec anxiété dans cette enceinte sépulcrale d'autres objets moins tristes et moins lugubres : il n'aperçut de tous les côtés sur les murs du temple que les trophées et les emblêmes de la mort. Ses regards ainsi contristés se réfugièrent vers l'autel, encore plus surchargé de symboles et de décorations funèbres. Il semblait accablé d'un pareil spectacle, quand, se tournant avec effroi pour se distraire des doubles angoisses de cet appareil et de ses noires pensées, il découvrit la représentation funéraire élevée au milieu du temple, comme le sanctuaire de la mort. Consterné de ne voir autour de lui que des sceptres ou des diadêmes couverts de crêpes, et une image universelle du néant dans l'anéantissement de toutes les grandeurs humaines, Massillon a voulu rendre compte à l'assemblée du résultat de son silence, lui faire partager la même impression qu'il avait éprouvée ; et dès son point de départ, se montrant déjà très-loin des idées vulgaires, s'enfoncer dans son sujet, en s'écriant au milieu de tous ces débris qui succédaient à tant de gloire : *Dieu seul est grand, mes frères!* Tel fut son début : il excita une émotion extraordinaire, et l'éloquence de ce genre n'en fournit aucun d'une semblable énergie (Maury).

Emploi des moyens sensibles par les missionnaires.

60. Les moyens sensibles ont été dans un temps très en usage dans les missions où ils faisaient toujours la plus grande impression sur le peuple. Mais l'abus ne tarda pas à s'y glisser, et ils devinrent dans la suite une sorte de spectacle qui divertissait au lieu d'édifier. Nos missionnaires n'ont conservé que quelques-uns de ces usages. Quand ils donnent des missions et qu'ils ne sont point gênés par ceux qui se disent partisans de la *liberté des cultes,* ils joignent à leurs instructions des cérémonies éclatantes et donnent beaucoup d'appareil à leurs exercices.

La parole de Dieu, déjà si puissante par elle-même dans la bouche des ministres sacrés, acquiert une force extraordinaire quand elle est prononcée au milieu de ces démonstations publiques et solennelles de piété et de religion. Il ne faut donc pas être étonné de ses effets extraordinaires et vraiment prodigieux sur les populations, quand les missions sont faites dans toutes les formes.

## CHAPITRE VIII.

### DES SENTIMENS ET DES MOYENS ORATOIRES D'ÉMOUVOIR ET DE TOUCHER LES COEURS.

Observations préliminaires.

1. Nous devons rappeler ici l'observation que nous avons faite au commencement du chapitre précédent. Les moyens dont nous allons parler sont des moyens humains qui supposent toujours les moyens surnaturels et l'opération de la grace. Dieu est le maître des cœurs comme des esprits. Ses ministres doivent remplir la mission qu'il leur a confiée, et laisser le succès à ses soins. C'est ce qu'il s'est réservé. Les prédicateurs doivent employer tous les moyens que leur zèle leur suggèrera pour accomplir son œuvre, et compter plus sur son secours que sur leurs talens et leurs efforts. Dieu veut qu'ils agissent extérieurement comme si tout dépendait d'eux, et qu'en attendant son secours ils ne négligent aucun des moyens que sa providence a mis à leur disposition. C'est donc pour eux un devoir de s'instruire de ce que l'expérience des siècles a montré être

utile pour rendre leur ministère plus efficace et plus fructueux.

Nous observerons aussi que les moyens de frapper les esprits sont aussi des moyens propres à toucher les cœurs. Il y a entre l'intelligence et la volonté une telle correspondance, que l'une ne peut être frappée sans que l'autre soit émue. Le trait de lumière qui éclaire l'esprit donne en même temps au cœur une impulsion qui est plus ou moins forte, selon que l'intelligence est plus ou moins vivement frappée.

Nécessité des mouvemens oratoires ou des sentimens.

2. Pour aider l'action de l'intelligence sur le cœur, le prédicateur doit avoir recours aux *mouvemens oratoires*, c'est-à-dire à l'expression vive des sentimens qu'il éprouve et qu'il veut faire passer dans l'ame de ceux qui l'écoutent (1).

---

(1) Pour qu'il y ait *mouvement*, il ne suffit pas qu'on exprime son sentiment comme si l'on racontait une histoire, ou comme si l'on faisait simplement connaître ce qu'on pense. Il faut qu'il y ait de la vivacité et de la véhémence dans les paroles. Pour faire comprendre ceci, citons un exemple. Cicéron rapporte que les ennemis mêmes de Gracchus ne purent s'empêcher de pleurer lorsqu'il prononça ces paroles : *Misérable! où irai-je? Quel asile me reste-t-il? Le Capitole? Il est inondé du sang de mon frère. Ma maison? J'y verrais une mal-*

L'orateur ne réussit qu'autant qu'il parle à tout l'homme. Ce n'est donc pas assez de parler à son esprit et à son imagination, il faut aussi s'adresser à son cœur pour l'émouvoir et le toucher (1).

---

*heureuse mère fondre en larmes et mourir de douleur.* Voilà des mouvemens.

Si, au lieu de s'exprimer ainsi, Gracchus avait dit simplement : *Je ne sais où aller dans mon malheur ; il ne me reste aucun asile. Le Capitole est le lieu où l'on a répandu le sang de mon frère ; ma maison est un lieu où je verrais ma mère pleurer de douleur ;* il aurait exprimé les mêmes pensées, mais il n'y aurait pas eu de mouvement, et ses paroles n'auraient probablement pas produit le même effet. C'est cependant la même chose pour le fond. Mais qu'est devenue, dans la seconde manière, cette vivacité qu'on trouve dans la première ? Où sont ces paroles coupées qui marquent si bien la nature dans les transports de la douleur ? La manière de dire les choses fait voir la manière dont on les sent, et c'est ce qui touche davantage l'auditeur. Dans ces endroits-là, non-seulement il ne faut point de pensées exprimées tranquillement et avec art et méthode, mais on doit en retrancher l'ordre et les liaisons. Sans cela la passion n'est plus vraisemblable, et rien n'est si choquant qu'une passion exprimée avec pompe et par des périodes réglées (FÉNÉLON).

(1) Qu'est-ce que toucher l'auditeur? *C'est,* répond saint Augustin, *lui faire aimer ce que vous promettez, lui faire craindre ce dont vous le menacez, lui faire haïr ce que vous condamnez, lui faire embrasser ce que*

Il faut déterminer sa volonté en lui inspirant les sentimens convenables. C'est par des mouvemens pathétiques qu'on obtiendra cet effet.

« Il est bien vrai, dit Abelly, que l'esprit humain est toujours avide de connaissances nouvelles, et qu'il est bien aise lorsqu'on lui apprend quelque chose qu'il ne savait pas; mais ce n'est pas là le but de la prédication, laquelle n'est pas établie pour enseigner des sciences nouvelles ou des pensées sublimes, mais pour faire pratiquer les vérités que l'on sait depuis long-temps. En effet, ceux qui viennent au sermon ne se plaignent pas, lorsqu'on leur remet devant les yeux les vérités qu'ils savaient

---

*vous recommandez* (DE DOCTR. CHRIST., l. 4, chap. 12). Voilà sans doute une ample matière pour l'orateur chrétien, et on doit convenir qu'il a, pour parvenir à ce but, de grands moyens que n'ont pas les orateurs profanes. Ce qui lui donne beaucoup d'avantage au-dessus d'eux, c'est qu'il parle dans la chaire de vérité, au nom du Seigneur et du souverain maître, en qualité d'ambassadeur de Jésus-Christ (2 COR., 5, 20). Les choses qui sont traitées par les orateurs séculiers n'ont de rapports qu'à ce monde qui passe, mais tout ce qui fait la matière de nos discours est infiniment grand, puisqu'il s'y agit toujours des intérêts éternels de l'homme (*Épît. du P. Aquaviva*).

déjà, pourvu qu'on leur inspire un bon sentiment qu'ils n'avaient pas. Dieu ne commande pas à ses prophètes de débiter au peuple des pensées agréables et des discours bien recherchés, mais de lui annoncer ses propres péchés, qu'il savait fort bien, et de lui reprocher des crimes qui n'étaient que trop bien imprimés dans sa conscience. Il faut instruire les esprits des mystères de la foi, des pratiques et des exemples de vertu, de la manière de bien recevoir les sacremens, des sentimens que nous devons avoir des jugemens, des graces et des miséricordes de Dieu : mais, après cela, l'ouvrage d'un orateur chrétien est d'exciter la volonté à faire le bien qu'elle sait et qu'elle ne veut pas.

« Il est certain que toutes les vérités spéculatives sont souvent fort communes, et que les réflexions qu'on y fait sont toujours nouvelles. Il y a long-temps que l'on sait qu'il faut mourir et qu'il y a un enfer ; mais une réflexion sur ces matières frappe quelquefois de telle sorte qu'elle fait tout d'un coup changer de vie ; comme au contraire, tandis que l'on ajoute dans l'entendement des lumières qui lui sont superflues, puisqu'il en sait assez pour bien faire, la volonté demeure toujours en même état et se maintient sans scrupule dans ses anciennes inclinations. Il ne faut donc pas qu'un prédicateur s'imagine avoir bien réussi, lorsqu'il a fait dire à son auditeur : Voilà de belles pensées ; mais il a tout gagné, quoiqu'il n'ait dit que des choses fort communes, si cet auditeur commence à vouloir et à aimer ce qu'il connaissait déjà. »

Nous avons dit que l'éloquence était *la faculté d'agir sur l'esprit et sur le cœur par la parole*. « Lorsque l'esprit et le cœur de ceux auxquels on s'adresse, dit M. Pérennès, sont disposés à recevoir les impressions que veut leur communiquer celui qui parle, rien de plus facile alors que de leur faire partager ses idées et ses sentimens. Mais très-souvent l'éloquence rencontre dans l'esprit et dans l'ame (1) des obstacles à ses desseins ; et c'est alors qu'elle déploie une prodigieuse puissance, et qu'elle obtient des

(1) C'est-à-dire *et dans le cœur*. *Ame* est le mot générique. Il comprend l'esprit et le cœur, ou l'intelligence et la volonté. La première expression appelle la seconde. M. Pérennès en donne lui-même l'exemple dans plusieurs endroits du passage que nous citons, et notamment dans la première phrase.

triomphes d'autant plus beaux qu'ils ont été plus disputés.

« L'éloquence trouve quelquefois, dans l'esprit auquel elle s'adresse, l'ignorance ou le doute. C'est la plus faible des résistances ; et, pour la rompre, il suffit de la vérité simple, présentée avec lucidité. Mais à l'ignorance peut se joindre le préjugé, l'erreur, le faux savoir, une forte présomption, une opinion établie et affermie par l'habitude ; il faut alors toute la vigueur du raisonnement pour vaincre ces obstacles. D'un autre côté, l'ame peut se trouver dans un état de langueur, d'inertie, d'indolence qui se refuse à l'attention qu'on lui demande ; ou bien elle peut être dominée par une répugnance de vanité qui rejette les leçons et dédaigne de se laisser conduire par les lumières d'autrui ; dès-lors la vérité simplement énoncée ne suffit pas ; il faut l'animer, l'embellir, la rendre, pour ainsi dire, douce et séduisante. Supposez encore l'ame de celui qu'on veut persuader dominée par des intérêts et des affections contraires à la vérité qu'on veut lui faire goûter ; supposez-lui des inclinations, des passions violentes opposées à l'effet que l'orateur veut produire ; quelle force ne faudra-t-il pas à l'éloquence pour triompher de ces puissans obstacles? Et que sera-ce donc si toutes ces espèces diverses de résistances se trouvent réunies? Et s'il faut à la fois éclairer l'esprit, dissiper ses doutes, vaincre ses préjugés, réfuter ses erreurs, stimuler l'indolence de son ame, ménager sa vanité, combattre ses affections, triompher de son égoïsme, et changer les passions qui le dominent en des passions contraires? Voilà la grande lice de l'éloquence, celle où elle trouve rassemblés tous ses ennemis à la fois, et où elle a besoin, pour triompher, de toutes ses forces, de toutes ses ressources, de tous ses artifices.

« Des hommes médiocres peuvent exposer la vérité, la développer clairement aux regards, la faire admettre par l'esprit, et c'est autant la fonction de la philosophie que celle de l'éloquence. Mais, émouvoir la sensibilité par de secrets ressorts; s'emparer du cœur, ou par de brusques attaques, ou par d'adroits artifices; jeter le trouble dans l'ame, savoir commander aux hommes l'attention, la bienveillance, la docilité; les émouvoir, les attendrir, leur arracher des larmes, étouffer les passions qui les dominent et leur en communiquer d'autres; les frapper, les saisir, les entraîner à son gré; leur ôter, pour ainsi dire, la liberté de leur volonté, pour leur inspirer des émotions violentes qui les maîtrisent; savoir les irriter, les fléchir, les pousser et les ramener à son gré; voilà ce que fait l'éloquence et ce qui n'appartient qu'à elle.

« Remarquons que l'éloquence ne brille jamais plus que lorsqu'elle trouve des résistances; comme le torrent dont la force impétueuse se montre surtout aux obstacles qu'il rencontre et qui font jaillir ses flots. Il faut à l'éloquence des combats et de puissans adversaires. Une opinion sans influence, un préjugé sans passion, n'est pas un ennemi digne d'elle; en passant elle le terrasse. C'est aux affections humaines qu'elle réserve ses plus grands efforts. Plus elles semblent indomptables, plus elle s'applaudit d'avoir à les dompter; semblable, suivant la comparaison d'un critique, au chien d'Alexandre, qui demeurait tranquillement couché sur l'arêne tant qu'on ne lui opposait que des animaux ordinaires, et qui se levait et s'animait dès qu'il voyait paraître un lion. Ainsi, ce qui la distingue le plus spécialement, c'est le pouvoir d'agir sur le cœur et de remuer les passions. »

Le sentiment est donc l'ame de l'éloquence.

Il n'y a que les mouvemens qui lui donnent de la chaleur et de l'action, et qui lui assurent l'empire des cœurs. Un discours où l'orateur ne fait qu'instruire, raisonner et étaler son esprit, ne touche pas, et par conséquent n'est pas éloquent. Cette observation suffit pour faire juger combien le genre d'Isocrate, de Sénèque, de Pline, et de tous les modernes qui les ont imités s'éloigne de la véritable éloquence.

Sentiment de Fénélon sur cet article.

3. Écoutons Fénélon sur cet article. « Tout discours, dit-il, qui vous laissera froid, qui ne fera qu'amuser votre esprit, et qui ne remuera point vos entrailles, votre cœur, quelque beau qu'il paraisse, ne sera point éloquent. Toute la force de la parole ne doit tendre qu'à mouvoir les ressorts cachés que la nature a mis dans le cœur des hommes. Ainsi consultez-vous vous-même, pour savoir si les orateurs que vous écoutez font bien. S'ils font une vive impression en vous, s'ils rendent votre ame attentive et sensible aux choses qu'ils disent, s'ils vous échauffent et vous enlèvent au-dessus de vous-même, croyez hardiment qu'ils ont atteint le but de l'éloquence. Si, au lieu de vous attendrir ou de vous inspirer de fortes passions, ils ne font que vous plaire, et vous faire admirer

l'éclat et la justesse de leurs pensées et de leurs expressions, dites que ce sont de faux orateurs. » Pour être éloquent, il ne faut donc pas se contenter de dire la vérité, et même de l'embellir par des images et des figures ; il faut animer ce qu'on dit par des mouvemens. Autrement on ne touche pas.

On convertit plus par le sentiment que par le raisonnement.

4. Et cependant il faut toucher pour convertir. Ce n'est presque jamais un raisonnement, mais un mouvement exprimé à propos qui touche l'homme et le porte à changer de vie. L'expérience a démontré que la plupart des pécheurs qui reviennent à Dieu doivent leur conversion plutôt à leur cœur qu'à leur esprit. Ceux que le défaut de lumière a égarés sont en moins grand nombre que ceux qui n'ont quitté les pratiques de la religion que par faiblesse de cœur et par l'entraînement des passions. Ainsi l'on ne doit donc pas s'étonner qu'il y ait plus d'hommes ramenés par le cœur que par l'esprit. La plupart des mauvais chrétiens ne manquent pas de lumières et de foi. L'orateur qui ne s'adresse qu'à leur esprit connaît donc bien peu leur situation. C'est moins dans l'intelligence que se trouve le siége du mal, pour le grand nombre, que dans la volonté. C'est par

le cœur qu'ils se sont égarés, et c'est par le cœur qu'il faut les ramener (1).

Sentiment de saint François de Sales sur la nécessité de s'adresser au cœur des auditeurs.

5. L'évêque de Belley (M. Camus) nous fait connaître ainsi les sentimens de saint François de Sales sur cette matière : « Il me recommandait, dit-il, de m'attacher principalement à « persuader et à toucher. Car, de même que les « maîtres de la vie spirituelle enseignent que « dans l'oraison il ne faut pas s'appliquer trop « long-temps aux raisonnemens de l'esprit, mais « s'adonner principalement aux affections du « cœur ; de même, dans la prédication, il faut « plus viser à remuer le cœur qu'à éclairer l'es« prit. Ce n'est pas sans doute qu'il faille négli« ger l'instruction qui est une des principales « parties de la prédication ; mais le prédicateur « doit plutôt tendre à rendre ses auditeurs bons « que savans, et il doit imiter le soleil qui pro« duit plus d'effets par sa chaleur que par sa « lumière. »

---

(1) « La principale fonction du prédicateur de « l'Évangile, dit Grenade, est plutôt de toucher les « cœurs et de remuer les affections des auditeurs, « que d'éclairer leurs esprits, parce que les hom« mes pèchent bien plus par la corruption du cœur « que par l'ignorance de la vérité. »

Sentiment des Jésuites.

6. C'est aussi la doctrine des jésuites comme nous le voyons dans leurs règles. Ils recommandent aux prédicateurs de leur société de ne pas s'appliquer seulement à instruire, mais de diriger leurs principaux efforts à persuader et à toucher le cœur. (REGUL., Concion., n° 19.) Le P. Rapin s'exprime ainsi dans ses *réflexions sur l'Éloquence* : « Tout bien considéré, dit-il, on n'est éloquent qu'autant qu'on connaît le cœur de l'homme, et qu'on sait en démêler tous les détours, pour les exposer au peuple... C'est un goût de jeune homme, dit-il ailleurs, que de vouloir briller dans tout ce qu'on dit. La véritable éloquence ne recherche point ce vain éclat, qui n'est propre qu'à éblouir l'esprit. On veut aller au cœur, dès qu'on a quelque rayon de bon sens : parce qu'on ne persuade bien l'esprit que par ce qui touche le cœur. — On veut quelquefois trop plaire, ajoute-t-il, sans se mettre en peine de toucher. C'est un défaut qu'on doit éviter; car la chaire ne doit pas être comme le théâtre, où l'on ne va que pour le plaisir. Il faut que le prédicateur pense à dire des choses utiles. Mais, pour y réussir, il faut commencer par toucher, pour plaire. On ne va au sermon que pour être touché, quand on y va comme l'on doit y aller. »

7. On rapporte du P. Eudes que, lorsqu'il prêchait, il ne s'arrêtait à l'exposition et à la preuve qu'autant qu'il était nécessaire pour rappeler à ses auditeurs la matière qu'il traitait. Dès qu'il avait fixé l'attention sur son objet, et qu'il se croyait maître de l'esprit de son auditeur, il ne songeait plus qu'à le remuer, en lui présentant les peintures les plus vives et les plus capables de frapper l'imagination. Tout ce qu'un cœur pénétré des sentimens de respect, de crainte, de douleur, d'admiration, de reconnaissance, d'amour, de tendresse pour son Dieu, peut fournir de ressources à un orateur plein de son sujet, il le mettait en œuvre. Au défaut des traits extraordinaires, une courte prière, une simple aspiration, un coup d'œil vers le ciel, un geste, un soupir, suffisaient pour donner aux réflexions les plus communes une force capable de toucher jusqu'aux larmes.

Méthode du P. Eudes.

Il était rare en effet que dans ces occasions les sentimens qu'il exprimait ne passassent pas de son cœur dans les cœurs de ceux qui l'écoutaient : aussi rien ne lui résistait alors ; on était si frappé de la force des vérités qu'il mettait sous les yeux, qu'on perdait de vue le ministre de la parole, et que l'attention était exclusivement occupée de ces grands objets. Chacun paraissait pénétré de l'esprit de Dieu dont l'orateur était lui-même animé, et, dans ces mouvemens pathétiques, quelque chose qu'il proposât à son auditoire, il semblait qu'il n'eût qu'à lui laisser la liberté de respirer, pour recevoir les marques les plus expressives de la résolution où l'on était de tout exécuter. Souvent même il arrivait que les auditeurs, comme éperdus, interrompaient le prédicateur, et témoignaient par les plus vifs transports que la parole de Dieu, dans la bouche de son ministre, avait une puissance à laquelle ni les passions ni les considérations humaines ne pouvaient résister. (V. chap. IV, n° 18.)

Sentiment d'Abelly.

8. « Comme tous les désordres de la vie, dit Abelly, n'ont point d'autre source que les mouvemens déréglés du cœur humain, tout l'office d'un prédicateur consiste à détruire ces émotions criminelles; ce qui ne peut se faire, comme dit très-bien Grenade (1), que par d'au-

(1) Voici ce qu'il dit, livre II, chap. I, de sa *Rhétorique ecclésiastique :* « Il suffit à un dialecticien qui veut prouver une chose dont on doute, de l'enseigner simplement, c'est-à-dire d'en montrer la vérité

tres mouvemens contraires; de même qu'on chasse un clou avec un autre. Tous les anciens maîtres de l'art ont toujours constamment enseigné que c'est là tout l'ouvrage, et que ce

---

et d'en convaincre ses auditeurs par la force des preuves et des argumens. Mais le devoir de l'orateur chrétien n'étant pas seulement de convaincre ceux à qui il parle, mais encore de les exciter à faire ce dont il veut non-seulement les convaincre, mais encore les persuader (*), il ne doit pas seulement leur rendre certaines, par la force des raisonnemens et des preuves, les vérités qu'il leur propose; mais il doit aussi faire en sorte, par la force de ses discours et par la variété de son style, qu'ils se plaisent à les entendre, qu'ils en soient touchés, et qu'ils se portent à les pratiquer.

« Lors donc, dit-il ailleurs (chap. X), que nous aurons prouvé par le raisonnement, et fait sentir la grandeur ou l'importance de quelque chose, nous pourrons animer notre discours et lui donner de la véhémence et de la vivacité, pour toucher les cœurs des auditeurs et les enflammer de diverses affections selon la nature et le mérite des choses que nous traitons. C'est le plus puissant moyen de persuasion. C'est pourquoi Quintilien, parlant de la manière d'émouvoir et de toucher les cœurs, recommande les

(*) *Convaincre* et *persuader* ne signifient pas la même chose. La conviction tient plus à l'esprit, la persuasion au cœur. Ainsi l'on dit que l'orateur doit non-seulement convaincre, c'est-à-dire prouver ce qu'il avance, mais encore persuader, c'est-à-dire toucher et émouvoir. (Dict. des Syn., n° 268.)

doit être tout le soin de l'orateur; sans quoi tous ses discours sont secs, stériles, infirmes et ingrats; de sorte qu'il semble que ce soit là l'ame de l'oraison (1). Que si des avocats, qui n'ont point d'autre but que de faire concevoir à un juge que ceux pour qui ils plaident sont bien fondés dans leurs prétentions temporelles, prennent tant de peine à exciter dans son esprit tant de mouvemens différens, un prédicateur évangélique doit bien davantage s'appliquer à cet endroit, puisque toutes ses intentions doivent être d'émouvoir ses auditeurs, et de les exciter à la crainte de Dieu, à la haine du péché, au mépris des choses du monde, à l'amour du ciel, et à tous les autres bons sentimens, qui sont des choses d'une bien plus haute importance. Il ne peut le faire que par des mouvemens dont son discours doit être animé.

---

mouvemens comme le point le plus important et le plus nécessaire à l'orateur. (Voyez ses paroles dans la note qui suit.)

(1) *Huc igitur incumbat orator : hoc opus ejus, hic labor est, sine quo cætera nuda, jejuna, infirma, et ingrata sunt. Adeo velut spiritus operis ejus, atque animus est in affectibus commovendis.* (QUINTIL., Instit. lib. 6.)

Cependant c'est là ce qui me paraît maintenant le plus négligé et le plus inconnu. On croit avoir fait un bon sermon, lorsqu'on a donné une division et quantité de pensées pour preuves. Le prédicateur est content de lui-même, lorsqu'il a parlé une heure; mais l'auditeur ne l'est qu'autant qu'il s'est senti ému : et le sermon n'est bon qu'autant qu'il est capable de remuer le cœur et de lui faire prendre de bonnes résolutions. »

9. Saint Liguori ne pensait pas autrement sur cet objet. Selon lui, le soin d'ébranler la volonté des auditeurs est ce qu'il y a de plus important et de plus nécessaire dans la prédication. « L'utilité qu'en retirent les auditeurs « ne consiste pas tant, dit-il, à se persuader « de la vérité des dogmes chrétiens, qu'à se « résoudre à changer de vie et à se donner à « Dieu. » Sentiment de saint Liguori.

10. Le pathétique facilite le succès de l'orateur. Un discours de composition médiocre, mais où il y a du pathétique, de la force et de la véhémence, aura plus d'effet qu'un autre qui serait mieux composé, mais qui serait froid. Le pathétique cache les défauts du discours, comme le chant et la musique cachent les dé- Le pathétique facilite le succès de l'orateur.

fauts qui se trouvent dans les compositions du poète. S'il en est ainsi pour un discours médiocre où il y a de la chaleur, que sera-ce donc d'un discours composé en tout selon les règles (1) et débité avec un puissant organe !

« Nous avons vu, dit Abelly, un prédicateur qui s'est rendu le plus fameux de son siècle par ce seul endroit. Son langage était non-seulement négligé, mais très-mauvais. Il ne mettait dans ses sermons qu'autant de matière qu'il en fallait pour établir ses propositions ; il avait fort peu d'applications et de beaux tours de l'Écriture-Sainte, et cependant on n'a jamais vu à Paris et dans toute la France tant de conversions, de restitutions, de réconciliations qui ne lui échappaient jamais, parce qu'il avait ses mouvemens tellement en mains, qu'il se rendait maître de son auditoire, et qu'il faisait faire tout ce qu'il avait résolu : tant il est vrai qu'à la faveur des mouvemens on peut tout, quand même on manquerait de plusieurs autres qualités, et que sans cela tout le reste ne sert de rien, que

(1) Raisons fortes, tableaux frappans et mouvemens pathétiques : voilà tout le secret de l'art oratoire.

pour acquérir au prédicateur la louange de *bien disant*, mais non de véritable éloquent. Il faut donc s'y appliquer avec plus d'étude qu'à tout le reste; au lieu que fort souvent c'est ce qu'on néglige le plus. »

Il faut le préférer aux autres qualités oratoires.

11. Il n'y a rien qui relève davantage un discours que les mouvemens pathétiques amenés à propos. Un petit nombre de passages de ce genre, comme nous l'avons observé, fait oublier les défauts que le discours peut avoir d'ailleurs, et en assure le succès. C'est donc avec raison qu'on regarde le pathétique comme la principale qualité d'un sermon, et qu'on le préfère à tous les autres avantages oratoires (1).

---

(1) C'était l'opinion de Longin qui, comparant Démosthènes à Hypéride, donnait la préférence au premier, quoiqu'il ait moins d'ornemens oratoires. « Démosthènes, dit-il dans son *Traité du Sublime*, ne s'entend pas fort bien à peindre les mœurs. Il n'est point étendu dans son style. Il a quelque chose de dur, et n'a ni pompe ni éclat. S'il s'efforce d'être plaisant, il se rend ridicule, plutôt qu'il ne fait rire, et s'éloigne d'autant plus du plaisant, qu'il tâche d'en approcher. Cependant, parce qu'à mon avis toutes les beautés qui sont en foule dans Hypéride, n'ont rien de grand, qu'on y voit, pour ainsi dire, un orateur toujours *à jeun*, et une langueur d'esprit qui n'échauffe, qui ne remue point l'ame; personne

Faits qui en montrent l'avantage. Massillon.

12. C'est ce qui fait donner la préférence à Massillon sur Bourdaloue qui s'applique plus à convaincre qu'à persuader et à émouvoir. « Le pathétique, dit Maury, était le triomphe habituel

---

n'a jamais été fort transporté de la lecture de ses ouvrages. Au lieu que Démosthènes, par une véhémence dont personne n'a su approcher, a effacé tout ce qu'il y a eu d'orateurs célèbres dans tous les siècles, les laissant comme abattus et éblouis, pour ainsi dire, de ses tonnerres et de ses éclairs : car dans les parties où il excelle, il est tellement élevé au-dessus d'eux, qu'il répare entièrement par-là celles qui lui manquent. »

Fénélon, dans son trentième *Dialogue des Morts* entre Démosthènes et Cicéron, fait parler ainsi ces deux orateurs : « On ne pouvait, dit Cicéron, s'em« pêcher, en entendant mes oraisons, d'admirer mon « esprit, d'être continuellement surpris de mon art, « de s'extasier sur moi, de m'interrompre pour m'ap« plaudir, et de me combler de louanges. Tu devais, « toi, être écouté fort tranquillement ; et apparem« ment tes auditeurs ne t'interrompaient pas. — Ce « que tu dis, répondit Démosthènes, ce que tu dis « de nous deux est vrai. Tu ne te trompes que dans « la conclusion que tu en tires. Tu occupais l'assem« blée de toi-même ; et moi, je ne l'occupais jamais « que de l'affaire dont je parlais. On t'admirait ; et « moi, j'étais oublié par mes auditeurs, qui ne « voyaient que le parti que je voulais leur faire pren« dre. Tu réjouissais par les traits de ton esprit ; et « moi, je frappais, j'abattais, je terrassais par des

de Massillon. Il ne montait presque jamais en chaire pour y traiter un sujet de sentiment, sans faire verser des larmes à son auditoire. Je ne connais rien de plus vigoureux et en même temps

---

« coups de foudre. Tu faisais dire : *Qu'il parle bien!* « et moi, je faisais dire : *Allons, marchons contre* « *Philippe!* On te louait : on était trop hors de soi « pour me louer. Quand tu haranguais, tu paraissais « orné : on ne découvrait en moi aucun ornement; « il n'y avait dans mes pièces que des raisons préci- « ses, fortes, claires : ensuite des mouvemens sem- « blables à des foudres auxquels on ne pouvait « résister. Tu as été un orateur parfait, quand tu as « été, comme moi, simple, grave, austère, sans art « apparent; en un mot, quand tu as été Démosthè- « nes : mais lorsqu'on a senti en tes discours l'esprit, « le tour et l'art, alors tu n'as plus été que Cicéron, « t'éloignant de la perfection autant que tu t'éloi- « gnais de mon caractère. »

« Effectivement, dit Maury, c'est la force irrésistible du raisonnement, c'est l'entraînante rapidité des mouvemens oratoires, qui caractérisent l'éloquence de l'orateur Athénien : il n'écrit que pour donner du nerf, de la chaleur et de la véhémence à ses pensées, qui ne sont que les élans impétueux d'une ame ardente; il parle, non comme un écrivain élégant qui veut être admiré, mais comme un homme inspiré et passionné que la vérité tourmente; comme un citoyen menacé du plus grand des malheurs, et qui ne peut plus contenir la fougue de son indignation contre les ennemis de sa patrie. L'audace de son style

de plus touchant dans la morale chrétienne, que le sublime épisode de la disette de 1709, dont il enrichit la fin de la première partie de son sermon *sur l'aumône*. J'ai plusieurs fois entendu

---

se compose de l'emploi, de l'alliance, ou de la simplicité hardie et pittoresque de ses expressions. Son ascendant est irrésistible : tout cède devant lui à la domination de ses paroles, et sa langue s'enrichit des trésors inépuisables de sa verve et de son imagination. *Que serait-ce*, disait Eschine, son rival, aux jeunes Athéniens qui l'écoutaient avec les transports de l'enthousiasme déclamer sa foudroyante harangue SUR LA COURONNE, *que serait-ce donc*, leur disait-il, *si vous eussiez entendu le monstre lui-même?* C'est l'athlète de la raison; il la défend de toutes les forces de son ame et de son génie, et la tribune où il parle devient une arène. Il subjugue à la fois ses auditeurs, ses adversaires, ses juges; il ne paraît point chercher à vous attendrir; et cependant il remue, il bouleverse tous les cœurs. Il accable ses concitoyens de reproches; mais alors il n'est que l'interprète de leurs propres remords. Réfute-t-il un argument? il ne discute point, il propose une simple question pour toute réponse, et l'objection ne reparaîtra jamais. Veut-il soulever les Athéniens contre Philippe? ce n'est plus un orateur qui parle; c'est un général, c'est un roi; c'est le prophète de l'histoire, c'est l'ange tutélaire de sa patrie; et quand il sème autour de lui l'épouvante de l'esclavage, on croit entendre retentir au loin, de distance en distance, le bruit des chaînes qu'apporte le tyran. »

dire aux contemporains de l'évêque de Clermont, que jamais aucune tragédie n'avait ni fait verser plus de pleurs, ni excité de plus longs et de plus douloureux gémissemens, que ce tableau présenté par la religion à la commisération publique, en présence d'un peuple exténué par la faim. Ce furent surtout les interrogations rapides, mêlées à des reproches si justes et à des menaces si foudroyantes, qui mirent le comble au triomphe de son éloquence, en élevant la pitié à son plus haut période, par le grand ressort de la consternation généralement répandue dans l'auditoire.

« La famine qu'on éprouvait alors, et que Massillon sut retracer à l'imagination avec tant de véhémence, de vérité et d'énergie, renforça tellement de tout l'intérêt de la circonstance l'ascendant naturel de son talent, que non-seulement on fondit en larmes autour de lui, mais encore que les voûtes du temple retentirent de sanglots. On entendit dans l'église Notre-Dame, avec la tirade véhémente qu'on va lire, les accens lugubres de la détresse et de l'épuisement, dont la sombre explosion formait, de loin en loin, un cri étouffé d'horreur et d'indignation contre tous les cœurs insensibles à un si grand désastre public.

« Et certes, dites-moi, tandis que les villes « et les campagnes sont frappées de calamités; « que des hommes créés à l'image de Dieu, et « rachetés de tout son sang, broutent l'herbe « comme des animaux et, dans leur nécessité « extrême, vont chercher à travers les champs « une nourriture que la terre n'a pas faite pour « l'homme, et qui devient pour eux une nour- « riture de mort; auriez-vous la force d'y être « le seul heureux? Tandis que la face de tout « le royaume est changée, et que tout retentit « de cris et de gémissemens autour de votre de- « meure superbe, pourriez-vous conserver au- « dedans le même air de joie, de pompe, de sé- « rénité, d'opulence? et où serait l'humanité, « la raison, la religion? Dans une république « païenne, on vous regarderait comme un « mauvais citoyen; dans une société de sages « et de mondains, comme une ame vile, sor- « dide, sans noblesse, sans générosité, sans « élévation; et dans l'Église de Jésus-Christ, « sur quel pied voulez-vous qu'on vous re- « garde? Eh! comme un monstre indigne du « nom de chrétien que vous portez, de la foi

« dont vous vous glorifiez, des sacremens dont « vous approchez, de l'entrée même de nos « temples où vous venez, puisque ce sont là les « symboles sacrés de l'union qui doit régner « parmi les fidèles. Cependant la main du Sei- « gneur est étendue sur nos peuples. Vous le « savez, et vous vous en plaignez : le ciel est « d'airain pour ce royaume affligé ; la misère, « la pauvreté, la désolation, la mort, mar- « chent partout devant vous. Or, vous échappe- « t-il de ces excès de charité, devenus main- « tenant une loi commune de justice ? Prenez- « vous sur vous-mêmes une partie des cala- « mités de vos frères ! Vous voit-on seulement « toucher à vos profusions et à vos voluptés, « criminelles en tout autre temps, mais bar- « bares et punissables même par les lois des « hommes en celui-ci ? Que dirai-je ? ne mettez- « vous pas peut-être à profit les misères pu- « bliques ?....... N'achevez-vous pas peut- « être de dépouiller les malheureux en affec- « tant de leur tendre une main secourable ? et « ne savez-vous pas l'art inhumain d'évaluer « les larmes et les nécessités de vos frères ? « *Entrailles cruelles*, dit l'Esprit de Dieu, « *quand vous serez rassasié, vous vous sen-*

« *tirez déchiré : votre félicité deviendra elle-« même votre supplice, et le Seigneur fera « pleuvoir sur vous sa fureur et sa guerre.* »

Bourdaloue n'a pas, comme Massillon, de ces mouvemens qui entraînent et émeuvent puissamment les auditeurs. Il est froid parce qu'il ne s'adresse qu'à la raison (1). Pour remuer l'homme et ébranler sa volonté, il faut parler à son cœur qui est la plus noble partie de lui-même. La nature nous indique ce moyen oratoire et l'expérience en a toujours montré

---

(1) Voici ce que dit Fénélon d'un prédicateur de son temps qui avait ce défaut : « Son style est tout « uni ; il n'a aucune variété ; d'un côté rien de fa-« milier, d'insinuant et de populaire ; de l'autre rien « de vif, de figuré et de sublime : c'est un cours « réglé de paroles qui se pressent les unes les autres ; « ce sont des déductions exactes, des raisonnemens « bien suivis et concluans, des portraits fidèles : en « un mot, c'est un homme qui parle en termes pro-« pres, et qui dit des choses très-sensées. Il faut « même reconnaître que la chaire lui a de grandes « obligations ; il l'a tirée de la servitude des décla-« mateurs, et l'a remplie de beaucoup de force et de « dignité. Il est très-capable de convaincre ; mais je ne « connais guère de prédicateurs qui persuadent et qui « touchent moins. Si vous y prenez garde, il n'est pas « fort instruit (dans l'art oratoire) ; car, outre qu'il « n'a aucune manière insinuante et familière, il n'a

l'efficacité. Aux faits que nous avons déjà cités pour faire voir les avantages du pathétique, ajoutons les suivans.

13. Saint Augustin en rapporte deux qui sont touchans. Voici le premier. Il n'était encore que prêtre. Le saint évêque Valère le faisait parler, pour corriger le peuple d'Hippone de l'abus des festins trop libres dans les solennités. Il prit en main le livre des Écritures. Il y lut les reproches les plus véhémens. Il con- Saint Augustin.

---

« rien d'affectueux, de sensible. Ce sont des raison-
« nemens qui demandent de la contention d'esprit.
« Il ne reste presque rien de tout ce qu'il a dit dans
« la tête de ceux qui l'ont écouté : c'est un torrent
« qui a passé tout d'un coup, et qui a laissé son lit
« à sec. Pour faire une impression durable, il faut
« aider les esprits, en touchant les passions : les in-
« structions sèches ne peuvent guère réussir...... Je
« conclus que c'est un grand homme qui n'est point
« orateur. Un missionnaire de village, qui sait ef-
« frayer et faire couler des larmes, frappe bien plus
« au but de l'éloquence. (2e *dialogue sur l'Éloquence*.) »

Fénélon, parlant dans un autre endroit de ce prédicateur, dit qu'il fermait les yeux en prêchant, et qu'il débitait avec précipitation. On ne peut croire qu'il ait voulu désigner le célèbre Bourdaloue dans ce portrait. Ce qu'il y a de certain, c'est que plusieurs traits de ce caractère lui conviennent. Massillon était, sans contredit, plus orateur que lui.

jura ses auditeurs par les opprobres, par les douleurs de Jésus-Christ, par sa Croix, par son sang, de ne point se perdre eux-mêmes, d'avoir pitié de celui qui leur parlait avec tant d'affection, et de se souvenir du vénérable vieillard Valère, qui l'avait chargé, par tendresse pour eux, de leur annoncer la vérité. « Ce ne « fut point, dit-il, en pleurant sur eux que « je les fis pleurer; mais, pendant que je par- « lais, leurs larmes prévinrent les miennes. « J'avoue que je ne pus point alors me retenir. « Après que nous eûmes pleuré ensemble, je « commençai à espérer leur correction. » Dans la suite, il abandonna le discours qu'il avait préparé, parce qu'il ne lui paraissait plus convenable à la disposition des esprits. Il eut la consolation de voir ce peuple docile et corrigé de ce jour-là.

Nous avons déjà parlé du second fait (chapitre III, n° 30) où ce Père enleva tous les cœurs, mais nous n'avons pas cité ses paroles. Les voici : « Il faut bien se garder, dit-il, de « croire qu'un homme a parlé d'une façon « grande et sublime quand on lui a donné de « fréquentes acclamations et de grands applau- « dissemens. Les jeux d'esprit du plus bas

« genre et les ornemens du genre tempéré atti-
« rent de tels succès. Mais le genre sublime (le
« pathétique) accable souvent par son poids et
« ôte même la parole ; il réduit aux larmes.
« Pendant que je tâchais de persuader au peu-
« ple de Césarée, en Mauritanie, qu'il devait
« abolir un combat de citoyens. . . . . . où les
« parens, les frères, les pères et les enfans,
« divisés en deux partis, combattaient en pu-
« blic pendant plusieurs jours de suite en un
« certain temps de l'année, et où chacun s'ef-
« forçait de tuer celui qu'il attaquait, je me
« servis, selon toute l'étendue de mes forces,
« des plus grandes expressions pour déraciner
« des cœurs et des mœurs de ce peuple une
« coutume si cruelle et si invétérée. Je ne crus
« néanmoins avoir rien gagné pendant que je
« n'entendis que leurs acclamations ; mais j'es-
« pérai quand je les vis pleurer. Les acclama-
« tions montraient que je les avais instruits, et
« que mon discours leur faisait plaisir ; mais
« leurs larmes marquèrent qu'ils étaient chan-
« gés. Quand je les vis couler, je crus que cette
« horrible coutume, qu'ils avaient reçue de
« leurs ancêtres, et qui les tyrannisait depuis
« si long-temps, serait abolie. . . . Il y a déjà

« environ huit ans, et même plus, que ce « peuple, par la grace de Jésus-Christ, n'a en- « trepris rien de semblable. »

Si saint Augustin eût affaibli son discours par les ornemens affectés du genre fleuri, ou s'il se fût borné à des raisonnemens, il ne serait jamais parvenu à corriger les peuples d'Hippone et de Césarée. C'est en leur parlant avec simplicité et en leur rappelant *les douleurs de Jésus-Christ, sa Croix et son sang;* en leur disant *d'avoir pitié de celui qui leur parlait, et de se souvenir du vénérable vieillard Valère, qui l'avait chargé par tendresse pour eux de leur annoncer la vérité*; en un mot, c'est en les prenant *par le sentiment* et en leur parlant *avec affection* qu'il les changea entièrement.

Harangue de l'évêque Flavien.

14. Un fait mémorable, que nous avons rappelé au commencent de cet ouvrage (chap. I, n° 11), est celui du changement de Théodose produit par la harangue de Flavien, évêque d'Antioche. Ce changement fut surtout l'effet du pathétique que ce discours renfermait, et que Flavien sut rendre si parfaitement dans son action et dans tout son extérieur.

Voici le fait. En 387 il y eut une grande sédition dans la ville d'Antioche à l'occasion d'un impôt qu'on venait d'établir. Le peuple, dans son emportement, abattit et traîna dans les rues la statue de l'empereur et celle de l'impératrice : Théodose, informé de cet attentat, entra dans une violente colère. Il voulait, dans le premier mouvement, détruire la ville et ensevelir les habitans sous ses ruines. Revenu à des sentimens plus modérés, il nomma deux commissaires pour informer contre les coupables, avec pouvoir de vie et de mort. Pendant ce temps-là le peuple d'Antioche, rentré en lui-même, sentit la grandeur de son crime, et tremblait dans l'attente du châtiment. Tous les habitans consternés n'osaient sortir de leurs maisons, et ils y attendaient la mort dans des alarmes continuelles. Flavien, leur évêque, était plongé dans la douleur la plus amère, ses entrailles étaient déchirées; il passait les jours et les nuits à verser des larmes devant Dieu, le priant d'amollir le cœur du prince. Enfin, ce vieillard, encore plus vénérable par sa sainteté que par son âge, alla trouver l'empereur pour lui demander la grace de son peuple. Lorsqu'il parut devant Théodose, il se tint d'abord éloigné, les yeux baissés vers la terre, comme s'il eût été seul chargé du crime de ses enfans. L'empereur, le voyant confus et interdit, s'approcha lui-même, et, rappelant tous les bienfaits dont il avait comblé la ville d'Antioche, il ajoutait à chaque trait : *C'est donc ainsi que j'ai mérité tant d'outrages!* Flavien, pénétré de ces justes reproches et poussant un profond soupir :

« Prince, dit-il, notre ville infortunée a « souvent été comblée de vos bienfaits ; et vos « libéralités, qui faisaient autrefois sa gloire, « sont aujourd'hui pour elle un nouveau sujet « de honte et de douleur. Détruisez Antioche « jusqu'aux fondemens, réduisez-la en cen- « dres, faites périr jusqu'à nos enfans par le « tranchant de l'épée : nous méritons de plus « sévères châtimens, et toute la terre, épouvan- « tée de notre supplice, avouera qu'il est encore « au-dessous de notre ingratitude. Déjà, nous « ne saurions plus rien ajouter à notre mal- « heur. Accablés de votre disgrace, nous « sommes un objet d'horreur pour tout le reste « de votre empire. Nous avons offensé dans « votre personne l'univers entier ; il s'éléve « aujourd'hui contre nous, prince, plus for- « tement que vous-même : il ne reste donc

« plus qu'un seul remède à nos maux. Imitez « la bonté de Dieu : outragé par ses créa- « tures, il leur a ouvert les cieux. J'ose le « dire, grand prince! si vous nous pardon- « nez, nous devrons notre salut à votre indul- « gence; mais vous devrez à nos attentats l'éclat « d'une gloire nouvelle : nous vous aurons pré- « paré, par notre crime, une couronne plus « brillante que celle dont Gratien a orné votre « front : vous ne la tiendrez que de votre vertu. « On a détruit vos statues. Ah! qu'il vous est « facile d'en rétablir qui soient infiniment « plus précieuses! Ce ne sont point des statues « muettes et fragiles, exposées dans les places « publiques aux caprices et aux injures; ou- « vrages de la clémence et immortelles comme « la vertu même, celles-ci seront placées dans « tous les cœurs, et vous aurez autant de mo- « numens honorables qu'il y a d'hommes sur « la terre, et qu'il y en aura jamais. Non, les « exploits guerriers, les trésors, la vaste éten- « due d'un empire, n'attirent point aux princes « une gloire aussi pure et aussi durable « que la bonté et la clémence. Rappelez-vous « les outrages que des mains séditieuses firent « aux statues de Constantin, et les suggestions

« de ses courtisans qui l'excitaient à la ven-
« geance. Vous savez que ce prince, portant
« alors la main à son front, leur répondit en
« souriant : *Rassurez-vous, je ne suis point*
« *blessé*. On a oublié une grande partie des
« victoires de cet empereur, mais cette pa-
« role a survécu à ses trophées ; elle sera
« entendue des siècles à venir, et elle lui mé-
« ritera les éloges et les bénédictions de tous
« les âges.

« Mais qu'est-il besoin de vous proposer des
« exemples étrangers ? Il ne faut vous rappeler
« que vos propres actions. Souvenez-vous donc
« de ce soupir généreux que la clémence fit
« sortir de votre bouche, lorsqu'aux approches
« de la fête de Pâques, annonçant par un édit
« aux criminels leur pardon et aux prisonniers
« leur délivrance, vous ajoutâtes : *Que n'ai-je*
« *aussi le pouvoir de ressusciter les morts !*
« O grand prince ! vous pouvez faire aujour-
« d'hui ce miracle. Antioche n'est plus qu'un
« tombeau ; ses habitans ne sont plus que des
« cadavres ; ils sont morts avant le supplice
« qu'ils ont mérité ; vous pouvez, d'un seul
« mot, leur rendre la vie. Si vous faites grace à
« mon troupeau, les fidèles s'écrieront : *Qu'il*

« *est grand le Dieu des chrétiens! Des hommes*
« *il sait faire des anges; il les élève au-dessus*
« *de la nature.* Ne craignez pas que l'impunité
« corrompe vos autres villes. Hélas! notre sort
« ne peut qu'épouvanter. Tremblant sans cesse,
« regardant chaque nuit comme la dernière,
« chaque jour comme celui de notre supplice;
« fuyant dans les déserts, en proie aux bêtes
« féroces, cachés dans les cavernes, dans les
« creux des rochers, nous donnons au reste du
« monde l'exemple le plus effrayant. Détruisez
« donc Antioche, mais détruisez-la comme au-
« trefois le Tout-Puissant détruisit Ninive :
« effacez notre crime par le pardon; anéantissez
« la mémoire de notre attentat en faisant naître
« dans tous les cœurs la reconnaissance et
« l'amour. Il est aisé d'incendier des maisons,
« de renverser des murailles; mais changer
« tout-à-coup des citoyens parjures en sujets
« fidèles et affectionnés, c'est l'effet d'une vertu
« divine. Quelle conquête une seule parole peut
« vous procurer! Elle vous gagnera la tendresse
« de tous les hommes. Quelle récompense vous
« recevrez de l'Éternel! Il vous tiendra compte,
« non-seulement de votre bonté, mais encore
« de toutes les actions de miséricorde que votre

« exemple engendrera dans la suite des siè-
« cles.

« Prince invincible, ne rougissez pas de « céder à un faible vieillard, après avoir résisté « à vos plus braves officiers : ce sera céder au « souverain des empereurs, qui m'envoie vous « présenter l'Évangile et vous dire de sa part : « *Si vous ne remettez les offenses commises « contre vous, votre Père céleste ne vous re- « mettra pas les vôtres.* Représentez-vous ce « jour terrible, où les princes et les sujets com- « paraîtront au tribunal de la suprême justice, « et croyez que vos fautes seront alors effacées « par le généreux pardon que vous nous aurez « accordé. Pour moi, je vous le proteste, grand « prince, si votre juste indignation s'apaise, « si vous rendez à notre patrie votre bienveil- « lance, j'y retournerai avec joie; j'irai bénir « avec mon peuple la bonté divine et célébrer la « vôtre. Mais si vous ne jetez plus sur Antioche « que des regards de colère, je le jure devant « vous, mon peuple ne sera plus mon peuple : « je ne le verrai plus; j'irai dans une retraite « éloignée cacher ma honte et mon affliction; « j'irai pleurer jusqu'à mon dernier soupir le « malheur d'une ville qui aura rendu implaca-

« ble pour elle seule le plus humain et le plus « doux de tous les princes. »

Théodose était naturellement vif et prompt à s'enflammer ; mais il se laissait fléchir, et la piété dont il était animé mettait un frein à sa colère. Il s'attendrit, versa des larmes et répondit : *Pourrai-je refuser le pardon à des hommes semblables à moi, après que le maître du monde, s'étant réduit pour nous à la condition d'esclave, a bien voulu demander grace à son Père pour les auteurs de son supplice, qu'il avait comblés de ses bienfaits ?* Puis il renvoya le saint évêque à son peuple. *Allez*, lui dit-il, *allez, mon père ; hâtez-vous de vous montrer à votre troupeau : rendez le calme à la ville d'Antioche ; elle ne sera parfaitement rassurée, après une si violente tempête, que lorsqu'elle reverra son pilote.*

Péroraison d'une exhortation pathétique de l'abbé Poulle.

15. On cite, comme très-pathétique, une exhortation de l'abbé Poulle en faveur des prisonniers. « C'est, dit le marquis de Sainte-Croix (1), un des discours les plus éloquens que notre siècle ait produits. Quelle véhémence ! quelle rapidité ! quels mouvemens ! quelles

(1) Il fit son éloge en 1783.

figures ! Son imagination s'y montre partout inépuisable ; mais jamais elle ne paraît l'avoir mieux servi que dans cette admirable péroraison :

« Il me semble en ce moment, dit-il, entendre la voix de Dieu qui me dit, comme autrefois au prophète : Prêtre du Dieu vivant, que « voyez-vous ? — Seigneur, je vois, et je vois « avec consolation, un nombre prodigieux de « grands, de riches émus, touchés pour la « première fois du sort des misérables. — Passez à un autre spectacle : percez ces murs, « percez ces voûtes. Que voyez-vous ? — Une « foule d'infortunés plus malheureux peut-être « que coupables. Ah ! j'entends leurs murmures confus, ces plaintes de la misère délaissée, « ces gémissemens de l'innocence méconnue, « ces hurlemens du désespoir. Qu'ils sont perçans ! mon ame en est déchirée ! — Descendez : que trouvez-vous ? — Une clarté funèbre, des tombeaux pour habitation, l'enfer « au-dessous, une nourriture qui sert autant « à prolonger les tourmens que la vie, un « peu de paille éparse çà et là, quelques « haillons, des cheveux hérissés, des regards « farouches, des voix sépulcrales qui, sembla-

« bles à la voix de la Pythonisse, s'exhalent en « sanglots comme de dessous terre ; les contor- « sions de la rage, des fantômes hideux se « débattant dans des chaînes ;... des hommes,... « l'effroi des hommes ! — Suivez ces victimes « désolées jusqu'au lieu de leur immolation. « Que découvrez-vous ? — Au milieu d'un « peuple immense, la mort sur un échafaud « armé de tous les instrumens de la douleur et « de l'infamie. Elle frappe : quelle consterna- « tion de toute part ! quelle terreur ! Un seul « cri, le cri de l'humanité entière, et point de « larmes ! »

« Ce n'est qu'avec une vive émotion que nous transcrivons ce morceau frappant. Quel frémissement ne causait-il pas lorsqu'on entendait l'orateur prononcer, avec un geste expressif et l'accent de la passion, cet endroit, *percez ces murs...* ? Il redoublait encore à ces mots, si heureusement placés, *des hommes... l'effroi des hommes!* Nous avons souvent pris plaisir à lui faire répéter cette exhortation ; et, malgré les glaces de la vieillesse, il nous paraissait toujours mettre plus de pathétique dans son récit. Aussi jamais ne l'avait-il débitée, dans la salle du grand Châtelet, sans qu'on en eût ressenti les effets. La première fois, ils furent prodigieux; les auditeurs émus descendirent en foule dans les cachots et y répandirent d'abondantes aumônes (1). »

---

(1) Voici un passage de saint Cyprien sur le même sujet (l'aumône), où se trouvent de très-beaux mouvemens. Après avoir rappelé ces paroles du Seigneur : *Considérez les oiseaux du ciel; ils ne sèment point, ils ne moissonnent point, ils n'amassent rien dans des greniers* (MATH., 6, 26); il s'élève contre la dureté inhumaine des avares en ces termes : « Dieu nourrit « les oiseaux; des bêtes qui n'ont aucun sentiment « de la divinité ne manquent de rien; et vous, qui « êtes chrétien, qui êtes serviteur de Dieu, qui vous « employez à faire de bonnes œuvres, qui êtes cher « à votre Seigneur, vous avez peur de manquer de « quelque chose! Croyez-vous que Jésus-Christ ne « nourrisse pas ceux qui le nourrissent, ou que les « choses de la terre puissent manquer à ceux à qui « l'on donne même celles du ciel? N'est-ce pas là « une pensée infidèle? Ce sentiment n'est-il pas « impie et sacrilège? Que fait un incrédule dans la « maison de la foi? Pourquoi vous appelle-t-on « chrétien, si vous n'avez aucune confiance en Jésus-« Christ? Le nom de pharisien vous conviendrait « mieux; car Notre Seigneur, dans l'Évangile, parlant « de l'aumône, et nous avertissant de nous faire, par « le moyen des biens d'ici-bas, des amis qui nous « reçoivent un jour dans les demeures éternelles, « l'évangéliste ajoute : *Les pharisiens, qui étaient fort « avares, entendaient toutes ces choses et se moquaient*

16. Après avoir prêché avec distinction, soit à Paris, soit à la cour, l'abbé Poulle voulut se retirer dans sa famille. Avant de partir, il pro- Paroles remarquables du même orateur.

---

« *de lui* (Luc, 16, 14). Nous en voyons aujourd'hui « dans l'Église quelques-uns qui, comme les phari- « siens, ont les oreilles et le cœur fermés, si bien « qu'ils ne sont capables d'aucun avis salutaire; et il « ne faut pas s'étonner que de tels hommes méprisent « ce que disent les serviteurs, puisqu'ils ne tiennent « aucun compte de ce qu'a dit le maître lui-même. « Pourquoi vous flatter de ces vaines imaginations, « comme si en effet c'était la crainte de manquer qui « vous empêchât d'être charitables? Pourquoi tâchez- « vous de vous couvrir de ce faux prétexte? Avouez « plutôt la vérité; et, puisque vous ne sauriez trom- « per ceux qui vous connaissent, ne faites point « difficulté de dire ce qui est dans le fond de votre « cœur. N'est-il pas vrai que l'avarice vous obsède, « et qu'elle a répandu dans votre esprit des ténèbres « épaisses qui vous empêchent de voir la lumière de « la vérité? Vous êtes esclaves de votre argent. La « convoitise vous tient liés et garrottés, et vous êtes « retombés dans la captivité, vous que Jésus-Christ « avait délivrés! Vous gardez des richesses qui ne « vous gardent point; vous amassez des trésors qui « ne font que vous charger, et vous ne vous souve- « nez point de ce que Dieu dit au riche qui se ré- « jouissait dans l'espérance d'une abondante récolte : « *Insensé que tu es, on te demandera ton ame cette* « *nuit; et que deviendra tout ce que tu as amassé?* » (Luc, 12, 20.)

nonça son discours *sur la vigilance chrétienne*, où il fit à son auditoire les adieux les plus touchans. Profondément affligé des progrès de l'impiété, il en annonça la terrible conséquence. « La religion, disait-il, est encore sur les « autels, elle n'est plus dans les mœurs; et « jamais on ne vit tant de chrétiens et si peu de « christianisme. Hélas! mes très-chers frères, « depuis trente-cinq ans que nous exerçons le « ministère de la parole dans cette capitale, « nous n'avons cessé de vous annoncer tous ces « malheurs, et de vous en montrer le principe. « Sentinelles vigilantes, du haut de la monta-« gne où nous étions placés, nous avons sonné « l'alarme à la première découverte de l'ennemi. « Au moment que la Babylone maudite, après « avoir long-temps préparé son poison, vous « offrit en souriant la coupe de l'impiété, et « que vous y portâtes avidement les mains, « nous vous criâmes : Arrêtez! Qu'allez-vous « faire? Loin de vos lèvres cette coupe empoi-« sonnée... vous buvez la mort! Tout est « perdu, religion, mœurs, état!! Vous ne « regardiez alors nos prophéties que comme « l'exagération d'un zèle outré. Nous-même, « nous ne comptions pas qu'elles fussent sitôt

« accomplies ; mais un abîme attire un autre « abîme. A mesure que l'irréligion s'est répan- « due, l'iniquité, plus hardie, s'est hâtée dans « sa course ; elle a devancé nos prédictions ; « elle n'aura désormais d'autres bornes que son « impuissance. Que nous reste-t-il donc à vous « prédire en descendant de la montagne ? Nous « le disons en gémissant : *les vengeances du* « *ciel !!*... Quel héritage vous laissons-nous, « mes très-chers frères ? Puissions-nous le dé- « tourner par nos vœux et par nos prières !

« A ces dernières paroles, dit Feller, tout son auditoire parut si consterné, qu'il y fut sensible lui-même. Il se retira dans sa patrie (en 1770), qu'il n'a cessé d'édifier par la pratique de toutes les vertus chrétiennes et sacerdotales, jusqu'au 8 novembre 1781, époque de sa mort (1). »

---

(1) Le P. Beauregard annonça aussi les malheurs qui allaient fondre sur la France. « Beaucoup de personnes peuvent encore aujourd'hui, disait, il y a quelques années, l'abbé Reyre, se rappeler ces paroles prophétiques dont il fit retentir les voûtes de Notre-Dame de Paris, treize ans avant la révolution, et que nous avons vu s'accomplir si littéralement. « Oui, « c'est aux rois et à la religion que les philosophes

De l'onction.

17. Il est un genre de pathétique qu'on appelle *onction* (1). Ce genre n'est point violent

« en veulent, s'écria l'orateur sacré. La hache et le « marteau sont dans leurs mains ; ils n'attendent que « l'instant favorable pour renverser le trône et l'autel. « Oui, vos temples, Seigneur, seront dépouillés et « détruits, vos fêtes abolies, votre nom blasphêmé, « votre culte proscrit. Mais, qu'entends-je ? grand « Dieu ! que vois-je ?..... Aux saints cantiques qui « faisaient retentir les voûtes sacrées en votre hon- « neur, succèdent des chants lubriques et profanes ! « Et toi, divinité infâme du paganisme, impudique « Vénus, tu viens ici même prendre audacieusement « la place du Dieu vivant, t'asseoir sur le trône du « Saint des Saints, et recevoir l'encens coupable de « tes nouveaux adorateurs ! »

« Pouvait-on, en termes plus précis et à une si grande distance des événemens, prédire cet excès de

(1) « L'onction, dit Abelly, est une qualité toute spé- « ciale au christianisme. J'entends par-là un certain air « de piété, qu'il est bien plus aisé de sentir que de « définir, lequel s'insinue d'une manière affective et « toute pleine de Dieu. Il faut, pour cela, que le « prédicateur en soit lui-même rempli pour s'en bien « exprimer ; car, comme ses paroles sont les portraits « de ses pensées, il ne pourra jamais bien dépeindre « les sentimens divins qui ne sont pas dans son ame ; « et, s'il a de l'esprit et de la capacité, il dira bien « tout ce que les autres peuvent dire ; mais, ne le « disant pas de la manière onctueuse, il fera comme

et véhément. C'est le langage de la piété et de la vertu. « C'est une éloquence douce et conso-

---

folie qui passait alors toute croyance, qu'un jour, dans ce dix-huitième siècle, tout resplendissant des lumières de la philosophie, dans cette capitale, qui en était le principal foyer, on verrait une vile courtisane portée en triomphe sur l'autel même que désignait le P. Beauregard, et une troupe de cannibales, se disant philosophes, se prosterner, l'encensoir à la main, devant ces restes dégoûtans de la prostitution publique? »

Nous lisons, dans un sermon du P. de Neuville, *pour la fête de saint Augustin*, imprimé en 1777, le passage suivant (*) : « O religion sainte de Jésus-« Christ! ô trône de nos rois! ô France! ô patrie! « ô pudeur! ô bienséance! ne fût-ce pas comme « chrétien, je gémirais comme citoyen; je ne cesserais « point de pleurer les outrages par lesquels on ose

---

« ces peintres qui forment très-bien tous les traits « du visage, mais qui ne peuvent rencontrer l'air de « la personne, en quoi consiste toute la ressemblance. « C'est ce langage spirituel que saint Paul dit être « l'organe et la puissance de la parole de Dieu, qui « ne consiste pas en des mots, mais dans la vertu « de l'esprit qui en fait la force. Goliath aurait eu « bien meilleur marché de David, si ce jeune prince « n'avait eu que les armes dorées de Saül; mais ce « fut la vertu intérieure de Dieu qui terrassa le « géant. »

(*) Sermons du P. Charles Frey de Neuville, seconde édition, tome VI, page 274.

lante (1), qui, sans exciter de violentes secousses, s'insinue sans effort dans l'ame, et y réveille les

« vous insulter, et la triste destinée qu'on vous pré-« pare. Qu'ils continuent de s'étendre, de s'affermir « ces affreux systèmes; leur poison dévorant ne tar-« dera pas à consumer les principes, l'appui, le « soutien nécessaire et essentiel de l'État : amour « du prince et de la patrie, liens de famille et de « société, désir de l'estime et de la réputation publi-« ques; soldats intrépides, magistrats désintéressés, « amis généreux, épouses fidèles, enfans respectueux, « riches bienfaisans, ne les attendez, ne les espérez « point d'un peuple dont le plaisir et l'intérêt seront « l'unique Dieu, l'unique loi, l'unique vertu, l'unique « honneur. Dès-lors, dans le plus florissant empire, « il faudra que tout croûle, que tout s'affaisse, que « tout s'anéantisse. Pour le détruire, il ne sera point « besoin que Dieu déploie sa foudre et son tonnerre; « le ciel pourra se reposer sur la terre du soin de le « venger et de la punir. Entraîné par le vertige et « le délire de la nation, l'État tombera, se précipi-« tera dans un abîme d'anarchie, de confusion, de som-« meil, d'inaction, de décadence et de dépérissement. »

(1) Il ne faut pas confondre l'*onction* avec cette éloquence molle et énervée, qui ne fait qu'effleurer le cœur sans le pénétrer, qui ne lance que des *traits sans force*, que des traits qui ne frappent point, *tela sine ictu*. L'onction n'est pas sans force. Elle échauffe doucement et fortement, *suaviter et fortiter*. Elle est l'action sensible de la grace et de l'influence céleste qui pénètre les cœurs sans violence comme sans résistance. C'est une chaleur divine qui passe du cœur au cœur par la parole.

plus pieuses affections du cœur humain. C'est une suite de sentimens naturels et touchans qui s'épanchent avec abondance ; et, au moment où l'auditeur les éprouve, il oublie l'orateur qui les inspire, il croit converser avec lui-même, ou plutôt assister, en quelque sorte, comme témoin, à un entretien secret entre son juge et sa conscience. L'impression qu'on reçoit d'une si tendre et si vive sensibilité se manifeste bientôt au-dehors : chaque mot ajoute à l'émotion qu'on partage, et produit je ne sais quel puissant intérêt, qui remue et fait palpiter tous les bons cœurs, par le besoin de laisser couler ces larmes de la piété ou du repentir, qu'on ne verse jamais sans quelque soulagement. » (MAURY). Telle fut l'éloquence de saint François de Sales. C'est par elle qu'il gagna tant d'ames à Dieu. Ses paroles respiraient la vertu. Elle sortait, pour ainsi dire, de toute sa personne. On sentait, en l'écoutant, que c'était un Saint qui parlait. La charité la plus compatissante, l'affection la plus cordiale étaient empreintes dans tous ses discours. Les hérétiques les plus prévenus ne pouvaient s'empêcher d'être touchés, et il en ramena un grand nombre dans le sein de l'Église (V. chap. IV, n° 54).

De la place des mouvemens oratoires.

18. Le pathétique ne doit pas être répandu dans tout le discours, parce qu'il fatiguerait les auditeurs et le prédicateur lui-même, et qu'il ne produirait aucun effet. Il doit être ménagé avec soin dans certains endroits et amené à propos. On n'en met pas ordinairement dans l'exorde, à moins que ce ne soit un exorde *ex abrupto*, comme celui de Cicéron dans son discours contre Catilina commençant par ces mots : *Jusqu'à quand, Catilina, abuserez-vous de notre patience*, etc. ; ou lorsqu'on le termine par une *invocation* ou un *souhait*. On en met à la fin des parties et même des subdivisions (1).

---

(1) Massillon a une facilité extrême pour en mettre où il veut. C'est ordinairement à la suite de quelques réflexions, comme dans le passage suivant de son sermon *sur le bonheur des justes*. Il parle du malheur du pécheur.

« Toute sa félicité, dit-il, est comme renfermée « dans le moment présent : et, pour être heureux, « il faut qu'il ne pense point, qu'il se laisse mener, « comme les animaux muets, par l'attrait des objets « présens; et qu'il éteigne et abrutisse sa raison, s'il « veut conserver sa tranquillité. Et de là ces maximes « si indignes de l'humanité et si répandues dans le « monde : que trop de raison est un triste avantage; « que les réflexions gâtent tous les plaisirs de la vie; « et que, pour être heureux, il faut peu penser.

Mais sa place principale est dans la péroraison. C'est là que l'orateur doit s'animer et déployer tout son zèle pour toucher ses auditeurs. « Pour y réussir, dit Abelly, il faut reprendre, en peu de mots, ce qu'on avait dit auparavant, et n'en répéter néanmoins que ce qui est nécessaire pour rendre présent tout ce qui avait convaincu

---

« *O homme! était-ce donc pour ton malheur que le ciel*
« *t'avait donné la raison qui t'éclaire, ou pour t'aider*
« *à chercher la vérité, qui seule peut te rendre heureux?*
« *Cette lumière divine, qui embellit ton être, serait-elle*
« *donc une punition plutôt qu'un don du Créateur ? Et*
« *ne te distinguerait-elle si glorieusement de la bête que*
« *pour te rendre de pire condition qu'elle ?* »

Massillon sait placer un mouvement jusque dans une transition. En voici un exemple dans ce qui suit le passage que nous venons de citer. Il dit d'abord : « Oui, mes frères, telle est la destinée d'une ame « infidèle. Ce n'est que l'ivresse, l'emportement, « l'extinction de toute raison qui la rendent heu- « reuse ; et, comme cette situation n'est que d'un « instant, dès que l'esprit se calme et revient à lui, « le charme cesse, le bonheur s'enfuit, et l'homme « se trouve seul avec sa conscience et ses crimes. » Puis il passe à la considération du bonheur d'une ame fidèle par ce mouvement si à propos et si convenable : « *Mais que le sort d'une ame qui marche* « *dans vos voies est différent, ô mon Dieu! et que le* « *monde qui ne vous connaît pas est à plaindre!* En « effet, etc. »

l'esprit, afin d'en tirer des conséquences, et de presser l'auditeur, qui ne peut plus se défendre, ni nier ces conclusions, parce qu'il se souvient d'en avoir intérieurement accordé les prémisses. C'est là qu'en le poussant vivement, on obtient les bonnes résolutions, les cris, les larmes, et tout ce que peut espérer un prédicateur qui cherche la conversion. Pour cela, il ne faut pas qu'il languisse lui-même ; il doit s'être réservé de la force, de la voix et du feu pour agir en cet instant. Il faut bien se garder alors de citer les Pères et l'histoire ; on peut tout au plus se servir d'un passage terrible de l'Écriture-Sainte, ou d'un mot détaché d'une histoire dont on ait parlé auparavant, ou qui soit si connue qu'elle n'ait pas besoin de narration. Il faut que l'attaque soit si vive et si générale, que l'auditeur soit forcé de se rendre et qu'il n'ait pas le loisir de résister. »

Ils doivent être naturels.

19. Les mouvemens oratoires doivent être naturels. Ils ne le sont pas s'ils ne sont qu'apparens et seulement dans le bruit et l'agitation extérieure. Ils ne le sont pas non plus si l'art s'y fait remarquer. « Le peuple, dit La Bruyère, « appelle *éloquence* le faible que quelques-uns « ont de parler seuls et long-temps, joint à

« l'emportement du geste, à l'éclat de la voix « et à la force des poumons. Les pédans ne « l'admettent aussi que dans le discours ora- « toire, et ne la distinguent pas de l'entasse- « ment des figures, de l'usage des grands mots « et de la rondeur des périodes. » Quand on se contente de faire du bruit ou des phrases, on n'est pas éloquent. L'éloquence, comme nous l'avons déjà observé, est plus dans les choses que dans les mots et dans la voix. Elle est surtout dans l'expression naturelle des passions. « Gardez-vous, dit Maury, de cette sensibilité superficielle qui s'arrête aux accens de la voix, sans pénétrer jusqu'au fond de l'ame : tout ce qui ne vient point du cœur, tout ce qui ne part que du gosier de celui qui parle en public, va expirer dans l'oreille de l'auditeur. Madame de Sévigné, encore tout étourdie, à l'issue d'un sermon, de ce fracas d'une voix tonnante, s'excusait de l'ennui forcé auquel on lui reprochait de n'avoir pas eu l'esprit de se soustraire par d'autres idées, en disant qu'elle *n'aurait pas mieux demandé, mais qu'il n'y avait malheureusement pas moyen d'en perdre un seul mot*. Un vain éclat de paroles se dissipe dans les airs comme un cri lointain, toutes les fois que cette fumée, où l'on n'aperçoit point de flammes, ne s'exhale point de la chaleur intérieure d'une composition oratoire. *Ce n'est point*, dit Cicéron, *une douleur feinte ou artificielle que je demande, mais une affliction réelle, des sanglots vrais et animés qui partent du fond du cœur*. Rien aussi de plus opposé aux émotions pathétiques de la chaire, que le jargon, le bel esprit dans la composition, et le ton pleureur dans le débit. Aucune espèce d'affectation n'a jamais fait verser des larmes (1). »

Il ne faut pas les faire mal à propos.

20. Il faut éviter de se livrer à des mouvemens oratoires à contre-temps, parce qu'on risque alors d'avoir la confusion de s'échauffer tout seul. Rien n'est plus ridicule. L'orateur, dit Cicéron, est, dans ce cas, semblable à un

(1) « Les passions, quelles qu'elles soient, doivent avoir un caractère commun, la simplicité, le naturel de l'expression. Ce serait un contre-sens que de prêter à un personnage vivement ému des phrases recherchées et des jeux de mots. On a cité avec une juste admiration le passage dans lequel saint Mathieu, rappelant les paroles de Jérémie (31, 15), peint la douleur maternelle de Rachel : *Vox in rama audita est, ploratus et ululatus multus : Rachel plorans filios suos, et noluit consolari, quia non sunt* (MATH., 2, 18.) « Une voix a été entendue sur la montagne, avec

homme ivre au milieu d'une assemblée à jeun, *ebrius inter sobrios*. On tombe dans ce défaut, non-seulement en faisant du pathétique hors de saison, mais encore en s'emportant avec excès quand le sujet ne permet que de s'échauffer médiocrement. « On voit très-souvent, dit « Longin, des orateurs qui, comme s'ils étaient « ivres, se laissent emporter à des passions qui « ne conviennent pas à leur sujet, mais qui « leur sont propres et qu'ils ont apportées de « l'école. Comme on n'est point touché de ce « qu'ils disent, ils se rendent insupportables. »

Il faut éclairer et frapper l'esprit avant d'entreprendre d'émouvoir.

21. Il convient d'instruire et de convaincre, c'est-à-dire de parler à l'esprit par l'exposition de la vérité et par le raisonnement, avant d'entreprendre de toucher. Telle est la marche de la nature. L'instruction et la conviction ne sont

---

« des pleurs et beaucoup de gémissemens : c'est Ra-« chel pleurant ses fils, et elle n'a pas voulu être « consolée, parce qu'ils ne sont plus. » Rien de plus touchant que ce dernier trait, qui peint si bien le cœur d'une mère, et rien de plus simple et de plus naturel. Lorsqu'Horace gémit sur la mort de Quintilius, il nous attendrit, parce que l'accent de sa douleur est vrai, tandis que nous demeurons insensibles aux lamentations trop ingénieuses d'Ovide. » (M. Pérennès.)

pas moins nécessaires que les sentimens. « En « prêchant, dit Gaichiés, il ne suffit pas d'é- « mouvoir, il faut convaincre. Au barreau le « pathétique peut triompher : le juge ému pro- « nonce, et la cause est finie : mais la chaire « doit tendre autant à convaincre qu'à émou- « voir. Si le sentiment est sans lumière, quand « il est passé, le pécheur est encore le même : « au lieu que la conviction demeure quand « l'émotion est calmée. » Elle est beaucoup plus durable que le sentiment qui souvent n'est que passager.

L'instruction suffit quelquefois pour déterminer la volonté. C'est ce qui a lieu quand on parle à des ames droites qui ne s'éloignaient de la vérité et de la vertu que par pure ignorance. Mais il n'en est pas toujours ainsi. Pour l'ordinaire nous parlons à des hommes qui en savent plus qu'ils n'en font. Il faut donc donner moins à l'instruction qu'au reste, sans cependant la trop négliger, parce que la vérité qui n'est point rappelée s'efface de l'esprit. Quand on a rappelé en peu de mots ce qu'on a besoin de ne pas oublier, et qu'on a remis sous les yeux les motifs principaux de conviction, il faut se hâter d'en venir à ce qui regarde la détermination de la volonté. C'est là ce qu'il y a de plus difficile pour l'orateur, parce que c'est là où se trouvent ordinairement tous les obstacles qui s'opposent à l'effet du discours.

Pour réussir plus sûrement à ébranler le cœur, il faut en approcher certaines grandes vérités (1) sur lesquelles la conscience, la foi et l'intérêt éternel parlent déjà, et profiter de l'effet qu'elles y produisent pour le subjuguer. Voilà le grand argument qui l'emporte sur tous les autres et qui assure le triomphe des orateurs qui savent le mettre en œuvre. C'est surtout après avoir parlé à la mémoire et à l'imagination, par des faits, des comparaisons, des tableaux ou des images, qu'il convient de s'adresser au cœur par des mouvemens qui y sont déjà commencés par la seule impression de ce qu'on a exposé. On n'a plus alors qu'à les favoriser; ce qui est facile à un orateur qui connaît le cœur humain (2).

---

(1) Le paradis, l'enfer, l'éternité, sont de grands intérêts qui remuent toute ame qui a de la foi, et même tout incrédule qui réfléchit. Son aveuglement ne peut aller plus loin que le doute et l'illusion.

(2) *Le sentiment s'allume et se nourrit*, selon Quintilien, *par la représentation des choses sensibles*. Avec

Les mouvemens doivent être amenés par degrés. Belle allégorie pour faire sentir cette vérité.

22. Il ne faut pas brusquer les mouvemens, mais les amener par degrés. « Le trait soudain, dit Maury, n'est le plus souvent qu'une saillie brusque. S'il est bien préparé, il peut devenir une figure sublime. Une similitude tirée des diverses impressions que produit sur nous la variété d'un météore assez fréquent dans la nature, va rendre ma pensée plus claire et plus sensible.

« Vous vous promenez seul à la campagne, un jour d'été, en vous abandonnant tour à

---

ce secours, l'orateur s'élève au-dessus de tout ce qui est créé, l'imagination lui soumet la terre et ce qu'elle renferme : elle ranime les cendres insensibles, foudroie les grandeurs, ouvre les abîmes de la mort; fait entendre les gémissemens des enfers, révèle la majesté des cieux... C'est elle qui a rassemblé *les débris des empires* sous la main de Bossuet, écarté la nuit des tombeaux devant le sombre Young (BESPLAS). Cherchez dans la nature tout ce qui est capable de saisir, d'animer et d'entraîner les hommes; présentez de grands tableaux, de vives images; puis, dans le moment où vous voyez vos auditeurs déjà émus, achevez de les enlever en frappant au cœur par l'expression pathétique des sentimens et des passions qu'ils éprouvent, mais que vous ne faites plus que seconder pour les porter au point que vous souhaitez.

tour aux sentimens divers que vous inspire l'aspect des champs et le silence de la nature. Tandis que votre imagination se livre à ces douces rêveries, vous entendez tout-à-coup le tonnerre qui gronde sourdement dans le lointain. Ce bruit imprévu peut vous étonner d'abord : cependant le ciel est serein, l'air calme, tout paraît tranquille autour de vous ; et cette première impression de surprise s'efface aussitôt de votre esprit. Mais que l'horizon se rétrécisse peu à peu et se cache enfin sous des nuages sombres ; que le soleil disparaisse, que l'ouragan roule des tourbillons de poussière, que l'éclair brille, que l'atmosphère s'enflamme, et qu'ensuite la foudre éclate en déchirant deux nuées qui s'ouvrent sur votre tête : vous serez consterné ; et votre ame, préparée par des émotions graduées à l'explosion du tonnerre, sentira plus vivement alors les secousses de ses longs ébranlemens. Il en est de même dans l'éloquence : il faut, par une foule d'idées préalables et accessoires, disposer les esprits à partager tous les transports d'effroi ou de confiance, de pitié ou d'indignation, d'amour ou de haine, dont vous êtes vous-même agité. Le coup part trop tôt, si le trait ne trouve les cœurs palpitans d'émotion, et comme ouvert aux impressions de la grace. Nous allons voir en action la doctrine indiquée dans cette allégorie.

Comment Massillon l'a mise en pratique.

23. Personne ne l'a mieux mise en pratique que Massillon. Qu'on lise son sermon *sur le petit nombre des élus,* et qu'on remarque la célèbre supposition qui en fait un des plus beaux ornemens; c'est, dit l'auteur que nous venons de citer, le modèle et le triomphe des préparations oratoires. Loin de disserter froidement et sans fruit sur les décrets du ciel, son excellent esprit explique uniquement par la conduite des hommes les causes morales qui rendent le salut si rare, et trouve l'explication évidente du petit nombre des prédestinés dans le seul petit nombre des justes qui ont conservé ou recouvré leur innocence. Après avoir exposé les différentes causes de la perte du grand nombre des hommes, il continue ainsi :

« Voilà, dit-il, des vérités qui font trem-
« bler; et ce ne sont pas ici de ces vérités vagues
« qui se disent à tous les hommes, et que nul
« ne prend pour soi, et ne se dit à soi-même.
« Il n'est peut-être personne ici qui ne puisse
« dire de soi : *Je vis comme le grand nombre,*
« *comme ceux de mon rang, de mon âge,*

« *de mon état; je suis perdu, si je meurs* « *dans cette voie.* Or, quoi de plus propre à « effrayer une ame à qui il reste encore quel- « que soin de son salut? Cependant c'est la « multitude qui ne tremble point; il n'est qu'un « petit nombre de justes, qui opèrent à l'é- « cart leur salut avec crainte; tout le reste est « calme : on sait en général que le grand « nombre se damne; mais on se flatte qu'après « avoir vécu avec la multitude, on en sera dis- « cerné à la mort; chacun se met dans le cas « d'une exception chimérique; chacun augure « favorablement pour soi.

« Et c'est pour cela que je m'arrête à vous, « mes frères, qui êtes ici assemblés, etc. (Voyez « la suite de ce morceau, chapitre VII, « n° 39). »

« Le trait sublime qui fait brèche et porte l'éloquence à son comble, frappe, dit Maury, dans toute sa force à ces derniers mots : *O Dieu, où sont vos élus? et que reste-t-il pour votre partage?* C'est là que la mine fait son explosion; mais elle avait été chargée plus haut. Isolez cette phrase, ou placez l'exclamation à la fin d'un tableau moins effrayant, vous en détruisez tout l'effet; elle étonnera tout au plus, si elle est jetée sans préparation et sans art; mais elle ne pourra ni entraîner ni transporter l'auditoire. Remettez en action ce même mouvement à la place où Massillon a su lui assurer tant de vigueur, et décomposez-en tous les élémens oratoires. Voyez cette force, cette énergie, cette véhémence, qui vont toujours en croissant dans ce phénomène d'éloquence, ainsi que dans tout le discours, depuis le commencement de l'exorde jusqu'à la fin de la péroraison. Voyez ces peintures affreuses qui s'engendrent, se succèdent rapidement, et ne s'offrent qu'un instant à votre imagination pour l'enflammer et la bouleverser, par cette supposition de votre mort et de la fin du monde. Voyez ces cieux ouverts, cette apparition soudaine de Jésus-Christ au milieu de l'assemblée, ce spectacle du dernier jugement qui va fixer votre éternité, en vous environnant d'avance de tous ces témoignages d'une expérience universelle, qui vous annoncent qu'au terme de la vie votre conscience se retrouvera dans le même état où elle est au moment où l'on vous parle. Voyez l'effroi du prédicateur qui se met en scène avec son auditoire pour en partager les frayeurs, comme il partage, avec chacun des pécheurs qui l'écoutent, la plus invincible ignorance sur sa propre destinée. Voyez l'explosion de désespoir que préparent ces conjectures et ces résultats évidens, qui restreignent à une si lamentable minorité le petit nombre des prédestinés que Massillon n'ose pas étendre seulement à dix justes, vainement cherchés autrefois par le Seigneur dans cinq villes entières. Voyez l'effet soudain de tous ces raisonnemens péremptoires dont on vous laisse le soin de tirer les conséquences; cette énumération des quatre classes de pécheurs qui composent l'assemblée, et parmi lesquels il ne se trouve aucun auditeur qui ne soit forcé de se reconnaître et de se ranger, quand il entend sa propre sentence dans la conclusion d'un tel dénombrement dont l'infinité lui rend si terribles ces paroles où se trouve renfermée son éternelle réprobation : *Voilà le parti des réprouvés !* Cette apostrophe si désespérante, après une division qui ne laisse peut-être plus un seul élu autour de vous, ne devient-elle pas votre arrêt? *Paraissez maintenant, justes! où êtes-vous?* Cette interrogation sublime à Dieu, et à laquelle votre conscience frémit de répondre, au moment où lui seul peut démêler encore quelques rares héritiers de ses promesses dans cette multitude, ne retentit-elle pas en détonations redoublées au fond de votre ame glacée d'effroi, quand, dans ce vide immense, il ne vous reste plus de place que parmi les réprouvés? *O Dieu! où sont vos élus! et que vous reste-t-il pour votre partage?* Supposez, à la simple lecture de ce sermon, la religion vivante dans tous les cœurs, pour bien juger le triomphe d'une pareille éloquence; et vous comprendrez l'effet prodigieux qu'elle produisit dans l'église de Saint-Eustache, où l'auditoire entier se leva, par un mouvement soudain, en poussant un cri sourd et lugubre de frayeur et de foi, comme si la foudre fût tombée tout-à-coup au milieu du temple; enfin vous concevrez et vous éprouverez peut-être vous-même la commotion excitée par le même trait de ce sermon dans la chapelle de Versailles. Louis XIV la partagea devant Massillon qu'on vit aussitôt changer de visage, et couvrir son front de ses tremblantes mains. Les soupirs étouffés de l'assemblée rendirent l'orateur muet pendant quelques instans, et il parut lui-même encore plus consterné que toute la Cour. »

Les mouvemens ne doivent être ni trop fai-

24. « Quand vous sentez, dit Besplas, que l'ame de l'auditeur est pénétrée, qu'elle

s'est identifiée avec la vôtre, alors déployez tous les sentimens propres à votre sujet. Évitez cette expression mesurée qui annonce la timidité; qu'il parte au contraire de votre ame de ces traits véhémens qui ne laissent rien au fond des cœurs qu'ils n'agitent et qu'ils n'ébranlent. Un auditoire est comme une vaste mer à laquelle il vous est donné de commander. Un vent léger ne peut soulever les vagues. Il faut une forte tempête pour pénétrer dans l'intérieur des flots, et produire une agitation universelle. » Mais il faut prendre garde de passer les bornes. « Le « pathétique outré, dit Gaichiès, tombe dans « le froid, dans l'ennuyeux. Le cœur veut se « donner, il n'aime pas qu'on le force. Une « exclamation, une interrogation, une apos- « trophe, un ton insinuant, font plus d'im- « pression que des mouvemens convulsifs. »

Ni trop fréquens ni trop prolongés.

25. « Il ne faut, dit le même auteur, ni exciter des mouvemens trop fréquens, ni les soutenir trop long-temps. On s'accoutume à ce qui dure, et on cesse d'en être frappé. Le corps s'endurcit aux coups réitérés, et l'ame aux mouvemens continués. » Tous les maîtres de l'éloquence ont donné cet avis. On manquerait son but en voulant trop multiplier ou trop éten-

dre les morceaux touchans. *La commisération doit être de peu de durée*, dit Cicéron; *car rien ne sèche plus promptement que les larmes*. Quintilien dit la même chose. L'intérêt se refroidit dès qu'on retient trop long-temps l'auditeur dans la même situation, sans donner aucun relâche à la sensibilité, et aucun repos à l'éloquence. Le sentiment doit être soigneusement ménagé. Ici la profusion s'oppose au succès de l'orateur, dont elle affadit extrêmement le langage. La raison en est sensible. Comme le sentiment touche la partie la plus délicate de l'ame, il la fatigue, quand il l'agite trop. On supporterait plus volontiers l'abondance d'imagination et d'esprit. L'admiration est un sentiment contemplatif qui pèse moins; mais la douleur ou la joie est un sentiment d'action. Par celui-ci on s'identifie avec l'orateur, et tout ce qu'il sent de trop, on l'éprouve soi-même (MAURY et BESPLAS.)

« Les mouvemens, dit l'abbé Girard, ne doivent régner que par intervalle. Un discours où ils seraient soutenus d'un bout à l'autre ressemblerait à un orage pendant lequel les éclats de la foudre se succéderaient sans interruption. La foudre éclate et gronde; puis elle se repose au sein de la nue, pour éclater encore. Voilà la nature. Rien de ce qui est violent ne peut, ni ne doit être durable. Si l'orateur a les poumons assez forts pour tonner pendant tout un discours, le cœur des auditeurs est trop faible pour tenir à cet excès d'agitation (1). »

26. L'abbé du Jarry, en exposant les mêmes principes, y ajoute d'excellentes réflexions. « L'excès des meilleures choses, dit-il, est toujours mauvais; et ce mot ancien, *rien de trop*, est d'un usage continuel dans l'éloquence comme dans la morale. Aussi, quoique l'on doive choisir les sujets qui sont conformes au talent que l'on a et les traiter d'une manière qui nous est propre, il faut néanmoins toujours garder la juste mesure des choses, et prendre garde de ne pas outrer son caractère. Le défaut ordinaire des plus grands hommes est de s'abandonner trop à leur génie; l'un remplit ses discours d'affections et de mouvemens, l'autre de raisonnemens et de preuves; celui-là de citations et d'autorités; celui-ci de portraits du Réflexions de l'abbé du Jarry.

(1) Saint Liguori est aussi de ce sentiment : « Il « faut avoir soin, dit-il, de ne pas être trop long « dans les mouvemens, car on y perdrait plutôt que « d'y gagner. » (*Instr. sur les miss.*)

cœur, et de satyres du siècle. Toutes ces choses sont excellentes en elles-mêmes; mais il est certain qu'elles perdent souvent une partie de leur vertu, pour être en trop grand nombre. Cela est surtout vrai du pathétique. Souvent un prédicateur devient ennuyeux pour vouloir être trop touchant. Ces affections tendres et sensibles qui, semées à propos et avec mesure dans le discours, lui donnent de l'onction, le rendent froid et languissant quand elles sont trop fréquentes. Il faut savoir quand le cœur doit être touché, et en demeurer là. Quelquefois une réflexion courte, une apostrophe bien placée, une exclamation faite à propos, un ton de voix bien pris, touchent davantage que de longues plaintes et de fortes invectives. Le cœur veut toujours se donner de lui-même. Dieu heurte à la porte du cœur, et veut bien le demander plutôt avec tendresse à l'homme, que l'exiger avec autorité. Ce cœur, si difficile à ménager, se révolte contre ceux qui semblent vouloir l'emporter de force. Les nouveaux mouvemens que l'on y veut exciter quand il est déjà ému (au point convenable qui n'est pas susceptible d'augmentation quand l'émotion est complète et achevée) le fatiguent et le lassent. C'est assez de l'ébranler, et de le faire pencher doucement du côté où l'on veut, afin qu'il y tombe de lui-même. Ces bons sentimens qu'on lui inspire sont comme de faibles étincelles de flamme que l'on éteint par un souffle trop violent, ou que l'on accable par trop de matière. Le prédicateur qui parle avec chaleur, et que l'action emporte, doit penser que les auditeurs l'écoutent de sang-froid, et qu'ils ne sentent rien de toute l'agitation qu'il se donne. Quelquefois même l'attention, fatiguée et épuisée par un pathétique outré, fait naître un certain dégoût dans le cœur qui le glace. Ainsi, parmi les qualités dont un prédicateur a besoin, il n'en est point qui soit plus nécessaire qu'un grand sens, pour lui faire toujours garder ce juste milieu duquel on passe si facilement aux vicieuses extrémités qui l'environnent. Il en est du zèle dans l'éloquence comme du zèle dans la religion, dont l'ardeur doit toujours être accompagnée de discrétion pour le conduire. »

27. En évitant de trop prolonger les mouvemens, il faut prendre garde de tomber dans l'excès contraire, qui est de les finir trop tôt. « On voit des orateurs, dit l'abbé Girard, trou- Ni trop courts.

ver assez heureusement les avenues du cœur, y arriver, et commencer même à l'émouvoir Mais, comme s'ils craignaient eux-mêmes l'incendie qu'ils vont allumer, ils laissent tout d'un coup leur feu s'éteindre, et l'auditeur surpris court en vain après une émotion qui lui échappe, regrette d'avoir été trompé, et retombe tristement dans une sorte d'apathie qu'il déteste. Laisser ainsi l'œuvre de l'éloquence imparfaite, c'est manquer de tact et de goût, et n'avoir aucune connaissance du cœur humain. Nous n'aimons que les orateurs qui nous remuent. Ce n'est que par-là qu'ils règnent, parce que ce n'est que par-là qu'ils nous plaisent. Ne vous contentez donc pas des premiers apprêts du combat. Votre auditeur vous attend; gardez-vous de reculer. Vous avez sonné la charge; avancez, frappez et renversez votre ennemi (1). »

---

(1) Il ne faut quelquefois que quelques mots pour produire un grand effet; mais ces mots, qui ont un effet si prompt, viennent si à propos à la suite de ce qu'on a dit, ou dans les circonstances où l'on se trouve, que les auditeurs étaient tout préparés pour les entendre, et en être ébranlés. L'orateur n'a fait qu'aider leurs cœurs déjà ouverts à l'émotion.

28. Tout ce qui est incompatible avec un mouvement, dit le même auteur, tout ce qui en lui est même qu'étranger ou peu convenable, lui donne un air faux qui le rend froid et ridicule. Vous prétendez inspirer la joie : gardez-vous d'interrompre votre discours par un sujet de tristesse. L'ame ne saurait se partager entre des mouvemens contraires et opposés. La passion n'a plus d'effet, quand elle n'a plus d'unité. L'esprit de l'auditeur se détend, le cœur se refroidit et vos efforts deviennent inutiles. C'est un défaut qu'on reproche à Bourdaloue. Cet orateur, d'ailleurs si admirable, ne possédait pas au suprême degré l'art de toucher les cœurs. A-t-il quelquefois ouvert la source des larmes? On le voit, non sans étonnement, la fermer tout d'un coup par cette phrase si hors de propos, si propre à glacer son auditoire : *Appliquez-vous ; renouvelez votre attention.* Demander de l'attention, au milieu d'un mouvement vif et rapide, où le sentiment doit tout entraîner ! Quand on a le cœur pénétré, échauffé, brûlant, on ne calcule pas ses mouvemens; on s'y abandonne sans penser à d'autre objet qu'à celui de la passion qui les excite. C'est là qu'il est presque impossible d'être distrait.

Il ne faut rien y mêler qui leur soit contraire ou même étranger.

Observations importantes sur les péroraisons.

29. Il faut donc bien se garder, surtout après une péroraison pathétique, de revenir avant de terminer à des réflexions ou à de simples observations qui ne sont propres qu'à détruire le bon effet qu'on a produit. Quand les auditeurs sont touchés et pénétrés, il faut les laisser dans les sentimens qu'on leur a inspirés (1) et ne pas les refroidir par des avis intempestifs. Nous l'avons déjà dit et nous ne craindrons pas de le

(1) Erasme a dit d'un prédicateur de son temps, que, quand le peuple était ému jusqu'aux larmes, il descendait brusquement de la chaire, et laissait dans son émotion l'auditoire consterné. Nous ne conseillerons pas cette pratique, parce que, si dans certains cas rares et imprévus elle peut avoir un bon effet, il y en a beaucoup où elle ne ferait qu'amuser. Nous sommes de l'avis d'Abelly, dont nous avons rapporté le sentiment, chap. VI, n° 30. Il vaut mieux rassurer et consoler l'auditeur après l'avoir frappé de crainte, que de le laisser dans l'abattement. Indépendamment de cette raison, il ne convient pas de se retirer d'une manière inattendue et subite. On peut sans doute quitter la chaire après un mouvement qui termine une péroraison; ce n'est pas là ce que nous blâmons : mais en descendre brusquement après un mouvement qui se trouve dans le corps du discours, ou même dans la péroraison, au moment où personne ne s'y attend, c'est ce que nous ne pouvons approuver. En général la chaire n'admet point les coups de théâtre.

répéter : il y a des prédicateurs qui ne peuvent finir. Au lieu d'une conclusion, ils en donnent deux ou trois. Lorsqu'après un beau mouvement, on attendait la *vie éternelle,* et que tout paraissait y conduire, ils développent de nouvelles idées, qui à la vérité sont bonnes, mais qui viennent à contre-temps ; ils s'échauffent encore : on croit que c'est un dernier effort qui va couronner le discours ; l'attente est encore trompée. Ils ont toujours *des avis importans à ajouter à ce qu'ils ont dit, des réflexions qui leur viennent heureusement avant de se retirer, et c'est par où ils vont enfin terminer,* sans cependant finir. Il y en a même qui donnent deux ou trois fois la vie éternelle avant d'arriver à la bénédiction. Rien n'est plus capable de nuire à l'effet d'un discours, que ce défaut qui est encore assez commun (1).

---

(1) Il est bon d'observer ici qu'il ne convient pas que le prédicateur, après avoir terminé son discours, fasse des annonces ou donne des avis, à moins qu'il ne s'agisse de choses absolument indispensables. Alors il faut être fort court. En général, il vaut mieux faire les annonces et donner les avis avant de commencer l'instruction.

Sources du pathétique.

30. Il est nécessaire de connaître les ressorts par lesquels la sensibilité humaine est mise en jeu ; c'est à l'aide de cette connaissance, dit M. Pérennès dont nous emprunterons souvent les paroles sur cet important article, qu'un orateur habile parvient à émouvoir ses auditeurs. Il existe au fond de nos cœurs des sentimens inhérens à notre nature, qui sont de tous les temps et de tous les lieux, et desquels émanent les diverses affections morales dont nous sommes susceptibles. Ces sentimens universels sont comme des touches au moyen desquelles on peut faire vibrer toutes les cordes de la sensibilité dans les ames.

L'amour de nous-mêmes.

31. Le premier et le plus intime de ces sentimens, c'est *l'amour de nous-mêmes*, qui fait que nous désirons et que nous aimons ce qui sert à la conservation de notre vie, au développement de nos jouissances et à notre bien-être présent et futur, et que nous repoussons avec effroi tout ce qui semble nous menacer de destruction ou de souffrance. Nous nous réjouissons à la vue d'une campagne fertile et riante, d'un jardin semé de fleurs, d'une prairie dont l'herbe épaisse est foulée par des troupeaux. Mais, en général, l'homme est plus ému de la

vue des objets qui produisent la douleur, que de ceux qui sont propres à lui donner des jouissances, parce que le sentiment de sa conservation y est plus vivement intéressé. La vue d'un instrument de supplice, d'une bête féroce, d'un tombeau, d'un amas d'ossemens humains, cause souvent une impression profonde. Il y a des personnes qui ne peuvent, sans pâlir, entendre parler de la mort, et que la vue d'un squelette fait trouver mal. On sent combien cette source de pathétique est abondante. Il n'est pas de plus puissant moyen d'agir sur l'ame, que de décrire des objets terribles, et de représenter des scènes de souffrance et de mort (1).

(1) Les écrits et les discours faits dans les situations pénibles et violentes, dans les temps de crise et de révolutions où les passions sont fortement émues, sont ordinairement pleins d'énergie et de pathétique. Les hommes qui ont l'imagination vive ont des sentimens qui correspondent à leurs impressions. Si ces hommes sont dans des circonstances propres à exciter encore leur enthousiasme, ils en viennent à une sorte de délire, à une espèce de fureur poétique qui leur fait dire d'une part des choses d'une énergie infernale, comme s'ils étaient possédés par le génie du mal, et d'autre part des choses sublimes, comme s'ils étaient inspirés par la divinité. C'est ce qu'on re-

L'imagination émue fait alors ressentir une impression analogue à celle que causeraient les objets, s'ils étaient réels.

Peut-on considérer l'abîme effrayant que la mort vient ouvrir sans frissonner involontairement? La sollicitude du sort futur frappe tous les hommes. C'est aussi à ce sentiment que Massillon s'adressait, lorsqu'il faisait circuler la terreur dans son auditoire en peignant, avec les plus vives couleurs, la fin des temps et le dernier avénement du Christ. A en juger par nous-mêmes, le plus puissant moyen de déterminer les hommes est donc de les prendre par leur intérêt. C'est là le grand mobile qui les fait agir. Une fois qu'on est parvenu à les convaincre que leur intérêt se trouve dans une chose, on n'a pas de peine à les déterminer à rechercher

---

marque surtout dans Milton, dont l'imagination était extrêmement vive, et qui vécut en Angleterre au milieu des révolutions.

On a dit avec raison que l'infortune était une dixième muse. L'injustice des hommes est un aiguillon qui stimule le génie, entretient son activité, et le force incessamment à déployer toute son énergie. D'ailleurs, avec l'infortune, viennent d'ordinaire les sérieuses méditations, les réflexions profondes, les grandes et lumineuses idées.

ce qui les en approche, et à fuir ce qui les en éloigne. Un instinct naturel les y porte. C'est pourquoi l'orateur sacré doit s'appliquer à détruire les erreurs et les préjugés qui empêchent d'apercevoir cet intérêt important et indiquer les moyens qu'il faut employer pour vaincre les passions qui empêchent de suivre ses lumières et sa conscience.

32. « Un des plus importans secrets pour « faire entrer l'auditeur dans les passions que « nous voulons lui inspirer, c'est, dit Abelly, « d'étudier ses intérêts, et de savoir ses incli- « nations. Dites les plus belles choses du monde, « si elles ne me touchent pas, je laisserai tout « passer sans émotion et sans changer de ré- « solution; mais aussitôt que j'aperçois quel- « que chose qui me regarde, je prends feu, et « je tâche, ou de prévenir le mal qui me me- « nace, ou de me procurer le bien qu'on me « fait espérer. C'est pourquoi Cicéron disait « si bien qu'il s'appliquait uniquement à con- « naître les inclinations de ses auditeurs, afin « d'entrer dans leurs sentimens, estimant « beaucoup plus aisé de pousser des gens qui « courent, et de les faire aller plus vite du « côté qu'ils vont d'eux-mêmes, que de leur

Sentiment d'Abelly.

« imprimer un mouvement nouveau, ou de
« leur en faire prendre un contraire. Vous
« voulez, par exemple, exciter un mouvement
« de compassion en faveur des pauvres, tâchez
« de si bien représenter leur misère, que l'au-
« diteur soit obligé de rentrer en lui-même, et
« de lui faire naître les mêmes désirs de sou-
« lager son prochain, qu'il voudrait qu'on eût
« pour lui, s'il était dans un semblable mal-
« heur. Vous voulez qu'on entre dans le désir
« de réparer les torts qu'on a faits par la médi-
« sance, représentez bien les plaintes que nous
« formons contre ceux qui nous ont décriés, et
« les réparations que nous exigeons de ceux qui
« nous ont ruinés par leurs calomnies. C'est
« pourquoi il est très-bon de connaître la dispo-
« sition du cœur humain, et de bien savoir ce
« que naturellement tous les hommes crai-
« gnent, aiment, espèrent, haïssent, pour bien
« composer son discours. Il vaut encore mieux
« s'appliquer en particulier à bien voir les in-
« clinations secrètes de ceux à qui l'on doit
« parler. Mais la perfection est, qu'après avoir
« préparé l'esprit par de bonnes preuves, on
« ait encore l'adresse de remarquer dans l'ac-
« tion même les impressions que l'on fait, et

« de pousser certains endroits auxquels on voit « que les auditeurs ont été sensibles; car un « médecin ordonne bien plus sûrement et plus « utilement, lorsqu'il est témoin de tous les « symptômes et de tous les accidens de la ma- « ladie, que lorsqu'étant consulté, il fait une « ordonnance dans son cabinet selon la science, « et dans toute la rigueur des Aphorismes. » Le médecin qui n'aurait que les mêmes recettes pour tous ses malades, et qui, étant témoin des symptômes de leurs maladies, serait incapable de modifier les remèdes qu'il a préparés, avant de les appliquer dans cette occasion à leur situation présente, serait loin de la perfection dont parle notre auteur.

La sympathie en général.

33. Un second sentiment inhérent à notre nature, c'est *la sympathie universelle* qui nous unit à nos semblables, et qui fait que nous ne pouvons voir souffrir un être humain sans éprouver nous-mêmes un sentiment pénible. La pensée de Térence : *Homo sum, nihil humani a me alienum puto*, est la devise de l'humanité. La vue d'un malheureux touche même les enfans. Sa voix nous émeut, ses gémissemens nous déchirent, ses larmes font couler les nôtres. Depuis le commencement du monde, les

hommes gémissent sur leur destinée. Il y a eu, sur la terre, une succession non interrompue de souffrances et de sanglots. Lorsque nous entendons aujourd'hui les accens plaintifs de Job, ou les lamentations de Jérémie, nous éprouvons un frémissement de douleur. Il semble qu'un gémissement s'élève au fond de notre ame à l'unisson de celui qui se lamentait dans un autre temps et dans une autre contrée (1).

L'affection naturelle pour ceux qui nous sont chers.

34. Il est encore d'autres sentimens qui appartiennent à tous les hommes et qui sont aussi des sources fécondes de pathétique. La tendresse paternelle, l'amour filial, l'affection fraternelle, l'amitié, doivent être comptés parmi les ressorts les plus puissans de la sensibilité humaine. A ces mots de père, de mère, de frère, d'ami, se

---

(1) Les occasions où le prédicateur excite le sentiment de la piété ou de la compassion sont ordinairement celles où il traite de la passion et de la mort de Jésus-Christ, des douleurs de la Sainte-Vierge, des tourmens des saints Martyrs, ou des souffrances des ames du purgatoire. Il excite aussi quand il représente les misères du pauvre ou la peine de celui qui est dans l'affliction, pour porter à le secourir, ou enfin quand il dépeint le triste état où met le péché, pour engager à avoir du zèle pour la conversion des pécheurs, etc.

trouvent attachées tant d'idées touchantes que, pour peu qu'on y associe quelque image douloureuse, on est sûr de nous émouvoir et de faire couler nos larmes. Qui n'a lu avec attendrissement l'idylle de Ruth, dans l'Écriture? Nous ne connaissons dans les poètes profanes aucune églogue aussi touchante.

35. L'*amour de la patrie* est encore un de ces sentimens universels qui ont le pouvoir de remuer l'ame. L'expression de ce sentiment, lorsqu'elle est unie à une situation douloureuse, devient pathétique et pénétrante. Lisez les plaintes que font entendre les Hébreux captifs sur les bords de l'Euphrate, en suspendant leurs lyres aux saules de Babylone, et vous serez ému jusqu'aux larmes. Où trouvera-t-on une expression plus simple et plus profonde à la fois de l'amour de la patrie que dans ce passage : L'amour de la patrie.

« Ceux qui nous avaient emmenés captifs « nous demandaient que nous chantassions des « cantiques. Ils nous disaient : Chantez-nous « des cantiques de Sion. — Comment chanterons-nous un cantique du Seigneur dans une « terre étrangère? Si je t'oublie, ô Jérusalem, « que ma main droite s'oublie elle-même. Que « ma langue s'attache à mon palais, si je ne me

« souviens pas de toi et si tu n'es pas le premier
« et le principal objet de ma joie (1) !

La conscience. 36. Outre les affections naturelles dont nous

---

(1) *Quia illic interrogaverunt nos, qui captivos duxerunt nos, verba cantionum. Et qui adduxerunt nos : Hymnum cantate nobis de canticis Sion. — Quomodo cantabimus canticum Domini, in terra aliena? Si oblitus fuero tui, Jerusalem, oblivioni detur dextera mea. Adhæreat lingua mea faucibus meis, si non meminero tui; si non proposuero Jerusalem in principio lætitiæ meæ!* (Ps. 136.)

Delille, dans *la Pitié*, a imité ce beau morceau en le paraphrasant :

Voyez le triste Hébreu, sur des rives lointaines,
Lorsqu'emmené captif chez un peuple inhumain,
A l'aspect de l'Euphrate il pleure le Jourdain...
Souvent, en l'insultant, ses vainqueurs tyranniques
Lui criaient : Chantez-nous quelqu'un de ces cantiques
Que vous chantiez au temps de vos solennités.
— Ah! que demandez-vous à nos cœurs attristés?
Comment chanterions-nous aux terres étrangères?
Répondaient-ils en pleurs. O berceau de nos pères!
O ma chère Sion! si tu n'es pas toujours
Et nos premiers regrets, et nos derniers amours,
Que nous restions sans voix, que nos langues séchées
A nos palais brûlans demeurent attachées!
Sion! unique objet de joie et de douleurs,
Jusqu'au dernier soupir, Sion chère à nos cœurs!
Quoi! ne verrons-nous plus les tombes paternelles,
Tes temples, tes banquets, tes fêtes solennelles?
Ne pourrons-nous un jour, unis dans le saint lieu,
Du retour de tes fils remercier ton Dieu?
Ainsi pleurait l'Hébreu.

avons parlé, et qui tiennent, en quelque sorte, à l'instinct et à l'organisation physique, il est des sentimens d'un ordre plus élevé, qui ont aussi un grand empire sur l'ame. Telle est *la conscience*, voix intérieure qui nous fait connaître ce qui est bien ou mal, et qui est dans l'ordre moral ce que l'instinct de la conservation est dans l'ordre physique. De même que la douleur nous avertit du danger dont certains accidens menacent notre vie matérielle, le remords élève la voix lorsque la loi morale est violée. L'éloquence a souvent produit de grands effets, en faisant naître ce trouble de la conscience. C'était le secret de Massillon, qui excellait à exciter les remords dans ses sermons de morale. Il avait l'art de mettre la conscience de son côté, et l'appelait à son aide pour confondre le pécheur et le forcer à se rendre. Il préférait toujours porter aux sentimens qui rendent l'auditeur ennemi de lui-même. Il commençait d'abord par éclairer ou détromper la conscience aveugle ou erronée, en détruisant ses illusions et ses prétextes. Si elle n'était qu'endormie, il savait l'éveiller par des coups de maître. Quand il avait porté dans l'ame pécheresse un trouble salutaire, il en profitait habilement pour l'exciter aux sentimens qu'il avait eu dessein de lui inspirer. C'est en suivant cette méthode qu'on réussit. Un prédicateur qui saura la comprendre, et qui surtout saura la mettre en pratique, fera des merveilles.

L'amour de la justice.

37. A la conscience se rattache *l'amour de la justice*, qui nous fait désirer que chacun soit traité selon ses mérites. Si nous voyons le faible opprimé, l'innocent persécuté, le coupable triomphant, ce sentiment est froissé dans nos ames et produit l'indignation. Un assassin est conduit au supplice, et nous demeurons indifférens à son sort, parce que nous reconnaissons qu'il l'a mérité. Mais si c'est un homme vertueux qui est condamné et livré au glaive, tout ce qu'il y a en nous de justice et d'humanité se soulève contre cet acte d'oppression. Vainement un pouvoir tyrannique cherche, par l'appareil des supplices, à faire taire cette voix intérieure. La conscience publique se fait jour; elle éclate dans l'attitude, dans le regard et jusque dans le morne silence de la multitude. Domitien comprenait bien ce muet reproche, lui qui, selon Tacite, épiait les regards et la pâleur de ceux qui assistaient aux exécutions qu'il ordonnait, et qui punissait comme un crime l'émotion qu'il remarquait sur le visage.

Heureusement il n'est pas au pouvoir des hommes d'anéantir ce juge incorruptible qui vit au fond des cœurs, et dont la voix éclate avec d'autant plus de force qu'elle a été plus comprimée. Quelle que fût la puissance de Néron, de Caligula et de tous ces oppresseurs de l'humanité, le jour de la justice ne s'est pas fait attendre pour eux. Traînés tout sanglans au tribunal de la postérité, ils sont condamnés à être l'objet de l'exécration universelle tant que l'homme conservera le sentiment du juste, que Dieu même a gravé dans son cœur. Que de scènes nobles et touchantes doivent leur intérêt et leur force à ce sentiment ! Il suffit de parcourir les auteurs anciens et modernes pour juger combien il est fécond en développemens pathétiques.

Le sentiment religieux ou la Foi.

38. C'est surtout le *sentiment religieux*, ou *la foi*, qui excite le pathétique. C'est à ce sentiment surnaturel, que Dieu met dans les ames par sa grace, que les prédicateurs évangéliques doivent leurs plus beaux triomphes. Les sentimens que la foi produit sont innombrables. Les considérations qui les excitent ne le sont pas moins. Nous n'entreprendrons pas de les exposer ici, parce qu'on les trouve abondamment dans

les écrivains sacrés et dans les saints Pères, dans les sermonnaires et les livres de piété. Cet article comprend toute la religion.

Le prédicateur doit s'appliquer surtout à exciter dans les ames l'horreur du péché et la crainte de Dieu.

39. « Que le prédicateur, dit Grenade, s'applique surtout à exciter dans les ames l'horreur du péché et la crainte de Dieu (qui est le commencement de la sagesse). Ce qui sert le plus à frapper les esprits de cette crainte salutaire, c'est l'incertitude de la vie, l'inévitable nécessité de la mort, la profondeur impénétrable des jugemens de Dieu, la terrible pensée du compte qu'il faudra nécessairement lui rendre de toute notre vie, la redoutable sévérité du dernier jugement, l'extrême rigueur et tout ensemble l'éternité effroyable des supplices de l'enfer, et d'autres semblables considérations tirées de nos fins dernières.

« Ce sentiment de crainte est très-utile pour ébranler et briser les cœurs même les plus endurcis ; car les hommes s'aiment naturellement beaucoup eux-mêmes, encore qu'ils soient sans amour pour Dieu. Cet amour-propre, dont ils ne sont que trop remplis, fait qu'ils ont toujours assez d'horreur de tout ce qu'ils connaissent être plus capable de les perdre. De là vient que, commençant d'ordinaire leur conversion par une crainte servile qui leur fait détester le péché à cause des châtimens dont ils sont menacés, ils ne laissent pas d'arriver peu à peu à cet amour filial des vrais enfans, qui renferme toujours une crainte respectueuse pour leur père.

« C'est pourquoi le prédicateur, qui désire ardemment le salut des ames, doit travailler souvent à inspirer avec force ces sentimens aux hommes, et particulièrement à leur exposer, autant qu'il lui est possible, et à leur mettre comme devant les yeux, par ses expressions, la rigueur épouvantable et l'éternité des peines de l'enfer. Quelque effort d'esprit et d'éloquence qu'il fasse pour les amplifier, tout ce qu'il en dira sera toujours beaucoup au-dessous de la réalité. Toute la force de l'art, tous les tours et toute l'adresse de l'éloquence sont incapables d'y atteindre. Ainsi, bien loin de pouvoir, par la force des paroles et des expressions, les représenter plus grandes qu'elles ne sont en effet, il n'approchera jamais en aucune manière de leur véritable grandeur. Mais, encore que ce qu'on en dit soit beaucoup moindre que la réalité, cela ne laisse pas d'avoir la force de toucher et d'émouvoir même le cœur des hommes les plus durs et les plus insensibles. »

On peut fortifier les mouvemens par des passages de l'Écriture, ou en rappelant des faits connus.

40. On peut fortifier les mouvemens en y mêlant des passages analogues de l'Écriture qu'on paraphrase, ou des faits connus de l'histoire sacrée qu'on cite à propos. C'est ce qu'on peut remarquer dans le morceau suivant du sermon de Massillon *sur le bonheur des justes :*

« Une ame revenue à Dieu ne saurait rappeler toute la suite de ses égaremens passés, « sans y découvrir toutes les démarches de la « miséricorde de Dieu sur elle; les voies sin-« gulières par où sa sagesse l'a conduite, comme « par degrés, au moment heureux de sa con-« version. Tant de circonstances inespérées de « faveur, de disgrace, de pertes, de mort, de « perfidie, de préférence, d'affliction; toutes « ménagées par une Providence attentive, pour « lui faciliter les moyens de rompre ses chaînes; « ces attentions particulières que Dieu avait « sur elle, lors même qu'elle suivait encore « des routes injustes; ces dégoûts que sa bonté « lui ménageait au milieu même des plaisirs; « ces invitations secrètes qui la rappelaient « sans cesse au devoir et à la vertu; cette voix « intérieure qui la suivait partout et qui ne « cessait de lui dire, comme autrefois à Au-

« gustin : *Insensé, jusqu'à quand chercheras-* « *tu des plaisirs qui ne peuvent te rendre* « *heureux? Quand finiras-tu tes inquiétudes* « *avec tes crimes? Que faudrait-il encore* « *pour te détromper du monde, que l'expé-* « *rience même que tu fais de tes ennuis et de* « *ton propre malheur en le servant? Essaie* « *s'il n'est pas plus doux d'être à moi, et si je* « *ne suffis pas à l'ame qui me possède?*

« Voilà ce qu'offre le passé à une ame tou- « chée : elle y voit encore les complices de ses « anciens plaisirs, livrés par la justice de Dieu « aux égaremens du monde et des passions : « et elle seule choisie, séparée, appelée à la « connaissance de la vérité. Que ce souvenir « remplit une ame fidèle de paix et de consola- « tion! *Que vos miséricordes sont infinies, ô* « *mon Dieu*, s'écrie-t-elle avec le prophète! « *vous m'avez mise sous votre protection dès* « *le sein de ma mère : vous avez suivi de près* « *toutes mes voies : que vous ai-je fait plus* « *que tant de pécheurs à qui vous ne daignez* « *pas ouvrir les yeux, et manifester la sévérité* « *de vos jugemens et de votre justice? Dieu!* « *que vos œuvres sont admirables! et mon* « *ame connaît bien ce qu'elle vous doit, et ce*

« *que vous avez fait pour elle!* » (Ps. 138, 14).

Dans ce morceau l'orateur frappe tout à la fois l'imagination par le souvenir d'un fait, et le cœur par l'expression touchante de certains sentimens qui rappellent aux auditeurs ceux qu'ils ont éprouvés eux-mêmes. On ne peut ranimer plus heureusement ces sentimens dont le souvenir est encore présent. Rien n'est plus capable d'émouvoir. Il semble que Massillon voit dans les cœurs ce qui s'y passe à mesure qu'il parle. Les sentimens qu'il exprime sont précisément ceux qu'éprouvent les auditeurs. Il paraît plutôt les suivre que les exciter. C'est en cela qu'il se montre un grand maître dans l'art oratoire. Avec quel à-propos il saisit dans le cœur les sentimens de la reconnaissance qu'il y a fait naître, et que la manière dont il les fait exprimer à l'ame pénitente est naturelle et touchante! Qu'on remarque aussi comment il sait l'associer au prophète et lui faire partager ses sentimens par ces paroles : *Que vos miséricordes sont infinies*, etc.

Les contrastes excitent le pathétique.

41. Le pathétique reçoit quelquefois une nouvelle force de certaines circonstances que nous devons remarquer. La première et la plus

saillante est le *contraste*. Il se forme des oppositions. La nature en est remplie, et c'est une des sources des sentimens agréables qu'elle ne cesse de nous inspirer. Une forêt majestueuse plaît à côté d'une vaste prairie, un fleuve intéresse au milieu de celle-ci, et le vallon s'embellit du roc escarpé d'où tombe en cascade le ruisseau qui l'arrose. L'éloquence et la poésie ordonnent leurs compositions sur ce modèle. Une variété toujours renaissante en fait le charme. Elle est d'autant plus grande et cause un plaisir d'autant plus vif, que les oppositions ou les contrastes sont plus multipliés, mais aussi plus naturels et mieux préparés. Ils donnent lieu à des beautés du premier ordre et qui laissent dans l'esprit des impressions aussi délicieuses que profondes.

En effet, le propre du contraste est de faire ressortir les objets, en leur donnant plus d'éclat. Peignez le nain à côté du géant; le chêne près du roseau; rapprochez la force de la faiblesse, la laideur de la beauté; mettez en regard le riche et le pauvre, celui que la fortune comble de ses dons et celui qu'elle perce et accable de ses traits; tous ces objets deviendront plus frappans et paraîtront mieux ce qu'ils sont, que s'ils étaient isolés et présentés séparément. Leur présence respective, si cette expression est permise, les relève ou les rabaisse, et ils se renvoient comme un jour et une lumière mutuelle et réciproque, qui éclaire jusqu'au moindre des traits qui les caractérisent (GIRARD).

Les contrastes sont la source des sentimens les plus touchans. Un homme qui a passé de l'opulence à la misère nous inspire plus de compassion qu'un homme qui est né dans l'indigence. Le malheur devient plus touchant par l'opposition de la prospérité, et le crime paraît plus horrible à côté de l'innocence. Les scènes opposées qui se trouvent dans les histoires de Job, de Tobie et d'Esther, produisent en nous une vive émotion.

Les matières que nous avons à traiter dans la chaire fournissent les contrastes les plus frapans à l'orateur sacré. Nous pouvons indiquer entre autres celui du pauvre Lazare et du mauvais Riche, en ce monde et dans l'autre, celui des diverses situations de l'Enfant prodigue, la mort du pécheur et celle du juste, le bonheur des Saints et le malheur des réprouvés, etc.

42. Le pathétique reçoit encore un nouveau degré de force, lorsqu'il se présente avec quelque chose d'inattendu, et lorsque, à l'émotion qu'il produit, se joint un certain sentiment de surprise. Le brusque passage du bonheur à l'infortune, et de la vie à la mort, ébranle profondément notre ame, et, en général, le malheur nous paraît d'autant plus terrible, qu'il est plus imprévu. Une mère et ses enfans son réveillés en sursaut par un incendie qui dévore leur habitation; nous frémissons à l'idée du danger imprévu qui les menace. Un malheureux est conduit au supplice; au moment où il monte à l'échafaud, la nouvelle de sa grace lui est apportée, et il passe en un instant du dernier degré de l'abattement au comble de la joie. Un père, justement irrité et long-temps inflexible, se laisse tout à coup attendrir et désarmer par un fils coupable et repentant : voilà de ces brusques changemens de situation qui auront toujours le pouvoir d'ébranler le cœur humain.

Il en est de même des surprises.

Qui ne s'est senti ému jusqu'au fond de l'ame en lisant, dans la Genèse, cette histoire de Joseph, si simple et si touchante à la fois? Les enfans de Jacob, pressés par la famine qui se faisait sentir par toute la terre, étaient venus chercher du blé en Égypte, où le frère qu'ils avaient vendu jouissait d'un pouvoir sans bornes auprès du roi. Joseph les reconnut sans être connu d'eux, et il leur demanda avec inquiétude des nouvelles de Jacob. « Votre père, « leur dit-il, ce vieillard dont vous parliez, vit-il « encore? se porte-t-il bien? Ils lui répondirent: « Notre père, votre serviteur, est encore en « vie et il se porte bien; et, se baissant profon- « dément, ils l'adorèrent. Joseph, levant les « yeux, vit Benjamin, son frère, comme lui « né de Rachel, et il leur dit : Est-ce là le « plus jeune de vos frères dont vous m'aviez « parlé? Mon fils, ajouta-t-il, je prie Dieu « qu'il vous soit toujours favorable; et il se « hâta de sortir, parce que ses entrailles étaient « émues, et qu'il ne pouvait plus retenir ses « larmes; et passant dans un autre apparte- « ment, il pleura.... »

On connaît l'épreuve à laquelle Joseph voulut soumettre ses frères, pour s'assurer de leur bienveillance à l'égard de Benjamin, qui l'avait remplacé dans l'affection de Jacob. Cette épreuve ayant fait éclater leur tendresse pour leur jeune frère et le noble dévouement de Juda, Joseph ne peut plus résister à son émotion. Mais écoutons le récit de la Bible.

« Joseph ne pouvait plus se contenir devant « la foule. Il ordonna donc à tout le monde de « sortir, afin qu'aucun étranger ne fût présent « lorsqu'il se ferait connaître de ses frères. « Alors il éleva la voix en pleurant. Les Égyp- « tiens l'entendirent, ainsi que toute la maison « de Pharaon, et il dit à ses frères : *Je suis « Joseph : mon père vit-il encore?* Ses frères « ne pouvaient répondre, tant ils étaient frap- « pés de terreur. Alors, prenant un ton plein « de bonté : Approchez, leur dit-il, de moi, « et lorsqu'ils se furent approchés, il ajouta : « Je suis Joseph, votre frère, que vous avez « vendu à des marchands. Ne craignez rien... « c'est pour votre salut que Dieu m'a envoyé « devant vous en Égypte... hâtez-vous donc « d'aller trouver mon père, et dites-lui que son « fils Joseph le demande.... Et, s'étant jeté au « cou de Benjamin, il pleura, et Benjamin « pleura aussi, en le tenant embrassé. Joseph « embrassa aussi tous ses frères, et il pleura sur « chacun d'eux. » Les admirables beautés de ce récit sont de nature à être senties par tout le monde. (M. Pérennès).

43. Nous venons d'indiquer les principaux ressorts qui agissent sur le cœur de l'homme et

La principale source du pathétique est dans

le cœur de l'orateur.

excitent ses affections. Pour peu qu'on y réfléchisse, on verra qu'il n'est pas un mouvement de l'ame qui ne corresponde à quelqu'une de ces dispositions fondamentales. C'est, comme nous l'avons observé, par l'étude approfondie des divers motifs qui font naître les sentimens, soit naturels, soit surnaturels, qu'on les excitera dans les cœurs au besoin, si toutefois l'orateur chrétien a soin de joindre aux moyens humains les pratiques que la foi et la piété lui indiquent. Que le prédicateur n'oublie pas que la principale source du pathétique est dans son propre cœur. Pour exciter les autres à l'amour de Dieu, à la piété, à la crainte du péché et aux autres sentimens religieux, il doit commencer le premier à les sentir en lui-même, et il ne peut les sentir sans les avoir réellement. C'est dans un grand fond de vertu et dans un grand zèle pour la gloire de Dieu et le salut des ames; en un mot, c'est dans une grande charité qu'il doit puiser tous ses mouvemens oratoires. C'est le cœur qui parle au cœur et qui rend éloquent: *Pectus est quod disertos facit* (QUINT.). Pour toucher, il faut être touché. Le faux ne saurait produire le pathétique, et les vrais sentimens de l'orateur se montrent tels qu'ils sont. Il vous est impossible de faire impression sur l'auditeur, s'il n'est persuadé que vous parlez par conviction et du fond du cœur. Vous devez être ému pour émouvoir. On connaît le mot d'Horace, traduit par Boileau :

Pour me tirer des pleurs il faut que vous pleuriez (1).

Le prédicateur est dans les mêmes intérêts que ses auditeurs.

44. « Si c'est une nécessité pour tout orateur, dit Abelly, de se revêtir des sentimens qu'il veut inspirer, cela est infiniment plus important et plus essentiel à un prédicateur qui est véritablement dans les mêmes intérêts que ses auditeurs ; le paradis et l'enfer les regardent tous également, et la modestie inséparable de son ministère ne permet pas à celui qui déclame contre les péchés, de se tirer du nombre des pécheurs. Il doit donc paraître le premier ef-

(1) Les passions sont contagieuses, et les larmes, comme le rire, se communiquent facilement. C'est surtout dans une nombreuse réunion d'hommes que l'on peut observer avec quelle promptitude se propagent les affections morales. La gaîté ou l'attendrissement de nos voisins nous gagnent presque à notre insu, et l'émotion de chacun s'accroît de celle de tous. Une pièce qui produit le plus grand effet sur une nombreuse assemblée ne toucherait que médiocrement un spectateur qui serait admis seul à la représentation. (M. PÉRENNÈS.)

frayé, affligé, surpris des vérités qu'il annonce; et s'il a un autre visage que celui qu'il veut faire prendre, on ne croira point qu'il dise la vérité, il passera pour un imposteur, et on demeurera comme on était. Un pilote encouragerait peu au travail, s'il disait, en éclatant de rire, que le fond de calle est plein d'eau; et un officier de guerre ne ferait pas prendre les armes aux habitans, s'il leur disait, une guitare à la main, que les ennemis sont aux portes et qu'ils escaladent la muraille. Ainsi un prédicateur qui est dans le même danger que ses auditeurs doit faire voir sur son visage, et par toute sa manière, que c'est ainsi qu'il s'en faut tirer au plus tôt; et c'est pour nous un avantage extrême, de ce que les auditeurs sont disposés à croire que nous ne les trompons point, et que nous ressentons, comme nous y sommes obligés, ce que nous tâchons d'exprimer. Nous n'avons pas besoin (d'imiter les gens de théâtre ni) de recourir à l'artifice d'un certain orateur dont parle Aulu-Gelle, qui, pour s'exciter à pleurer véritablement en déclamant, portait sur lui les cendres de son fils unique; rentrons en nous-mêmes, et nous pleurerons. » Abelly conclut en disant avec Grenade que ces sentimens venant du Saint-Esprit qui les donne pour porter à Dieu, il faut les lui demander, si l'on veut faire les fonctions d'apôtre et de prophète.

Des différentes manières d'exprimer les sentimens. — De l'exclamation.

45. Il y a différentes manières d'exprimer les sentimens. La principale et la plus commune est l'*exclamation*. Elle a lieu dans les exemples suivans :

« Ah ! s'ils avaient de la sagesse ! Ah ! s'ils « comprenaient les maux qu'ils s'attirent par « leur impiété, et s'ils prévoyaient ce qui doit « leur arriver à la fin (1) ! »

« Malheur à moi, car mon exil a été pro- « longé (2) ! »

« Que la porte de la vie est petite ! et que la « voie qui y mène est étroite, et qu'il y en a « peu qui la trouvent (3) ! »

« Malheur au monde à cause des scanda- « les (4) ! »

---

(1) *Utinam saperent, et intelligerent, ac novissima providerent !* (DEUT., 32, 29.)

(2) *Væ mihi, quia incolatus meus prolongatus est !* (Ps. 129, 5.)

(3) *Quam angusta porta, et arcta via est, quæ ducit ad vitam ! et pauci sunt qui inveniunt eam !* (MATH., 7, 14.)

(4) *Væ mundo a scandalis !* (Ib., 18, 7.)

« Qu'on est heureux quand on se donne au « Seigneur sans réserve! »

« Que les temps où nous sommes sont mal- « heureux! Quels ravages font partout l'im- « piété et la licence! O France! ô ma patrie!.. « Grand Dieu! que d'ames périssent!!! »

On connaît l'exclamation de Bossuet, lorsqu'il raconte la mort de la duchesse d'Orléans :

« O nuit désastreuse! ô nuit effroyable, où « retentit tout à coup, comme un éclat de ton- « nerre, cette étonnante nouvelle : Madame se « meurt, Madame est morte! »

De l'interrogation.

46. Il ne faut pas confondre la simple exclamation avec l'*interrogation* qui renferme une question. La ponctuatiou pour ces deux figures n'est pas la même. L'interrogation est de toutes les figures à mouvement la plus dominante et la plus rapide. L'Écriture-Sainte qui renferme tous les genres de beautés oratoires, nous en fournit de nombreux exemples. En voici quelques-uns .

« Pourquoi, ô mer, t'es-tu enfuie? Et toi, ô « Jourdain, pourquoi es-tu retourné en ar- « rière? Pourquoi, montagnes, avez-vous sauté

« comme des béliers? Et vous, collines, comme « des agneaux (1)? »

« Comment cette ville si pleine de peuple « est-elle maintenant si désolée et si solitaire? « Comment le Seigneur a-t-il couvert de téné- « bres, dans sa fureur, la fille de Sion?.... « Comment l'or s'est-il obscurci? Comment a- « t-il changé sa couleur qui était si belle (2)? »

« Comment es-tu tombé du ciel, Lucifer, « toi qui paraissais si brillant au point du jour? « Comment as-tu été renversé sur la terre, toi « qui frappais de plaies les nations (3)? »

Bossuet, à l'exemple des auteurs sacrés, l'employait très-souvent. Massillon, qu'on peut appeler *le Racine des orateurs*, faisait de même. C'est en les imitant que nous réussirons.

47. Une autre figure très-propre aux mou- De l'apostrophe.

(1) *Quid est tibi, mare, quod fugisti? et tu, Jordanis, quia conversus es retrorsum? Montes, exultastis sicut arietes, et colles sicut agni ovium?* (Ps. 113, 5.)

(2) *Quomodo sedet sola civitas plena populo?... Quomodo obtexit caligine in furore suo Dominus filiam Sion? Quomodo obscuratum est aurum, mutatus est color optimus?...* (Jér. Lam.)

(3) *Quomodo cecidisti de cœlo, Lucifer, qui mane oriebaris? corruisti in terram, qui vulnerabas gentes?* (Is., 14, 12.)

vemens est l'*apostrophe* qui consiste à adresser la parole à quelque objet animé ou inanimé, comme dans les exemples suivans :

« O cieux, frémissez d'étonnement ! pleurez, « portes du ciel, soyez inconsolables (1) ! »

« Cieux, écoutez, et toi, terre, prête l'o- « reille ; car c'est le Seigneur qui a parlé (2) ! »

« Cieux, louez le Seigneur, parce qu'il a fait « miséricorde. Terre, soyez dans un tressaille- « ment de joie depuis une extrémité jusqu'à « l'autre. Montagnes, forêts avec tous vos ar- « bres, faites retentir les louanges du Seigneur, « parce qu'il a racheté Jacob, et établi sa « gloire dans Israël (3) ! »

« Jérusalem, Jérusalem, qui tues les prophè- « tes et qui lapides ceux qui sont envoyés vers « toi, combien de fois ai-je voulu rassembler « tes enfans, comme une poule rassemble ses

---

(1) *Obstupescite, cœli, super hoc, et portæ ejus desolamini vehementer.* (Jér., 2, 12.)

(2) *Audite, cœli, et auribus percipe, terra, quoniam Dominus locutus est.* (Is., 1, 2.)

(3) *Laudate, cœli, quoniam misericordiam fecit Dominus. Jubilate, extrema terræ ; resonate, montes, laudationem, saltus et omne lignum ejus : quoniam redemit Dominus Jacob, et Israel gloriabitur.* (Is., 44, 23.)

« petits sous ses aîles ; et tu ne l'as pas vou-
« lu (1) ! »

Voici un exemple tiré de l'*oraison funèbre de Turenne*, par Fléchier :

« Villes que nos ennemis s'étaient déjà par-
« tagées, vous êtes encore dans l'enceinte de
« notre empire ! Provinces qu'ils avaient déjà
« ravagées dans le désir et dans la pensée, vous
« avez encore recueilli vos moissons ! Vous
« durez encore, places que la nature et l'art
« ont fortifiées, et qu'ils avaient dessein de
« démolir ; et vous n'avez tremblé que sous des
« projets frivoles d'un vainqueur en idée, qui
« comptait le nombre de nos soldats, et qui ne
« songeait pas à la sagesse de leur capitaine. »

48. A l'apostrophe se rapporte l'*invocation*, qui s'adresse ordinairement à Dieu et aux Saints. Cette figure convient surtout pour les péroraisons, quoiqu'on puisse aussi s'en servir dans d'autres parties du discours. Voici l'invocation qui termine le sermon de Massillon *sur les afflictions* : De l'invocation.

(1) *Jerusalem, Jerusalem, quæ occidis prophetas et lapidas eos qui ad te missi sunt, quoties volui congregare filios tuos, quemadmodum gallina congregat pullos suos sub alas, et noluisti!* (Matth., 23, 37.)

« Grand Dieu ! c'est à vos pieds désormais « que je veux répandre toute l'amertume de « mon cœur ; c'est avec vous seul que je veux « oublier tous mes maux, toutes mes peines, « toutes les créatures. Jusqu'ici je me suis livré « à des chagrins et à des tristesses tout humai- « nes ; mille fois j'ai souhaité que les projets « insensés de mon cœur servissent de règle à « votre sagesse ; je me suis égaré dans mes pen- « sées ; mon esprit s'est formé mille songes « flatteurs ; mon cœur a couru après ces vains « fantômes ; j'ai désiré plus de naissance, plus « de faveur, plus de fortune, plus de talens, « plus de gloire, plus de santé ; je me suis bercé « de ces idées d'une félicité imaginaire. Insensé ! « comme si j'avais pu déranger, au gré de mes « souhaits, l'ordre immuable de votre Provi- « dence ! Comme si j'avais été ou plus sage ou « plus éclairé que vous, ô mon Dieu, sur mes « intérêts véritables ! Je ne suis jamais entré « dans les desseins éternels que vous aviez sur « moi ; je n'ai jamais regardé les amertumes de « mon état comme entrant dans l'ordre de ma « prédestination éternelle ; et jusqu'aujourd'hui « les créatures seules ont décidé de ma joie « comme de mes chagrins : aussi mes joies

« n'ont jamais été tranquilles, et mes chagrins « ont toujours été sans ressource. Mais désor- « mais, ô mon Dieu, vous allez être mon uni- « que consolateur; et je chercherai, dans la « méditation de votre loi sainte et dans ma sou- « mission à vos ordres éternels, les consolations « solides que je n'ai jamais trouvées dans les « créatures, et qui, en adoucissant ici-bas nos « peines, nous en assurent en même temps la « récompense immortelle. »

De la supplication et de l'adjuration.

49. Quand on s'adresse aux auditeurs eux-mêmes, on emploie la *supplication* et l'*adjuration*. Ces figures consistent à prier et conjurer ceux qui nous écoutent de se rendre à ce que nous leur proposons. Ainsi saint Paul, ayant dit de Dieu que tout vient de lui, que tout est pour lui, ajoute ensuite :

« Je vous conjure donc, mes frères, par la « miséricorde de Dieu, de lui offrir vos corps « comme une hostie vivante, sainte et agréable « à ses yeux (1). »

Et dans son épître aux Éphésiens :

---

(1) *Obsecro itaque vos, fratres, per misericordiam Dei, ut exhibeatis corpora vestra hostiam viventem, sanctam, Deo placentem.* (Rom., 12, 1.)

17

« Je vous conjure donc, moi qui suis dans « les liens, de vous conduire d'une manière « qui soit digne de votre vocation (1). »

L'adjuration est plus pressante encore que la supplication. On y mêle quelquefois le *serment oratoire*, par lequel on prend à témoin les êtres animés et inanimés. Moïse, après avoir exposé aux Israélites tous les motifs qu'ils avaient de servir le Seigneur, ajoute ces paroles :

« Je prends aujourd'hui à témoins le ciel et « la terre que je vous ai proposé la vie et la « mort, la bénédiction et la malédiction. Choi- « sissez donc la vie, afin que vous viviez, vous « et votre postérité; que vous aimiez le Seigneur « votre Dieu ; que vous obéissiez à sa voix, et « que vous demeuriez attachés à lui (comme « étant votre vie et celui qui vous doit donner « une longue suite d'années), afin que vous « habitiez dans le pays que le Seigneur avait « juré de donner à vos pères Abraham, Isaac « et Jacob (2). »

---

(1) *Obsecro itaque vos, ego vinctus in Domino, ut digni ambuletis vocatione qua vocati estis.* (ÉPHÈS., 4, 1.)

(2) *Testes invoco hodie cœlum et terram, quod proposuerim vobis vitam et mortem, benedictionem et male-*

Voici une adjuration employée par saint Paul pour recommander aux ministres de l'Évangile la prédication de la parole de Dieu.

« Je vous conjure, devant Dieu et devant « Jésus-Christ, qui jugera les vivans et les « morts ; je vous conjure, par son avènement « glorieux et par l'établissement de son règne, « d'annoncer la parole de Dieu... (1) »

50. Le *souhait* doit être employé souvent par l'orateur sacré. Il y en a beaucoup d'exemples dans l'Écriture-Sainte. En voici deux : Du souhait.

« Cieux, envoyez d'en-haut votre rosée, et « que les nues fassent descendre le juste comme « une pluie salutaire ; que la terre s'ouvre, et « qu'elle germe le Sauveur (2) ! »

---

*dictionem. Elige ergo vitam, ut et tu vivas, et semen tuum : et diligas Dominum Deum tuum, atque obedias voci ejus, et illi adhæreas (ipse est enim vita tua et longitudo dierum tuorum), ut habites in terra pro qua juravit Dominus patribus tuis Abraham, Isaac et Jacob, ut daret eam illis.* (DEUT., 30, 19 et 20.)

(1) *Testificor coram Deo et Jesu-Christo qui judicaturus est vivos et mortuos, per adventum ipsius et regnum ejus, prædica verbum.* (2 TIM., 4, 1.)

(2) *Rorate, cœli, desuper, et nubes pluant justum ; aperiatur terra, et germinet salvatorem !* (IS., 45, 8.)

« Qui me donnera des aîles comme à la co-
« lombe, afin que je puisse m'envoler et me
« reposer (1)? »

Le suivant est tiré de l'*Oraison funèbre du prince de Condé*, par Bossuet :

« Ainsi puisse-t-il toujours vous être un cher « entretien ; ainsi puissiez-vous profiter de ses « vertus ; et que sa mort, que vous déplorez, « vous serve à la fois de consolation et d'exem- « ple ! »

De la prosopopée.

51. Il y a une figure par laquelle nous attribuons des sentimens et la parole même, non-seulement à des êtres animés, mais encore à des objets qui n'ont point la vie, à des absens, à des morts, etc. Cette figure est la *prosopopée*. Voici quelques exemples tirés des livres saints :

« Les fleuves frapperont des mains et les « montagnes tressailliront de joie à la présence « du Seigneur (2). »

« Que les cieux se réjouissent et que la terre « tressaille de joie ! Que la mer, avec ce qui la

(1) *Quis dabit mihi pennas sicut columbæ, et volabo, et requiescam!* (Ps. 57, 7.)

(2) *Flumina plaudent manu, simul montes exultabunt a conspectu Domini.* (Ps. 97, 9.)

« remplit, en soit émue! Les campagnes ressen-
« tiront cette joie aussi bien que ce qu'elles
« contiennent. Tous les arbres des forêts
« tressailliront alors par la présence du Sei-
« gneur, parce qu'il vient, parce qu'il vient
« juger la terre (1). »

« La vérité et la miséricorde se sont rencon-
« trées; la justice et la paix se sont donné le
« baiser (2). »

Fléchier donne du sentiment à des choses insensibles dans ce passage de son *Oraison funèbre de Turenne* :

« A ces cris, Jérusalem redoubla ses pleurs;
« les voûtes du temple s'ébranlèrent; le Jour-
« dain se troubla, et tous ses rivages retenti-
« rent du son de ces lugubres paroles : *Com-*
« *ment est mort cet homme puissant qui sau-*
« *vait le peuple d'Israël!* »

Le même orateur, pour assurer ses audi-

---

(1) *Lætentur cœli, et exultet terra; commoveatur mare et plenitudo ejus; gaudebunt campi, et omnia quæ in eis sunt. Tunc exultabunt omnia ligna silvarum, a facie Domini, quia venit : quoniam venit judicare terram.* (Ps. 95, 11-13.)

(2) *Misericordia et veritas obviaverunt sibi; justitia et pax osculatæ sunt.* (Ps. 84, 11.)

teurs que l'adulation n'aura point de part dans son *Éloge du duc de Montausier*, parle de cette manière :

« Ce tombeau s'ouvrirait, ces ossemens se « rejoindraient pour me dire : Pourquoi viens-« tu mentir pour moi, moi qui ne mentis jamais « pour personne ? Laisse-moi reposer dans le « sein de la vérité, et ne trouble point ma paix « par la flatterie, que j'ai toujours haïe. »

Du dialogue et de la réfutation.

52. L'orateur peut exprimer ses sentimens d'une manière vive et intéressante par le moyen du *dialogue*. Cette tournure oratoire, dit Maury, supplée aux interlocuteurs, éclaircit les idées, résout les objections, rompt la monotonie du monologue, reproduit tout le charme d'une conversation animée (1), fortifie le raisonnement, et inspire une douce confiance, pourvu que l'orateur n'affaiblisse jamais les difficultés qu'il doit se proposer ; car si l'auditeur

(1) L'un des secrets les plus profonds dans l'art d'écrire avec éloquence, consiste, dit le même auteur, à imiter et à savoir employer dans un discours public les tours vifs, rapides et variés de la conversation, pourvu que l'on y rallie un choix de mots qui soient toujours nobles, sans paraître jamais recherchés, et en même temps populaires, sans être bas.

peut renforcer l'argument, il ne veut plus écouter la réponse : et si cette réponse n'est pas péremptoire, elle donne de plein droit gain de cause à l'adversaire. Rien n'est plus propre à renouveler l'attention, que ces suspensions interlocutoires adroitement ménagées, pour faire flotter l'auditoire dans une espèce d'hésitation et d'incertitude qui dérive d'abord d'un mouvement de surprise inquiète, quand l'orateur se fait à lui-même de fortes objections, mais qui se change bientôt en curiosité, en intérêt, en examen critique et en jouissance de l'esprit, au moment où il les réfute avec tout l'ascendant de la vérité. C'est cet usage qui a fait donner à cette figure le nom de *réfutation*.

« J'aime dans Massillon ces dialogues qui tiennent les auditeurs en haleine au milieu des développemens où leur intérêt pourrait se ralentir. En voulez-vous un exemple? Je le choisis dans son sermon *sur le mélange des bons et des méchans*.

« Les justes ôtent à l'iniquité toutes ses excu-
« ses. Direz-vous que vous n'avez fait que suivre
« les exemples établis? Mais les justes qui sont
« parmi vous s'y sont-ils conformés? vous excu-
« serez-vous sur les suites inséparables d'une

« naissance illustre? vous en connaissez qui, « avec un nom encore plus distingué que le « vôtre, en sanctifient l'éclat. Quoi! la vivacité « de l'âge, la délicatesse du sexe? On vous en « montre tous les jours, qui, dans une jeu- « nesse florissante, et avec tous les talens pro- « pres au monde, n'ont de pensées que pour le « ciel. Quoi! la dissipation des emplois? Vous « en voyez chargés des mêmes soins que vous, « et qui cependant font du salut la principale « affaire. Votre goût pour le plaisir? Le plaisir « est le premier penchant de tous les hommes; « et il est des justes en qui il est encore plus « violent, et qui sont nés avec des dispositions « moins favorables à la vertu que vous. Vos « afflictions? Il y a des gens de bien malheu- « reux. Votre prospérité? Il s'en trouve qui « se sanctifient dans l'abondance. Votre santé? « On vous en montre qui, dans un corps in- « firme, portent une ame remplie d'une force « divine. Tournez-vous de tous côtés : autant « de justes, autant de témoins qui déposent « contre vous. »

Des réponses qui se succèdent avec tant de célérité ne peuvent subjuguer l'auditoire qu'en réunissant à chaque ligne la précision et l'évidence. Ce mode dans lequel les questions du ministre de la parole lui donnent pour interlocuteurs tous ses auditeurs, dont il ne peut se constituer l'interprète qu'en s'obligeant à ne jamais déguiser la force de leurs raisons, doit avoir autant d'énergie que de concision. Il faut que chaque trait porte et enlève l'assentiment général. Pour cela, il faut frapper juste et fort.

53. La *répétition* donne beaucoup de force au discours. On a pu le remarquer dans les morceaux que nous avons cités précédemment. Voici un exemple tiré de Télémaque : De la répétition.

« Quoi donc, ô mon cher père! je ne vous
« reverrai jamais! jamais je n'embrasserai celui
« qui m'aimait tant, et que je cherche avec
« tant de peine! jamais je n'entendrai parler
« cette bouche d'où sortait la sagesse! jamais
« je ne baiserai ces mains, ces chères mains,
« ces mains victorieuses qui ont abattu tant
« d'ennemis! »

54. Il y a encore beaucoup d'autres figures ; mais, comme elles se rapportent plus spécialement au style, nous en parlerons dans le chapitre suivant. Rappelons, en terminant celui-ci, un avis que nous avons déjà donné sur l'emploi des figures à mouvement. Il faut Observation.

prendre garde de trop les multiplier. Cet abus fatigue les auditeurs et montre dans le prédicateur un déclamateur qui est plutôt troublé qu'ému. Elles décèlent l'épuisement de son esprit, puisqu'*il crie à froid* à la fin de chaque période ; qu'il laisse avorter toutes ses idées, dont il ne suit jamais le fil, les développemens et les rapports. *Il saute sans cesse,* dit Cicéron, *parce qu'il ne sait pas marcher, bien moins encore courir*. C'est en vain qu'il se flatte de suppléer ainsi aux transports de l'éloquence par des efforts stériles et des mouvemens affectés.

# CHAPITRE IX.

## DU STYLE ORATOIRE.

1. On nomme *style* ou élocution la manière de s'exprimer. Le style varie selon les ouvrages et même selon les différentes parties du discours. Sous le rapport des ouvrages, on distingue le *style didactique* qui s'emploie pour instruire d'une science ou d'un art ; le *style oratoire* dont on se sert pour les discours, et le *style poétique* qui n'est en usage que pour les ouvrages de poésie. Le style didactique n'admet pas les ornemens. Ils y seraient déplacés. Sa qualité principale est la clarté. On s'occupe principalement des choses. Le but est de se faire bien comprendre. Le style oratoire admet quelques ornemens, mais avec sobriété. Le style poétique les admet tous. Du style et de ses différentes sortes.

Selon la division ordinaire on distingue le *style simple*, le *style mixte*, et le *style élevé*. Cette divison revient à la précédente. Le style simple est sans ornemens, le style mixte en a quelques-uns, le style élevé est orné dans toutes ses parties. Ordinairement ces styles sont mélangés, et il n'est guère possible qu'ils ne le soient pas, surtout dans le discours qui a tant d'objets différens.

Du style convenable à la chaire.

2. Il faut cependant observer que, pour le discours religieux dont nous nous occupons spécialement, il vaut beaucoup mieux pencher du côté de la simplicité que du côté de l'élégance. Les sujets que l'orateur sacré doit traiter sont si graves et intéressent si fort les auditeurs, qu'il suffit de les exposer pour être écouté avec attention. Il faut prendre garde seulement de ne pas dégrader par sa faute la parole de Dieu, en la prêchant d'une manière triviale, ridicule et rebutante. La religion, qui condamne la vanité des prédicateurs mondains qui cherchent trop les ornemens du style, condamne également les ministres téméraires qui ne respectent pas assez la dignité de la chaire chrétienne et le public qui les écoute.

Nécessité pour l'orateur sacré de soigner son style. — Comment il faut entendre ceci. — Distinction essentielle.

3. Il faut donc préparer ses discours et soigner son style *par respect pour la parole de Dieu*, et pour ne pas rebuter les auditeurs. C'est un devoir pour l'orateur sacré; mais ce soin, relativement au style, doit être très-modéré. Comme il est facile de se méprendre ici, expli-

quons-nous clairement. Établissons d'abord une distinction essentielle. L'*éloquence* et l'*élégance*, comme nous l'avons déjà observé par occasion, ne sont pas synonymes (1). La première peut exister sans la seconde. Ceci est incontestable. On sait, et tous les maîtres l'enseignent, que l'éloquence est plus dans les choses que dans les mots. C'est le contraire pour l'élégance. Un homme du peuple qui n'a pas fait d'études, un étranger qui ne sait pas assez la langue du pays, peuvent être très-éloquens, quoiqu'ils fassent beaucoup de fautes, soit dans les termes, soit dans les constructions, ou dans la prononciation.

Explication de quelques paroles de saint Paul.

4. Quand saint Paul dit aux Corinthiens qu'*il n'est point venu chez eux avec des discours élevés*, et qu'*en leur parlant et en leur prêchant, il n'a point employé les discours persuasifs de la sagesse humaine* (2),

---

(1) L'éloquence consiste à parler ou à écrire de manière à convaincre et à persuader; ce qui convient surtout à la prédication qui a pour but d'éclairer les hommes et de les rendre vertueux pour leur bonheur. L'élégance se borne au choix des expressions. Elle est plus dans les paroles que dans les choses.

(2) *Veni non in sublimitate sermonis... Sermo meus et prædicatio mea, non in persuasibilibus humanæ sapientiæ verbis.* (1 Cor., 2, 1 et 4.)

il ne veut pas leur faire entendre qu'il n'est point éloquent, et qu'il n'a pas employé l'éloquence en leur annonçant la parole de Dieu. Ce qu'il leur dit signifie qu'il ne leur a point parlé avec l'élégance de leurs philosophes et de leurs orateurs, de peur que leur foi ne parût établie sur la sagesse des hommes plutôt que sur la puissance de Dieu. C'est ce qu'il leur dit clairement dans le chapitre second de la première Épitre, verset 5. Et afin qu'ils ne se méprissent pas sur le sens de ses paroles en pensant que ses discours manquaient de sagesse, il leur fait entendre, dans les versets suivans, que la sagesse qu'ils contiennent n'est point la sagesse du siècle, qui est vaine et inutile, mais la sagesse de Dieu, qui est cachée au monde, la vraie et solide sagesse sans laquelle il n'y a point d'éloquence.

A l'exemple de saint Paul tous les hommes vraiment apostoliques ont rejeté de leurs discours les vains ornemens de l'éloquence humaine. Ils ont unanimement considéré cette éloquence *comme un obstacle qui empêche l'efficacité de la parole sainte* (1). Ils ont,

(1) Comment après cela ne pas s'étonner de voir les prédicateurs élégans donner pour raison de leur

comme nous le ferons voir, unanimement exhorté les orateurs chrétiens à ne point s'appliquer à mettre dans leurs discours ce qu'on appelle l'*élégance*, dont la prédication aussi bien que l'éloquence peuvent se passer.

Prétextes dont on se sert pour justifier les prédicateurs élégans.

5. Un orateur célèbre a essayé de justifier l'usage de l'élégance dans le discours chrétien, en disant que : « Si nos campagnes réclament « des missionnaires, nos cités ont besoin d'o-« rateurs proprement dits pour parler aux « grands et dans les occasions solennelles... « Qu'il entre dans les vues de Dieu qu'on « orne les discours comme il veut qu'on pare « les autels... Que rien n'est trop beau quand « on le fait parler ; qu'un grand talent ajoute « à l'éclat des solennités, relève la dignité du « ministère et l'idée que l'on a du ministre ; « qu'il donne un nouveau prix comme un

---

conduite le bien de la religion et des ames, tandis qu'il n'y a pas de moyen plus capable de l'empêcher que le genre qu'ils ont adopté ? Ce qu'ils allèguent pour se justifier n'est qu'un prétexte avec lequel ils font illusion et se trompent eux-mêmes. Ils tiennent trop à leur réputation d'orateurs pour changer une manière de prêcher qui est du goût de ceux à qui ils veulent plaire et qui nourrit leur vanité.

« nouvel attrait à l'instruction; qu'il rend « la parole de Dieu plus auguste et plus véné« rable; qu'il sert à lui concilier une oreille « plus attentive; qu'il subjugue plus aisément « tant d'esprits difficiles et faussement superbes, « qui ne goûteraient point certaines vérités, « si on les leur offrait dans leur austère simpli« cité; qu'il agit même bien plus qu'on ne « pense sur les hommes grossiers; ce qui a fait « dire à un rhéteur célèbre que *l'éloquence est « la raison de la multitude* : qu'il répare, en « quelque sorte, les torts de cette foule d'ora« teurs médiocres qui laissent avilir dans leur « bouche la majesté des oracles sacrés; que « Bourdaloue disait qu'il écrivait avec soin ses « sermons et n'osait jamais parler d'abondance, « *par respect pour la parole de Dieu;* que les « prédicateurs devaient se servir de l'éloquence « pour le triomphe de la vérité et de la vertu, « comme les écrivains profanes ou impies s'en « servaient pour faire triompher le mensonge « et le vice; que saint Paul, qui dédaignait « les discours sublimes et les vains ornemens « de l'éloquence humaine avec les simples « fidèles, savait être éloquent et ne dédaignait « pas les formes oratoires, quand il parlait

« devant l'aréopage ; qu'il fallait, à son exem-
« ple, accommoder son langage à la disposition
« naturelle des esprits qu'on avait à convaincre
« ou à persuader ; que les orateurs sacrés ont
« à parler devant des hommes non moins diffi-
« ciles dans leur goût et aussi hautains dans
« leurs pensées que les sénateurs et les philo-
« sophes d'Athènes ; qu'ils ont à parler devant
« les rois, devant les princes et les grands,
« devant les courtisans, qui ne veulent pas plus
« de la vérité pour eux que pour leurs maîtres ;
« que la majesté de la parole doit répondre à la
« majesté de l'auditoire, et la dignité des
« leçons à l'importance des devoirs ; qu'il im-
« porte de faire respecter la parole de Dieu, en
« sachant réunir toutes les ressources de l'art
« à tout le zèle de l'apostolat ; qu'on admire
« tous les jours les nobles et touchantes leçons
« que Bossuet, Bourdaloue et Massillon don-
« naient à Louis XIV, etc. »

6. Nous ne voyons, dans tout ce qui vient d'être exposé en faveur des partisans de l'élégance, rien qu'on puisse regarder comme solide. Et d'abord, nous ne sommes pas peu surpris de voir l'auteur que nous citons renvoyer les *missionnaires aux campagnes*, après avoir si bien Réponses.

prouvé leur nécessité pour tous dans une autre occasion. Nous soutenons qu'ils sont bons pour les villes comme pour les campagnes, et que le genre apostolique qu'ils ont adopté est plus capable d'y faire du fruit que toutes les belles phrases des orateurs polis.

2° Nous soutenons aussi que l'éloquence proprement dite suffit pour les occasions solennelles aussi bien que pour les occasions ordinaires ; que l'élégance n'ajoute rien à la dignité du ministère, et que c'est lui faire trop d'honneur que de croire qu'*elle donne un nouveau prix à l'instruction, et qu'elle rend la parole de Dieu plus auguste et plus vénérable.* La parole de Dieu est assez précieuse et assez vénérable par elle-même pour n'avoir pas besoin du patronage de l'élégance.

3° L'exemple de Bourdaloue, dont on cite le propos, est mal choisi. Cet illustre prédicateur ne s'est jamais appliqué à la recherche de l'élégance. On trouve dans ses sermons de l'éloquence, mais point de phrases. Il s'occupe plus des choses que des mots.

4° On veut que les orateurs chrétiens se servent de l'*art de l'éloquence* pour le triomphe de la vérité et de la vertu, comme les écrivains profanes et impies s'en servent pour celui du mensonge et du vice. Nous sommes parfaitement de cet avis. Nous ne condamnerons jamais l'*art de l'éloquence* dans les prédicateurs évangéliques, mais seulement l'art de polir avec trop de soin leurs expressions dans les discours publics. Si les enfans du siècle s'y appliquent avec ardeur, c'est que, leurs œuvres n'ayant pas de fond, ils sont obligés de déguiser le vide des choses par les apparences trompeuses des formes oratoires.

5° Ce qu'on dit de saint Paul n'est pas exact. Le grand apôtre était aussi éloquent devant les simples fidèles que devant l'aréopage. Ce serait lui faire injure que de croire qu'après avoir déclaré si clairement qu'il dédaignait les discours sublimes (élégans) et les vains ornemens de l'éloquence humaine, *de peur que la foi ne parût établie sur la sagesse des hommes plutôt que sur la sagesse de Dieu* (1 Cor., 2, 5), il ne les eût plus dédaignés en parlant aux Athéniens, c'est-à-dire aux hommes qui, dans ce temps-là, faisaient le plus de cas de ces ornemens, et que, par conséquent, il importait le plus de détromper sur cet article. Le motif que l'apôtre allègue était une raison pour se servir à Athènes, moins qu'ailleurs, des ornemens de l'éloquence. S'il avait tenu la conduite qu'on lui prête, il se serait contredit précisément dans l'occasion où il importait le plus de pratiquer ce qu'il écrivait aux Corinthiens. Non, saint Paul n'eut jamais deux manières de prêcher. Loin de pouvoir s'autoriser de son exemple, les partisans de l'élégance trouvent au contraire leur condamnation dans ses paroles et dans sa conduite.

Aux orateurs chrétiens.

7. Ainsi donc, orateurs chrétiens, quand vous aurez à parler devant les grands, imitez l'apôtre; soyez éloquent comme lui, mais aussi, comme lui, dédaignez les discours sublimes et les vains ornemens de l'éloquence mondaine. Si vos discours sont pleins de choses solides et frappantes par elles-mêmes, si surtout ils sont nourris de passages bien choisis de l'Écriture-Sainte, ne craignez point de paraître même *devant les rois et les courtisans;* votre parole *répondra toujours à la dignité de l'auditoire,* vous ferez respecter et la religion et votre ministère, sans vous occuper de *l'idée qu'on aura du ministre* dont l'oubli est salutaire, non-seulement au prédicateur, mais aux auditeurs eux-mêmes. Faites penser, non à vous, mais à

ce que vous dites. Pourvu que vous ne montiez en chaire qu'après une préparation convenable pour trouver vos preuves et les disposer, et que vous évitiez les défauts notables qui peuvent nuire au succès du discours (1), mettez-vous peu en peine du reste. Méprisez les vains propos des littérateurs profanes et les critiques injustes de ceux qui n'ont pas d'autorité pour vous juger. Prêchez avec autant de force que de simplicité. Ne rougissez pas de marcher sur les traces de Jésus-Christ et de ses apôtres. Ayez foi dans la vertu secrète de la parole de Dieu, et surtout dans la sublime mission que vous avez reçue par ces paroles : *Allez, enseignez,* et vous réussirez ; l'éloquence suivra vos pas à votre insu. La nature des choses que vous traiterez vous l'inspirera. Vous aurez même cette élégance naturelle, cette simplicité noble qui convient à la gravité de la chaire. Le meilleur moyen de la trouver est de ne point la chercher.

Vous me direz que vous n'avez pas, comme

---

(1) Il ne faut pas oublier qu'il y a deux sortes de succès : celui qu'on cherche quand on prêche pour soi, et celui qu'on a en vue quand on ne prêche que pour Dieu. On sent bien duquel de ces deux succès nous voulons parler.

les apôtres, les miracles à votre disposition pour appuyer vos paroles. A cela je vous réponds que les miracles de l'Évangile sont les vôtres. Ils ont été faits pour appuyer l'enseignement que vous faites au nom de l'Église et de Jésus-Christ. Le témoignage qui les transmet est inébranlable. Ils parlent encore à tous les peuples, comme s'ils arrivaient aujourd'hui. Ayez donc confiance. S'il y a des incrédules et des pécheurs qui sont sourds à vos exhortations, s'il y a des orgueilleux qui les méprisent, il y en a eu également du temps de Jésus-Christ ; mais aussi il y a eu des ames droites qui se sont montrées dociles à la vérité. Il s'en trouvera de même aujourd'hui qui vous écouteront et qui viendront tôt ou tard se rendre à vos invitations. C'est Jésus-Christ même qui vous l'annonce : « S'ils ont gardé ma parole, dit-il « en parlant du monde à ses apôtres, ils gar- « deront aussi la vôtre. » *Si sermonem meum servaverunt, et vestrum servabunt.* (JOAN., 15, 20). Vous avez des peines et des tribulations ; Jésus-Christ et ses apôtres n'en ont pas manqué. Vous n'avez pas encore été traités comme eux. C'est au milieu des contradictions et des obstacles que le royaume de Dieu fait des progrès. Ayez donc courage, et Dieu vous soutiendra : c'est sa cause que vous défendez. Il vous a promis son assistance, comptez sur sa parole, et vous ne serez point confondus.

8. Cet article est trop important pour nous borner aux considérations que nous venons de présenter. Nous allons donc en ajouter d'autres qui ne sont pas moins solides; aux réflexions nous joindrons des autorités respectables qu'on ne peut mépriser sans témérité. Nous avons déjà répondu à quelques prétextes. On trouvera dans nos observations la réponse à ceux dont nous n'avons pas parlé. Ce que nous dirons suffira pour prémunir contre ceux qu'on pourrait encore alléguer.

Autres motifs pour ne point rechercher le style poli dans les sermons.

9. C'est en vain que les prédicateurs qui s'appliquent à polir leurs sermons disent, pour se justifier qu'ils ne se conforment au goût du siècle que pour faire mieux goûter la religion aux gens du monde. Nous l'avons déjà dit, c'est précisément ce soin qui leur fait manquer le but qu'ils prétendent avoir. Qu'ils croient ici, non à mes paroles, mais à celles des hommes de Dieu et à leur expérience. On a vu ce que saint Paul pensait à ce sujet. Voici d'autres témoignages.

Du prétexte du bien de la religion et des ames.

Sentiment de saint Liguori.

10. « Il faut bien se persuader, dit saint Liguori, que lorsque la parole de Dieu se trouve « altérée par la recherche des expressions, elle « reste énervée et sans forces, de manière à « n'être utile ni aux savans ni aux ignorans. » Ce saint ne fait qu'exprimer ici le sentiment des saints Pères sur cet article. Après avoir rapporté plusieurs passages de leurs ouvrages qui montrent ce qu'ils ont pensé à cet égard, il cite les paroles que saint Thomas de Villeneuve adresse à l'auditeur qui cherche dans les discours des prédicateurs le style fleuri, tandis que son ame est en proie au feu des passions : *O stulte! ardet domus tua, et tu expectas compositam orationem!* « O insensé! ta maison est en feu, et tu cherches un discours fleuri! » Il continue ainsi : « Ce reproche, dit-« il, peut bien mieux se faire à ces prédica-« teurs qui, en parlant au peuple, au milieu « duquel se trouvent probablement plusieurs « personnes en état de péché, cherchent des « phrases polies et des périodes sonores, quand « il faudrait à ces ames des coups de tonnerre « pour les réveiller . . . . Si le feu prend à une « maison, ajoute-t-il, quelle folie ne serait-ce « pas de vouloir l'éteindre avec un peu d'eau

« de rose.... Quand j'entends qu'on loue un « prédicateur pour son beau style, et qu'on « ajoute qu'il a produit beaucoup de bien, je « ne puis m'empêcher d'en rire, et je dis que « cela n'est pas possible. Pourquoi? direz-vous; « parce que Dieu ne concourt pas à l'œuvre « de ces prédicateurs (1). »

Dans un autre endroit, le même saint dit que les discours fleuris et ornés, où l'orateur ne fait que piquer la curiosité et exciter l'admiration, peuvent plaire aux littérateurs, mais qu'ils leur sont nuisibles. Il cite ensuite le célèbre Muratori qui exprime la même pensée.

11. « Je sais des gens, dit Abelly, à qui « il est souvent arrivé qu'en écoutant ces « beaux discours qui passent pour des chefs-« d'œuvre d'éloquence, la réflexion qu'ils « étaient forcés de donner à l'élégance, leur « faisait perdre la pensée qui avait commencé « à leur plaire lorsqu'ils l'avaient entrevue, « mais qui n'avait aucun effet sur eux, parce Sentiment d'Abelly.

(1) Ils sont semblables à ces arbres qui donnent de belles fleurs, mais qui ne rapportent aucun fruit. Ce sont des arbres stériles. L'Évangile nous apprend ce qu'ils deviendront.

« qu'ils étaient occupés par la beauté de la « phrase. »

Sentiment de Gaichiés.

12. « J'aime mieux, dit Gaichiés, entendre « l'auditeur soupirer qu'admirer ; s'il bat des « mains, son esprit est content ; s'il frappe sa « poitrine, son cœur est touché : le sermon « est assez loué par son silence. Je consens « qu'il sorte pensant à sa conscience, sans pen- « ser au prédicateur. » L'orateur qui a la crainte de Dieu, et qui cherche purement sa gloire, s'oubliera lui-même volontiers pour ne penser qu'au salut des ames. Il sacrifiera sans peine une vaine admiration qui n'est propre qu'à le perdre et qui ne sauve pas ceux qu'il prêche.

Ce que dit le P. Aquaviva du prédicateur qui cherche le style élégant.

13. Le P. Aquaviva, général de la compagnie de Jésus, parlant du prédicateur qui s'applique à la recherche du style élégant, s'exprime ainsi : « Que dire d'un prédi- « cateur qui entasse épithètes sur épithètes, « dont les phrases sont poétiques et les tours « pleins d'élégance, qui emploie des métapho- « res trop fréquentes et trop audacieuses, qui « se sert de longues paraphrases pour éviter « d'appeler les choses par leur nom simple et « naturel, qui se plaît à faire des énumérations

« sans fin et à répéter d'une manière ce qu'il a « déjà dit de l'autre; qui hérisse son style, « tantôt de vieux mots qu'il veut rajeunir, « tantôt de mots nouvellement inventés par des « poètes ou d'autres écrivains modernes? Que « dire de ce prédicateur, sinon qu'il s'écarte « entièrement, non-seulement de ce qui con- « vient à un orateur chrétien, mais même des « règles qui nous ont été tracées par les maîtres « de l'éloquence profane? »

Le mauvais goût vient souvent de la lecture des sermonaires brillans.

14. « Ce mauvais goût, dit le même auteur, « vient souvent de la lecture de certains ser- « monaires, pleins de pensées vaines et fu- « tiles, qui ont quelque chose de brillant, une « apparence d'éclat, mais qui, dans le fond, « n'ont rien de solide..... Il se trouve quel- « quefois de jeunes prédicateurs qui se laissent « tellement éblouir par le faux éclat, qu'ils « croient employer leur temps plus utilement « à lire ces sermons qu'à lire les ouvrages « des saints Pères, parce que, disent-ils, ils « ne trouvent point dans ces derniers de sem- « blables pensées, et ils ont du moins raison « de reconnaître que les Pères sont bien éloi- « gnés d'écrire de ce style; le style des Pères « (en général) est plein de choses sagement

« pensées; leurs preuves sont claires et frap-
« pantes; l'onction du Saint-Esprit se fait sen-
« tir dans leurs écrits; ils ne cherchent pas à
« étonner leurs auditeurs par la singularité des
« pensées, mais à les entraîner par la force
« de la vérité; et, comme leurs discours vont
« au cœur, ils ont le don de plaire parce qu'ils
« ont celui de persuader. »

Autres causes.

15. Nous observerons ici combien il est dangereux de louer, devant des jeunes gens qui se destinent au ministère, des prédicateurs et des sermonaires comme ceux dont nous venons de parler, ou de leur laisser lire des journaux, même religieux, où ils sont prônés. Ce serait encore pis si ces louanges venaient de leurs maîtres ou de quelques prédicateurs qu'ils respectent. Alors faut-il s'étonner si leur goût se fausse et s'ils s'appliquent à un genre qu'ils voient estimé par ceux qui devraient les détromper et les former à un genre tout différent? Ceci fait voir qu'il importe infiniment de bien choisir ceux entre les mains desquels on met les jeunes gens des séminaires qui sont l'espérance de l'Église.

Les hommes apostoliques ont négligé les agrémens du style pour produire plus de fruit.

16. Les hommes apostoliques ont négligé les frivoles agrémens du style, non par impuissance de parler élégamment, mais à dessein.

C'est ce que saint Augustin dit en particulier de saint Cyprien. « Ce grand homme, dit-il, a « fait voir dans sa lettre à Donat qu'il pouvait « user des vains ornemens de l'éloquence. Si « depuis il n'en a plus fait usage, c'est qu'il ne « l'a pas voulu (DOCT. CHRÉT.). » Comme c'était un vrai zèle qui animait ces hommes remplis de l'esprit de Dieu, ils préférèrent les instruction familières, parce qu'ils savaient par expérience qu'elles produisent plus de fruits. Ils ne renonçaient pas pour cela à l'éloquence, qui est dans le fond plutôt que dans les formes; mais ils retranchaient volontiers quelque chose dans l'élocution pour être mieux compris de la multitude, qu'il est du devoir de l'orateur chrétien de ne jamais perdre de vue. Ils préférèrent parler d'une manière moins polie, pour mieux éclairer les esprits et pour toucher plus sûrement les cœurs. Il est certain qu'un prédicateur qui est plus occupé des choses que des mots, ayant plus de liberté, a aussi plus d'action et touche davantage. Dieu, d'ailleurs, bénit ordinairement les discours sans prétention de celui qui a assez de vertu pour s'oublier et ne chercher que l'intérêt des ames.

Ceux qui ont vraiment leur salut et leur

sanctification à cœur préfèrent encore le genre familier, parce qu'ils y trouvent plus d'avantages pour leur éternité. En effet, comme ils ne sont pas si exposés à la satisfaction de l'amour-propre, ils se conservent plus facilement dans l'humilité et s'assurent ainsi avec plus de certitude les récompenses éternelles dues à leurs travaux. Nous avons déjà cité beaucoup de passages et d'exemples qui font voir que ces principes ont été ceux des saints et des hommes que l'Église révère, et nous aurons encore occasion d'en citer plusieurs dans la suite.

Nous ne sommes pas les ennemis de l'éloquence. — Ce que nous blâmons.

17. Ne pouvant rien répondre de solide aux raisons que nous apportons, on nous accuse d'être les ennemis de l'éloquence. Non, nous ne sommes point les ennemis de l'éloquence. Nous savons tout ce que peut une parole forte de choses, pleine de traits frappans et de mouvemens pathétiques; mais nous n'aimons point les discours à prétention, plus riches en élocution qu'en pensées solides. Autant nous sommes rebutés par les mauvais orateurs qui déshonorent la chaire, autant nous admirons et nous chérissons les vrais ministres de Jésus-Christ qui savent parler des grands objets de la reli-

gion d'une manière convenable, et qui font d'autant plus de fruits dans les ames qu'ils pensent moins à se faire admirer. Ils évitent avec soin les abus contre lesquels nous nous élevons. Leur éloquence est grave et modeste. Ils ne rejettent point les ornemens quand ils se présentent naturellement et qu'ils sont amenés par la force des choses, mais ils ne courent point après. Ils savent s'élever sans ostentation et s'abaisser sans bassesse.

Ce que nous blâmons, ce n'est donc point l'application à parler avec éloquence, mais le trop grand soin qu'on prend de ce qui regarde l'élégance et les agrémens du style. Ce que nous blâmons, c'est l'abus qu'il y a de faire de l'accessoire le principal, de se proposer pour but ce qui n'est qu'un moyen; d'attacher plus d'importance à la forme qu'au fond; d'employer plus de temps à polir ses phrases qu'à fortifier ses preuves. Ce que nous blâmons, c'est l'application à faire de l'esprit, à courir après les pensées brillantes et les choses ingénieuses; c'est la vanité qu'il y a de vouloir donner une grande idée de sa capacité en se livrant à des considérations trop relevées pour la foule. Ce que nous blâmons enfin, c'est le crime de prévarication et d'infidélité qu'on commet en pensant plus à soi et à sa réputation d'orateur qu'au salut des ames, et en comptant plus sur les moyens humains que sur la grace et la vertu de la parole de Dieu.

Du prétexte de l'exemple de certains prédicateurs renommés.

18. On croit nous fermer la bouche en nous opposant l'exemple de certains prédicateurs renommés, dont les sermons sont regardés comme des modèles de l'éloquence de la chaire. On nous cite avec un air de triomphe les Bossuet, les Bourdaloue, les Massillon, les Boulogne, les Mac-Carthy, etc. Nous avons déjà parlé de Bourdaloue (V. n° 6). Quant à Bossuet, on sait que ce grand homme, à part ses oraisons funèbres et quelques autres discours en petit nombre qu'il a plus travaillés, ne soignait pas son style. On ne peut surtout lui reprocher de s'être appliqué à faire des phrases. Il suffit, pour s'en convaincre, de lire ses sermons qu'il écrivait le plus souvent *d'un seul jet* et qu'il ne se donnait pas toujours la peine de tirer au net. Il est simple sans bassesse, et grand par la force de son génie, et surtout par l'usage assidu de l'Écriture-Sainte et des saints Pères. Marchez sur ses traces; nous applaudirons. Pour Massillon, on n'ignore pas que cet illustre orateur quitta le

genre solennel quand il fut évêque. Il avouait que ce genre lui coûtait infiniment et qu'il ne pouvait plus s'y astreindre.

M. de Boulogne avait ordinairement son cahier à ses côtés quand il prêchait. Il s'attachait tellement à ce qu'il avait écrit, qu'il n'y changeait pas un mot. Si quelquefois son expression lui manquait par défaut de mémoire, il regardait aussitôt son manuscrit. Cette servitude n'est-elle pas extrêmement gênante pour un orateur? Pourquoi ne pas imiter les saints Pères qui n'apprenaient point mot pour mot leurs discours, mais seulement en substance?

On dit qu'il est des circonstances où il faut nécessairement des discours soignés. Ne serait-il pas possible d'allier une sainte liberté avec un soin modéré? Serait-ce un mal d'affranchir les orateurs sacrés d'une partie du travail de la composition et surtout de la servitude de la mémoire. On sait tout ce qu'il en coûtait, non-seulement à Massillon, mais aussi à Bourdaloue pour ce qui regarde cette dernière. La composition a de bien plus grandes difficultés et demande beaucoup plus de temps, quand on s'applique à polir son style. Les prédicateurs, en se mettant plus à l'aise, gagneraient du côté du solide et du principal, et ce n'est que dans l'accessoire qu'ils perdraient quelque chose. Cette perte même n'aurait pas toujours lieu, ou du moins serait fort légère. On aurait donc de grands avantages à changer de méthode. Ces principes étaient ceux du P. de Mac-Carthy, dont nous allons parler.

Du P. de Mac-Carthy.

19. Cet orateur s'était préparé au ministère évangélique par une profonde humilité. Voici une des résolutions qu'il écrivait pendant la retraite qui précéda son ordination.

« Si je suis jamais appelé à parler en public, « je tâcherai de le faire avec simplicité, sans « emphase, sans recherche de style, sans beau- « coup m'inquiéter de ce qu'on dira de l'ora- « teur, pourvu qu'on se convertisse. Tout ce « que j'aurai occasion d'écrire, je le compose- « rai de même sans prétention ; je serai bien « aise qu'on me dise les défauts de ma compo- « sition ou de mes discours ; je ne me permet- « trai jamais de repasser avec complaisance « dans mon esprit ce que je croirai avoir bien « dit ou bien fait ; j'éviterai cependant toute « négligence qui pourrait nuire au succès, et « je ferai de mon mieux : mais je ne disputerai « pas contre ceux qui me critiqueront, je serai

« plutôt disposé à croire qu'ils ont raison, et « je ne me préférerai jamais à personne. La « connaissance de mon peu de talent ne me « découragera pas, car mon incapacité ne sau- « rait empêcher que Dieu, à qui tout instru- « ment est bon, ne fasse par moi le bien qu'il « voudra, et je ne dois pas désirer d'en faire « plus qu'il ne veut. Il n'a pas besoin de mes « services. Si Dieu permet qu'en essayant « d'exercer un ministère public, je m'attire des « mépris et des risées, ce sera encore une fa- « veur dont je devrai le bénir, car peut-être « voit-il que je ne puis parvenir à l'humilité « que par cette voie ; or, il faut nécessairement « que je sois humble ; sans quoi, point de salut « pour moi. »

Peu de prédicateurs ont eu plus de zèle, et un zèle animé de plus nobles motifs. Sa pensée habituelle et comme dominante était de sauver les ames et d'être utile à l'Église. On peut dire qu'il ne vivait que pour la religion, que pour la faire régner dans les esprits et dans les cœurs. Il regardait la composition de ses discours, non comme une œuvre littéraire, mais comme un exercice religieux et une occupation toute divine. Ses sermons étaient le fruit de ses méditations et de ses prières, et c'est à cette habitude d'union avec Dieu qu'il faut rapporter ce caractère d'onction et de piété qui le distingue. Il craignait sur toute chose d'écrire ou de parler pour sa propre gloire, et sous l'influence de l'amour-propre. « Avant la révolution, disait-il quel-« quefois, on distinguait *les prédicateurs et les* « *convertisseurs*. J'aimerais mieux être de ces « derniers. » — La fonction qui m'est habituel-« lement imposée, écrivait-il dans une de ses « retraites, est celle de prédicateur. Si je m'y « propose pour fin ma gloire propre ou ma « réputation, qu'arrivera-t-il? Premièrement, « en supposant que je prêche bien et utilement « pour les autres, je perdrai, par mon orgueil « et par le dérèglement de ma volonté, tout le « fruit et la récompense de mon travail. — Se-« condement, je me préparerai pour mes dis-« cours comme un orateur profane, je donnerai « trop d'attention au tour de la phrase, au « choix de l'expression, à l'ordre, à l'harmo-« nie, etc.; ma composition en sera moins ani-« mée, et se sentira moins de l'esprit de Dieu. « Elle me prendra un temps considérable, et « par conséquent m'en laissera moins pour la « lecture, la méditation, la prière, qui sont

« les sources où se puisent l'onction, la force, « la lumière, et les mouvemens impétueux du « zèle qui sont les véritables mouvemens ora- « toires de la chaire ; il résultera encore de là « que, faisant mes sermons avec trop d'étude, « je n'en pourrai faire qu'un petit nombre, et il « m'en manquera beaucoup sur des sujets très- « importans. — Troisièmement, je craindrai « de monter en chaire, quand je serai peu ou « mal préparé. Je n'oserai parler en apôtre, de « peur que la réputation de l'orateur n'en souf- « fre, ou, si je suis forcé de me hasarder quel- « quefois, ce sera, non avec la confiance d'un « homme qui parle de la part de Dieu, et qui « méprise tout ce qu'on appelle succès, mais « avec la timidité d'un acteur, qui paraît en « tremblant sur un théâtre, où il ne s'attend « pas à être applaudi. » On peut assurer que ces saintes réflexions lui ont servi constamment de règle dans l'exercice de la prédication. (Notice hist.)

Nous n'avons qu'une partie de ses discours. Il en a prononcé un grand nombre qui ne sont pas imprimés. Il ne les a pas même tous écrits. Ces derniers, dont les sténographes ont recueilli quelques-uns (1), quoique moins travaillés, n'en sont pas moins dignes de lui. S'il eût suivi son goût, il n'en eût pas fait d'autres. Il se plaisait à reconnaître que ces discours moins soignés avaient produit des fruits de grace plus abondans que ceux qu'il avait composés pour les occasions solennelles.

Inconvéniens du genre soigné.

20. Lorsqu'on ne prêche qu'après avoir composé avec soin et avoir appris entièrement ses discours, on a bientôt terminé sa carrière évangélique. A un certain âge, on n'a plus autant d'activité pour l'étude et le travail, et la mémoire s'affaiblit. On ne peut donc se livrer à la composition comme auparavant. On ne voudrait pas cependant se contenter de répéter ses sermons. Il en coûterait encore plus à l'amour-propre de changer de genre, parce qu'on craindrait d'être au-dessous de sa réputation. Alors on cesse d'annoncer la parole de Dieu au grand détriment du salut des ames. Pour avoir trop bien prêché, on ne prêche plus. Au lieu de se rendre ainsi inutile à l'Église et d'enfouir un talent dont il sera demandé un compte rigou-

(1) Ils forment le 4e volume de ses sermons qui a paru en 1836.

reux, ne vaudrait-il pas mieux changer de méthode et fouler aux pieds les considérations de l'amour-propre pour le bien de la religion et pour son salut? Ceci fait voir combien il est avantageux de prendre, dès son début dans la carrière de la prédication, un genre auquel on doit nécessairement revenir si l'on veut s'épargner bien des peines et servir plus long-temps l'Église.

On peut se corriger de l'habitude du genre soigné. — Exemple du P. Geoffroy.

21. Si l'on avait commencé de suivre le genre contre lequel nous nous élevons avec tout ce qu'il y a de plus recommandable dans l'Église, il ne faudrait pas craindre de revenir sur ses pas, à l'exemple de plusieurs prédicateurs qui ont eu le courage de le faire pour mettre leur conscience en repos. On peut citer celui du P. Geoffroy, mort à Semur-en-Auxois le 20 septembre 1782. Dans sa jeunesse il recherchait, comme beaucoup d'autres, les ornemens et l'éclat du style dans ses discours. Dans un âge plus avancé, la réflexion lui fit mettre autant de soin à retrancher les traits ingénieux qui lui échappaient encore, qu'il en avait mis autrefois à les multiplier. Les manuscrits de ses sermons attestent ce changement dans sa manière de composer. « Nous avons remarqué dans plu-

« sieurs, disent les éditeurs, une attention sé-
« vère à effacer tout ce qui aurait pu paraître
« trop saillant. C'est pourquoi quelques-uns
« sont écrits d'un style simple, affectueux, et
« presque sans nul apprêt; tandis que d'au-
« tres sont remarquables par les mouvemens
« oratoires, les tours hardis, la profusion des
« images, les contrastes de mots et de pen-
« sées, et toutes les richesses de l'esprit et de
« l'imagination. »

Trait de saint François de Sales.

22. Abelly rapporte de saint François de Sales, qu'ayant bien travaillé, limé, poli et étudié un sermon, il changea tout d'un coup de style, il quitta ce qu'il avait préparé, et parla d'une manière simple, parce qu'il aperçut en débitant que ses auditeurs entraient dans cette joie que donne l'admiration, et qu'ils se disposaient à lui faire de grandes acclamations. « Il
« ne faut pas dire, ajoute le même auteur,
« que cela était faisable dans ce temps-là, et
« non en celui-ci; car je suis persuadé que ce
« saint le ferait encore s'il vivait dans notre
« temps. Je doute fort si plusieurs prédicateurs,
« qui se flattent aujourd'hui de ne pas aimer
« les applaudisemens qu'il recherchent, en au-
« raient fait autant que ce grand homme, si

« Dieu les avait fait naître dans un autre siècle. « C'est faire tort à la parole de Dieu, qui est si « puissante par elle-même, que de la trop bien « revêtir. Dieu est trop jaloux de son autorité « pour permettre que le cœur de l'homme soit « partagé entre la parole divine et la parole « humaine, et que nous devions notre conver- « sion autant au talent du prédicateur qu'au « fond de la vérité divine : tout ce que nous « pouvons faire, c'est de ne point nuire à l'ef- « ficacité de cette parole, par la mauvaise grace « et par notre imprudence. Les créatures sont « bien capables de gâter les ouvrages de Dieu, « mais elles sont incapables de les avancer ; et, « sur ces principes, j'oserai dire que, pour éta- « blir la preuve d'une même vérité divine, il « est autant, et peut-être plus dangereux de « parler trop bien, que de parler trop mal ; « car, lorsqu'on parle grossièrement, on ne dé- « plaît qu'aux délicats qui ne viennent pas là « pour se convertir, et on obtient tout ce qu'on « veut du peuple, qui ne prend pas garde à la « beauté du langage ; au lieu que, si l'on parle « trop finement, le peuple n'y entend rien, et « les habiles ne s'appliquent qu'aux mots, sans « faire aucune réflexion sur ce qui peut les

« édifier. Ainsi personne n'en profite, d'autant « plus qu'il est impossible que le discours ne « soit énervé par l'excès de délicatesse, de « même qu'une colonne est toujours affaiblie à « mesure qu'on la taille pour y ajouter des or- « nemens. C'est donc une tentation digne de « pitié, lorsque des prédicateurs se rendent « esclaves d'un petit nombre de curieux, qui « ne cherchent qu'à se divertir.... Cette déli- « catesse est la marque d'un petit esprit, d'une « fort médiocre capacité, et d'un très-grand « orgueil, de préférer le clinquant à l'or mas- « sif, et ressembler aux enfans qui estiment « bien davantage une boutique pleine de baga- « telles qui leur plaisent, qu'un riche magasin « qui leur paraît une prison, parce qu'ils ne « savent pas le prix de ce qu'il contient... Je « ne nie pas qu'un discours bien orné ne soit « beau, mais je dis que cette beauté est dan- « gereuse. » Elle est très-préjudiciable aux auditeurs, aussi bien qu'aux prédicateurs eux-mêmes.

Histoire de Taulère.

23. A l'exemple de saint François de Sales ajoutons celui de Taulère, qui vivait dans le quatorzième siècle. M. de Villecourt, maintenant évêque de La Rochelle, se plaisait à racon-

ter dans les retraites ecclésiastiques qu'il donnait l'histoire de ce célèbre prédicateur (1). Il en faisait la matière d'un discours, et il savait si bien intéresser qu'on l'écoutait avec le plus grand plaisir. Je vais rapporter sommairement le fait principal, autant que je puis me le rappeler, sans entrer dans un détail qui m'éloignerait de mon but.

Taulère était un dominicain qui résidait à Cologne dans une des maisons de son ordre. Employé à la prédication, il s'en acquittait avec éclat et attirait la foule à ses sermons. Quoiqu'il fût un bon religieux, il avait cédé un peu trop, comme beaucoup d'autres prédicateurs, au désir de plaire à ses auditeurs par une composition soignée. Son siècle n'était pas, à la vérité, celui de l'élocution; mais enfin son genre, aussi poli qu'il pouvait l'être pour le temps où il vivait, excitait l'admiration et attirait la foule. On ne parlait que des prédications de Taulère, et ses confrères se félicitaient d'avoir parmi eux un sujet qui donnait tant de relief à l'ordre par l'éclat de son talent.

---

(1) Ce prélat possède un ouvrage extrêmement rare qui contient sa vie. Il serait à souhaiter qu'il entreprît d'en donner une traduction au public.

Le bruit de sa célébrité parvint aux oreilles d'un saint ermite qui vivait dans les environs. C'était un de ces esprits solides qui ne jugent pas des choses selon les apparences ou selon le goût dominant. Sous les dehors les plus simples, il cachait une ame élevée, et, quoique étranger au monde, il ne laissait pas de se rendre utile à son prochain quand l'occasion se présentait. Comme il connaissait la piété de Taulère, il s'étonnait qu'il se fût laissé aller à l'entraînement commun. Il regrettait qu'un homme, dont il avait des idées si avantageuses, ait cédé à une illusion funeste, au grand détriment de la gloire de Dieu et du salut des ames. Il ne pouvait concevoir l'aveuglement de ses supérieurs qui, loin de le blâmer, l'encourageaient au conraire à poursuivre une carrière brillante qui, aux yeux des gens éclairés, n'était qu'un exemple dangereux présenté aux jeunes orateurs. Pressé par le désir et par l'espérance d'éclairer un homme à qui il croyait assez de vertu pour céder à la vérité aussitôt qu'elle lui serait présentée, il quitte sa solitude et se rend à Cologne. Il se présente devant Taulère.

Après l'avoir loué sur son talent, il lui fait les représentations les plus vives sur l'abus qu'il en fait. Taulère parle de ses succès et de la foule qui vient l'entendre, et lui dit que tout le monde applaudit, et que ses supérieurs eux-mêmes ne cessent de le féliciter. Le saint solitaire répond que tout cela n'est qu'une vaine fumée; que les vrais succès ne sont pas dans les applaudissemens des auditeurs, mais dans leur conversion; que les félicitations et les éloges ne font que l'égarer et l'éloigner du vrai but que doit se proposer un prédicateur évangélique; qu'il est dans l'illusion et que, s'il continue de prêcher comme il l'a fait jusqu'ici, il se prépare les plus vifs regrets à la mort, et un compte terrible devant Dieu. Taulère, qui n'était pas accoutumé à ce langage, fit de sérieuses réflexions. Il eut encore plusieurs entrevues avec l'ermite, qui le détermina enfin à quitter son genre pour en adopter un autre plus simple dans l'intérêt des ames et de son propre salut.

Le public et ses supérieurs eux-mêmes ignoraient son changement, lorsqu'il fut désigné pour faire un sermon solennel dans une des principales églises de la ville. Au jour et à l'heure indiqués, la foule se rend dans le temple. On distinguait dans l'auditoire les personnages du premier rang, et tout ce qu'il y avait de littérateurs et d'hommes savans à Cologne. Le prédicateur paraît. Aussitôt tous les regards se fixent sur lui. Il avait l'air abattu et consterné. Il était visible qu'il s'était opéré en lui quelque chose d'extraordinaire. Après avoir fait le signe de la croix, selon l'usage, il fit, dans un exorde inspiré par sa situation (1), une sorte d'amende honorable solennelle d'avoir prêché jusque-là d'une manière si peu évangélique, et d'avoir par-là empêché les opérations de la grace de Dieu dans les ames. Puis, reprenant toute l'autorité d'un Apôtre, il s'adressa à toutes les classes de la société, et, énumérant les fautes que pouvait avoir à se reprocher chaque condition, il s'écriait à chaque énumération particulière : *Que celui qui est sans péché me jette la première pierre!* Il termina en exhortant chacun à faire pénitence pour fléchir la justice divine.

Ce qu'il dit fit le plus grand effet. Le ton pénétré et pathétique avec lequel il s'exprima

(1) M. de Villecourt, en racontant cette histoire, mit Taulère en action et rapporta ses paroles. Je n'ai pas un souvenir assez présent de son discours pour pouvoir rapporter ce que j'ai entendu il y a déjà bien long-temps.

toucha les cœurs, ou plutôt Dieu bénit les paroles de son serviteur, en considération du généreux sacrifice qu'il avait fait pour lui plaire. On n'entendit dans tout l'auditoire que des gémissemens et des sanglots. L'humilité du prédicateur, son zèle et le nouveau genre de prêcher qu'il venait de mettre en usage, opéra dans toute la ville un changement général. Ses autres discours achevèrent ce que le premier avait si heureusement commencé. Il se fit des conversions éclatantes, et pendant long-temps les tribunaux de la pénitence furent assiégés par une foule de personnes de tous les rangs qui venaient y chercher le remède à leurs plaies et le repos de la conscience.

Nous n'avons pas besoin de dire que Taulère s'empressa d'informer de ces heureux effets le pieux solitaire qui avait eu la charité de lui donner des avis. Il le remercia de nouveau et lui promit de persévérer dans une méthode qu'il regretta toujours de n'avoir pas mise en pratique plus tôt.

24. Il serait à désirer que certains prédicateurs modernes eussent la docilité et l'humilité de Taulère. Les avis, qui ne leur manquent pas, leur feraient changer le genre mondain qu'ils Réflexions.

suivent en annonçant la parole de Dieu. On verrait alors, ce que l'expérience a toujours démontré, combien les discours simples et familiers sont préférables aux sermons d'apparat, en ce qu'ils atteignent mieux le but de la prédication, qui est le changement des auditeurs. Dieu semble avoir frappé de stérilité tous ces discours polis qu'on admire, sans pour cela devenir meilleur; tandis qu'au contraire, il donne sa bénédiction aux discours apostoliques inspirés par un vrai zèle.

Un prédicateur s'abaisse en voulant faire des phrases.

25. « Quelle pitié de voir des hommes investis d'un si grand ministère que celui d'annonter l'Évangile, s'occuper frivolement du plaisir de l'oreille et de la grace de l'expression, quand il faudrait faire entendre des foudres épouvantables, et déchirer les cœurs pour les arracher au plaisir et les porter à la pénitence! Pauvre talent que celui qui consiste dans des comparaisons recherchées, des descriptions oiseuses, et de jolies phrases propres seulement à faire briller l'esprit de celui qui parle, et à flatter, sans autre fruit, l'imagination de l'auditeur, si tant est que celui-ci ne s'ennuie pas étrangement, et ne soit même fort choqué (quand il a des idées saines sur la dignité de notre ministère) par une

prétention aussi déplacée et qui est vraiment scandaleuse ; car n'est-ce pas une abomination que d'oser ainsi préférer à la gloire de Dieu et au salut des ames les misérables intérêts de sa vanité? » (M. JEANCARD.)

26. « Si le démon, disait saint Liguori, ne « peut empêcher la prédication de l'Évangile, « il se sert de ces indignes prédicateurs pour « en empêcher la réussite. *Ce sont des ennemis de Jésus-Christ, des traîtres à la parole « de Dieu qu'ils profanent. Leur conduite est « un forfait contre le saint ministère dont ils « sont chargés.* » Il voulait que l'on fût simple et naturel; que l'on évitât, avec une vaine montre d'érudition et d'esprit, tout ce qui peut révéler uniquement le mérite de l'homme ; que le langage, sans être bas, fût cependant populaire, et également éloigné d'une recherche emphatique et d'une trivialité avilissante, et que le débit, quelquefois véhément, mais toujours modeste, se ressentît de la simplicité de la diction. Il exigeait que le prédicateur ne dédaignât pas de descendre, s'il le fallait, jusqu'au ton le plus familier, pour être compris du peuple, qui en tous les lieux compose ordinairement la masse de l'auditoire. « Si le bas peuple,

Sentiment et conduite de S. Liguori à ce sujet.

« disait-il, ne doit pas comprendre, pourquoi « l'appeler dans l'Église? Dès-lors la parole de « Dieu lui devient inutile, et toute la peine « que l'on se donne en chaire est tout-à-fait « perdue pour la presque totalité des audi- « teurs. » Il ajoutait encore : « Je n'aurai pas « à rendre compte à Dieu de mes sermons; « car j'ai toujours prêché de manière à me faire « entendre de la bonne femme la plus simple « et la plus grossière. » Il tenait beaucoup à ce que ces sages principes fussent fortement inculqués aux jeunes gens qui étudiaient dans les maisons de sa société.

Bons effets de ses sermons.

27. Il venait à ses sermons des gens de toutes les classes : les personnes du savoir le plus étendu et du goût le plus délicat, aussi bien que le simple peuple, y trouvaient un égal intérêt. Un grand littérateur, fameux satirique, ne manquait jamais de s'y rendre : Alphonse, l'ayant un jour rencontré, lui dit plaisamment : « Votre assiduité à mes sermons m'annonce « quelque intention hostile; prépareriez-vous « par hasard quelque satire contre moi? — « Non certes, répondit l'autre; vous êtes sans « prétention, et on n'attend pas de vous de « belles phrases : on ne saurait vous attaquer

« quand on vous voit ainsi vous oublier vous-« même, et rejeter tous les ornemens de « l'homme pour ne prêcher que la parole de « Dieu; cela désarmerait la critique elle-« même. » En effet, son éloquence était vive et touchante, mais simple, naturelle, et soutenue par un grand fond de doctrine, autant que par la beauté et l'énergie des sentimens; son geste était aisé et expressif, mais modeste; sa voix flexible et pénétrante, mais sans aucune affectation, et c'était le sentiment seul qui la dirigeait. Il fuyait avec soin toute espèce de recherche, ne prêchait que Jésus-Christ, et Jésus-Christ crucifié, dédaignant, comme saint Paul, tous les vains artifices de la sagesse humaine. Aussi les cœurs les plus endurcis cédaient admirablement à la puissance toute divine de son ministère; tous les jours étaient marqués par des conversions aussi éclatantes que durables. (Vie du Saint.)

Des règles essentielles de l'élocution.

28. En nous élevant contre les abus des ornemens oratoires dans les sermons, nous avons observé que nous ne blâmions pas un soin modéré de son style. Il est temps d'exposer les règles qui doivent diriger sur cet article. Nous nous bornerons aux plus essen-

tielles, et nous aurons soin de joindre à chacune d'elles les avis particuliers qui s'y rapportent, afin qu'on puisse plus facilement les appliquer.

Le style du discours doit être varié.

29. La première règle concernant le style est celle de la *variété*. Il faut que le style d'un discours soit analogue à la matière qu'on traite; qu'il se montre tour à tour simple dans les principes, précis et coulant dans les récits, nerveux et serré dans les preuves; vif et rapide dans les mouvemens, orné dans les descriptions, *sans vaine parure, sans jeux de mots, sans images outrées, sans recherche de bel-esprit, et surtout sans cette bouffissure* qui ne fut et ne sera jamais le symbole de la force.

« Tout discours, dit Fénélon, doit avoir ses inégalités. Il faut être grand dans les grandes choses; il faut être simple, sans être bas, dans les petites; il faut tantôt de la douceur, tantôt de la véhémence. » Le style doit s'élever ou s'abaisser selon les choses. La plupart de ceux qui veulent faire un bon discours cherchent sans choix tout ce qui leur paraît relevé. Ils croient avoir tout fait, pourvu qu'ils aient réuni un grand nombre de locutions recherchées. « Ils ne songent, dit encore Fénélon, qu'à charger leurs discours d'ornemens ; semblables aux mauvais cuisiniers qui ne savent rien assaisonner avec justesse, et qui croient donner un goût exquis aux viandes en y mettant beaucoup de sel et de poivre. La véritable éloquence n'a rien d'enflé, ni d'ambitieux ; elle se modère et se proportionne aux sujets qu'elle traite et aux gens qu'elle instruit ; elle n'est grande et sublime que quand il faut l'être. » Selon Maury, les sermons de l'abbé Poulle se distinguent surtout par cette variété si essentielle à l'éloquence, et paraissent dignes d'être cités comme des modèles sous ce rapport de l'art oratoire.

De la liaison des différens styles.

30. Comme dans les matières tout se tient, se lie par des nœuds secrets, il faut aussi que tout se tienne et se lie dans les styles. Par conséquent, il faut y ménager les passages, les liaisons, affaiblir ou fortifier insensiblement les teintes ; en un mot, suivre la nature des choses et ne pas changer trop brusquement.

Le style du discours doit être oratoire ; ce qui s'entend même du style simple.

31. Quelque varié que soit le style du discours, il ne doit jamais cesser d'être *oratoire* ; ce qui s'entend même du style simple que nous avons tant recommandé. Il doit tenir du style didactique par sa simplicité, et du style poétique par son élévation, sans être ni l'un ni l'autre.

Quand nous disons qu'il doit tenir du style poétique, nous voulons parler surtout du genre poétique de l'Écriture-Sainte qu'il faut imiter, à l'exemple de Bossuet.

Ce qu'on entend par le style simple oratoire.

32. C'est ici surtout que les détails sont nécessaires. Le style simple qui doit se trouver dans certaines parties du discours, par exemple, dans l'exposition des principes et dans les raisonnemens, ne doit pas être didactique. Expliquons-nous. Il y a une grande différence entre le style simple qui doit être dans les sermons, et le style dictatique qui ne convient nullement à la chaire. Le style simple de la prédication a encore quelque noblesse dans sa simplicité (1). Un

(1) « La simplicité avec laquelle la parole de Dieu doit être annoncée, dit l'abbé du Jarry, n'a rien de contraire à la véritable grandeur : et, comme les esprits les plus élevés peuvent joindre la simplicité de l'Évangile avec la grandeur d'ame, les prédicateurs les plus éloquens peuvent joindre la simplicité de l'élocution avec la majesté de l'éloquence. La simplicité du style n'est pas moins éloignée de la grossièrete et de la bassesse, que la simplicité de l'esprit et des mœurs est différente de la stupidité et de l'ignorance. *S'exprimer simplement*, autant que je le conçois, *c'est dire les choses de la manière dont elles doivent être dites.* Celui qui ferait une description

prédicateur ne doit pas parler comme un théologien ou comme un professeur de philosophie. Un sermon n'est pas une dissertation, ni une leçon d'école. « Il est certain, dit Abelly, qu'on ne doit prêcher que la théologie, qui est la dépositaire de tout ce que Dieu a révélé; mais si l'on ne propose ces vérités qu'avec des termes et dans une méthode que les seuls savans peuvent comprendre, on ne persuadera jamais rien au peuple; et ce n'est point faire injure à la doctrine, ni aux docteurs, de dire qu'un habile théologien et un savant casuiste sont sou-

---

avec négligence, ne s'éloignerait pas moins de la simplicité, que celui qui affecterait beaucoup d'ornemens dans une preuve. C'est proprement dans ce sens que l'on peut dire que le style de la Sainte-Écriture est simple; car on ne saurait nier qu'il ne soit majestueux, élevé, riche, pur et orné dans une infinité d'endroits, selon les matières qui tombaient sous la plume des auteurs canoniques. C'est pour cela qu'ils nous représentent si vivement toutes les choses qu'ils écrivent. Ces vives images qui s'offrent à notre esprit, en lisant les écrivains sacrés, ont une propriété de termes qui convient parfaitement aux choses qu'ils expriment. Il ne faut pas s'en étonner, puisque, le Saint-Esprit les inspirant, leurs pensées se manifestaient avec les expressions qui leur étaient propres. »

vent de fort mauvais prédicateurs, quoiqu'ils disent les mêmes choses qui sont annoncées par ceux qui excellent dans la prédication. Mais parce que les uns s'énoncent bien à propos pour insinuer leurs pensées, et que les autres parlent grossièrement (et en style de classe), on n'est point touché de ce que disent ceux-ci, et on l'est de ce que disent ceux-là. »

De même, il est certain qu'on doit employer le raisonnement et même le syllogisme dans la prédication; mais ils ne doivent pas y être mis en usage comme dans l'école. Le raisonnement doit être le fondement du discours; mais il faut, comme dans les édifices, que ce fondement ne paraisse pas. Il doit être caché par les formes. Le prédicateur doit penser en philosophe et en théologien, et parler en orateur. Un discours où les raisonnemens paraissent trop ressemble à un homme nerveux, à la vérité, mais pâle et maigre, qui n'a aucune des graces du corps. Quand les raisonnemens sont dans toute leur nudité, on peut dire qu'ils représentent un squelette, où l'on ne voit que les os et les nerfs qui les lient. Je pourrais, dit Abelly, les comparer à un arbre qui, dépouillé de ses feuilles, paraît, pendant l'hiver, avec toute la grossièreté de ses branches et de ses écorces. Les corps les plus majestueux sont ceux où les muscles paraissent le moins, comme les plus beaux arbres sont ceux dont on voit le moins les branches. La raison est le tronc du discours ; l'orateur doit s'y tenir fortement attaché ; mais c'est à l'art oratoire d'y faire circuler la sève, de la distribuer du tronc aux branches. Le discours paraît alors, avec ses ornemens, comme l'arbre, dans la belle saison, avec ses feuilles et ses fleurs, et surtout avec ses fruits. L'arbre de l'été est le même que celui de l'hiver ; mais quelle différence ! Il a le même tronc, les mêmes branches ; mais ce tronc et ces branches, qui en font la solidité, ne paraissent plus ; ou du moins ce qui en paraît n'est point difforme.

« Ainsi, dit encore Abelly, les mêmes raisonnemens que l'on ferait en philosophie, on les peut faire en orateur, en y ajoutant les agrémens qui peuvent rendre un discours agréable, sans qu'il cesse d'être persuasif. Le raisonnement soutient l'artifice, et l'artifice fait entrer le raisonnement. Ce n'est donc pas être prédicateur que de prouver un point de théologie avec tout l'appareil de collége, dans tous les termes et les figures de syllogisme, de pousser une raison après une autre, de former une objection et ensuite y répondre : je ne puis blâmer cela, parce que c'est la manière d'enseigner en docteur ; mais je dis que, pour être prédicateur, il faut ôter à la science deux qualités qu'elle a dans l'école, la barbarie des termes et la brièveté des propositions. Il ne faut point se servir des mots consacrés à la classe, et il faut donner aux propositions l'étendue de la rhétorique ; avec cela, un bon théologien devient un excellent prédicateur. »

Nécessité des ornemens modérés dans le style oratoire.

33. Les ornemens oratoires modérés s'allient très-bien avec la simplicité que demande l'éloquence de la chaire. Quand le prédicateur parle en public, il veut non-seulement instruire et convaincre les auditeurs, mais aussi les frapper, les toucher et les persuader. Pour les frapper, il faut parler à leur imagination par de vives images ; pour les toucher, il faut s'adresser à leur cœur par des mouvemens pathétiques ; et, pour déterminer leur volonté, pour les gagner, il faut leur plaire par quelque agrément, par des agrémens naturels tirés du fond des choses mêmes. Il faut les intéresser par des détails qui excitent leur attention. Pour les remuer, il faut s'animer soi-même et faire passer dans le dis-

cours l'action de son intérieur. Pour tout cela, il faut, avec le fond, des accessoires qui préparent et assurent l'effet qu'on veut produire pour le salut de ceux qui nous écoutent. De là la nécessité des ornemens oratoires. C'est à l'orateur chrétien, qui a la crainte de Dieu et qui veut prêcher de manière à faire du fruit, à se tenir sur ses gardes pour ne pas passer les bornes que la raison, le bon goût, aussi bien que la conscience, lui tracent sur cet article.

Exemples qui montrent la différence du style ordinaire et du style oratoire.

34. Pour faire sentir la différence du style ordinaire et du style oratoire, donnons des exemples. On sait que l'histoire demande un style simple. Il suffit qu'un historien expose les faits avec vérité et clarté et qu'il écrive correctement. Un orateur peut orner un peu son récit, l'animer et y mêler des mouvemens et des détails pour le rendre plus intéressant et plus efficace. Montrons cette différence par deux narrations du même fait, celui du scandale causé par Nestorius en prêchant ses erreurs sur le culte de la Sainte-Vierge, et sa condamnation dans le concile général d'Éphèse.

« Au commencement du cinquième siècle,
« Nestorius, dont la foi n'était pas encore suspecte,
« gouvernait en paix l'Église de Constantinople,

« dont il était patriarche. Bientôt il se fit con-
« naître en prêchant l'erreur. Il soutint qu'on
« ne devait pas appeler Marie *mère de Dieu*,
« de peur d'imiter les païens qui donnent des
« mères à leurs dieux. A cette déclaration, le
« clergé et le peuple crient au blasphème ; les
« évêques s'assemblent. L'erreur est d'abord
« condamnée par le pape Célestin et les évêques
« d'Italie, puis par un concile général convo-
« qué à Éphèse. L'hérésiarque est déposé. A
« cette nouvelle, les habitans d'Éphèse se
« livrent à la joie. On félicite les évêques.
« L'anathême porté contre Nestorius est répété
« par toute la chrétienté, et le culte de Marie
« se propage de plus en plus. »

Voici la même narration en style oratoire. Elle est tirée du sermon du P. de Mac-Carthy *sur la dévotion à Marie.*

« Le quatrième siècle venait de finir; Nesto-
« rius était monté sur le siége de Constantino-
« ple, et, sa foi n'étant point encore suspecte,
« il gouvernait en paix cet immense troupeau,
« que les Grégoire de Nazianze et les Chryso-
« stôme avaient nourri du lait de la plus saine
« doctrine. Tout-à-coup l'hérésiarque, caché
« sous la peau de brebis, se décèle du haut de

« sa chaire épiscopale ; et, dans le temple du « Seigneur, Nestorius fait entendre ces étran- « ges paroles : *Ne disons pas que Marie est la « mère de Dieu, de peur que nous ne parais- « sions faire de cette vierge une déesse, ou que « nous ressemblions aux païens qui donnent des « mères à leurs dieux*. A ces mots, l'auditoire « fidèle, que l'hypocrisie de ce langage ne peut « tromper, éclate en murmures ; une voix cou- « rageuse accuse hautement l'évêque impie de « blasphème ; les prêtres et le peuple sortent « en foule du lieu saint, et le troupeau aban- « donne le pasteur ; Constantinople est dans le « trouble et l'alarme, comme dans les calamités « publiques. Bientôt, le bruit de l'outrage fait « à Marie se répandant au loin, tout le monde « chrétien s'ébranle : l'Afrique, avec le grand « Cyrille d'Alexandrie, pousse un cri d'indi- « gnation ; l'Asie et l'Europe y répondent ; le « saint pape Célestin assemble les évêques « d'Italie, et, à leur tête, foudroie l'hérésie « naissante et son auteur. Ce n'est pas assez : « un concile général est convoqué à Éphèse ; « les chefs des Églises y accourent de toutes « parts ; et là, dans cette basilique fameuse « qui déjà portait le nom de *Sainte-Marie*,

« deux cents évêques, présidés par les légats « du Saint-Siége, représentant la catholicité « entière, invoquant la doctrine de tous leurs « prédécesseurs depuis les apôtres, prononcent « l'anathême et la sentence de déposition contre « l'audacieux novateur qui ose attenter à la « gloire de la mère de Dieu. L'assemblée ne se « sépare que bien avant dans la nuit. Mais, « ô zèle! ô foi vive de ces premiers temps! tout « le peuple veillait aux portes de la basilique, « dans l'attente d'un jugement qui lui parais- « sait devoir décider de toute la religion. A « peine la victoire de Marie est-elle proclamée, « que la ville retentit d'applaudissemens et de « cantiques d'allégresse; les Pères du concile « sont reconduits chez eux en triomphe; on « brûle des parfums sur leur passage; des feux « et d'innombrables flambeaux allumés attestent « la joie universelle, et donnent à cette nuit « mémorable l'éclat d'un beau jour. Qu'ajoute- « rai-je enfin? L'anathême porté contre Nesto- « rius fut répété aussitôt par toutes les Églises « de la chrétienté, comme il l'a été depuis par « tous les siècles; des temples magnifiques s'éle- « vèrent et furent dédiés sous l'invocation de la « divine Mère; les fêtes déjà nombreuses, qui se

« célébraient en son honneur, se multiplièrent « encore ; et la piété envers elle devint le signe « distinctif auquel on reconnut les vrais fidèles. »

Donnons un exemple d'un autre genre. C'est une définition du monde (le monde de la cour). Pour en donner une idée, on pourrait dire, en style ordinaire :

« Le monde est une servitude où personne « ne vit pour soi ; une révolution journalière « d'événemens qui troublent la vie ; une terre « de malédiction où les plaisirs mêmes sont « amers ; un lieu où l'espérance, qu'on regarde « comme une passion si douce, rend tous les « hommes malheureux ; où tout ce qui plaît « ne plaît jamais long-temps, et où l'ennui est le « moindre mal. Voilà le monde ; non le monde « obscur et commun, mais le beau monde, le « mondede la cour. »

Massillon anime cette définition simple par des figures (surtout par *la répétition*), et la rend intéressante par les détails qu'il y ajoute. Écoutons-le :

« Qu'est-ce que le monde, dit-il, pour les « mondains eux-mêmes qui l'aiment, qui « paraissent enivrés de ses plaisirs, et qui ne « peuvent se passer de lui ? Le monde ! c'est une

« servitude éternelle où nul ne vit pour soi, et « où, pour être heureux, il faut pouvoir baiser « ses fers et aimer son esclavage. Le monde! « c'est une révolution journalière d'événemens « qui réveillent tour-à-tour, dans le cœur de « ses partisans, les passions les plus violentes « et les plus tristes; des haines cruelles, des « perplexités odieuses, des craintes amères, « des jalousies dévorantes, des chagrins acca- « blans. Le monde! c'est une terre de malédic- « tion où les plaisirs mêmes portent avec eux « leurs épines et leur amertume. Le jeu lasse « par ses fureurs et par ses caprices; les con- « versations ennuient par les oppositions d'hu- « meur et la contrariété des sentimens; les « passions et les attachemens criminels ont leurs « dégoûts, leurs contre-temps, leurs bruits « désagréables; les spectacles, ne trouvant pres- « que plus dans les spectateurs que des ames « grossièrement dissolues, et incapables d'être « réveillées que par les excès les plus monstrueux « de la débauche, deviennent fades, en ne « remuant que ces passions délicates, qui ne « font que montrer le crime de loin et dresser « des pièges à l'innocence. Le monde enfin « est un lieu où l'espérance même, qu'on

« regarde comme une passion si douce, rend tous
« les hommes malheureux ; où ceux qui n'espè-
« rent rien se croient encore plus misérables ; où
« tout ce qui plaît ne plaît jamais long-temps ; et
« où l'ennui est presque la destinée la plus douce
« et la plus supportable qu'on puisse y attendre.
« Voilà le monde, mes frères ; et ce n'est pas
« ce monde obscur qui ne connaît ni les grands
« plaisirs, ni les charmes de la prospérité, de
« la faveur et de l'opulence : c'est le monde
« dans son beau, c'est le monde de la cour. »

On voit par ces deux exemples la différence du style ordinaire et du style oratoire.

De la trivialité.

35. Ceux-là s'abusent étrangement qui croient être simples en tombant dans la trivialité et la bassesse. C'est un défaut qui dégrade la parole de Dieu et rebute les auditeurs. Il faut donc l'éviter. Toutes les pensées et toutes les expressions ne sont pas bonnes pour la chaire. On tolère dans une conversation l'irrégularité, l'abandon du style, l'incorrection, les plaisanteries hasardées : mais un discours n'est pas une conversation. Il faut, lorsqu'on parle à une assemblée, plus de retenue et plus de respect que dans un simple entretien. C'est donc une nécessité de garder alors certaines

convenances imposées par la bienséance, c'est-à-dire, d'être plus poli, et de parler sur un ton plus solennel qu'en particulier. Il faut donc bannir du discours chrétien les pensées, les expressions et les mots, les tournures et les manières de parler, les comparaisons et les images qui ne sont en usage que dans le commerce ordinaire de la vie et parmi le bas peuple. Il faut même éviter, autant que possible, certaines locutions qui, pour être moins triviales et moins grossières, parce qu'on ne s'en sert que dans la bonne société, sont cependant trop familières pour la chaire. Il y a assez d'autres expressions qui sont à la portée de tout le monde et qui n'ont rien de bas et d'inconvenant. Il faut s'en servir.

Moyens d'éviter ce défaut et beaucoup d'autres.

36. Pour éviter la bassesse et la trivialité, il faut lire les bons auteurs et s'accoutumer, dans les catéchismes et même dans les conversations, à s'exprimer toujours avec toutes les convenances que demandent, et le noble caractère dont nous sommes revêtus, et les fonctions augustes que nous sommes chargés de remplir. Il faut, avant de prêcher, se préparer, écrire et apprendre, sinon entièrement, du moins en bonne partie ses discours. Par-là on évitera non-seulement la bassesse et la trivialité, mais les ré-

pétitions fastidieuses et trop fréquentes des mêmes choses, les divagations, les paroles téméraires, les personnalités, les inexactitudes de doctrine, les longueurs interminables et une multitude de défauts qui rebutent les auditeurs et les dégoûtent des instructions (1).

Conduite de saint Liguori relativement à ses missionnaires.

37. S'il y a de l'amour-propre à n'oser prêcher aussi souvent qu'on le devrait, parce que, craignant pour sa réputation d'orateur, on ne se trouve jamais assez prêt, il y a de la présomption à s'aventurer à parler en public sans préparation. Saint Liguori, qui s'élevait avec tant de force contre ceux qui s'appliquaient trop à polir leurs discours, ne permettait pas que les prêtres de sa congrégation, dont le talent n'était pas encore assez éprouvé pour parler d'abondance avec suite et solidité, mon-

(1) Un curé s'étant plaint à M. de la Motte de ce qu'un de ses paroissiens sortait de l'église toutes les fois qu'il prêchait, le prélat demanda à l'accusé la raison de cette espèce de mépris qu'il marquait pour la parole de Dieu. *Monseigneur,* répondit le paysan, *je ne m'ennuierais jamais de vous entendre; mais quand M. le curé monte en chaire, il ne sait ce qu'il va nous dire; quand il y est, il ne sait ce qu'il nous dit; quand il en est descendu, il ne sait encore ce qu'il nous a dit.*

tassent en chaire sans avoir auparavant écrit ce qu'ils devaient dire. Et alors même qu'ils étaient capables d'improviser très-heureusement quant à l'expression, il exigeait encore qu'ils eussent profondément médité leur sujet, et qu'ils se fussent fait un canevas bien fourni. Le contraire était à ses yeux une témérité inexcusable qui compromet la dignité de la parole de Dieu, le bien qu'on doit en attendre, et quelquefois encore la vérité catholique elle-même. *C'est ainsi*, disait-il, *que le peuple est dégoûté de ce dont il a le plus de besoin* (1).

Comment on trouve le style simple oratoire.

38. Le style simple oratoire, d'après ce que nous avons exposé, est celui qui, sans être bas et didactique, met si bien les choses à la portée de tout le monde, qu'on les fait comprendre et saisir par les hommes les plus grossiers. Pour le trouver, il faut que l'orateur se figure qu'il ne parle qu'à des particuliers qui n'ont

---

(1) Un ecclésiastique un peu vain parlait, en présence de M. de la Motte, de sa facilité à composer, et disait que ses sermons lui coûtaient très-peu. *Ce qui a coûté le moins au prédicateur*, répondit M. d'Amiens, *est ordinairement ce qui coûte le plus aux auditeurs*.

pas fait d'études et dont l'esprit n'est pas cultivé (1), ou bien qu'il se représente un bon père de famille qui, voulant corriger ses enfans, leur parle avec tendresse et dignité, ou un ami qui veut éclairer son ami. Alors il sentira mieux

---

(1) Il y a des prédicateurs qui, au lieu de suivre ces avis en composant, se représentent au contraire les personnes éclairées de leur auditoire, et disposent leurs discours en conséquence. C'est le moyen de bien prêcher selon le monde, mais non selon Dieu. On écoute l'amour-propre plutôt que l'inspiration du zèle.

Ce qu'il y a de plus déplorable, c'est que souvent ce sont les prêtres eux-mêmes qui gènent le plus dans un auditoire, et qui contribuent le plus à faire prendre aux prédicateurs faibles en vertu une mauvaise direction dans la préparation. Nous parlons de ces prêtres mondains qui ne voient pas les choses autrement que les littérateurs du siècle, et qui, pleins d'eux-mêmes, se plaisent à critiquer leurs confrères même devant les laïques qui sont souvent plus modérés et plus charitables qu'eux. Les prêtres qui ont l'esprit de leur état (et il y en a, Dieu merci, encore un bon nombre) savent apprécier un confrère qui prêche d'une manière solide et tout évangélique, et s'il lui échappe quelque chose contre les règles du bon goût, ils sont indulgens envers lui, et surtout discrets pour ne pas diminuer l'estime et la confiance dont il a besoin pour faire le bien : *Qui habet aures audiendi, audiat.*

ce qu'il faut dire et comment il faut l'exprimer. Puis, se rappelant les règles que nous avons établies précédemment pour éviter le langage de l'école et celui de la rue, il gardera cette juste mesure qui est le point de la perfection.

Il y a de l'amour-propre et de la bassesse à s'excuser sur son style, son temps, etc.

39. Il y a des prédicateurs qui, paraissant en chaire devant des personnes dont l'esprit est cultivé, annoncent d'avance qu'ils vont parler avec simplicité, ou, ce qui est la même chose, qu'ils vont faire un simple *entretien* ou une *conférence familière*, comme s'ils craignaient qu'on ne jugeât de leur capacité par ce qu'ils vont dire, ou qu'ils voulussent faire penser qu'ils peuvent faire encore mieux que ce qu'on va entendre. Ces annonces sur la simplicité du style qu'on va employer et sur le genre familier du discours qu'on va faire, ces excuses sur le peu de temps qu'on a eu pour se préparer, sur la surprise qu'on éprouve, etc., sont ordinairement inspirées par l'amour-propre. On ressemble à ces orateurs profanes qui parlent de leurs cliens devant des magistrats en qui réside l'autorité, ou à des écoliers qui paraissent à un concours pour être jugés sur leur composition et leur aptitude. Que c'est peu connaître ou peu sentir la dignité de son ministère! Quelle

pitié de voir celui qui est revêtu de la puissance du Très-Haut, dont il est l'ambassadeur et le représentant, jouer un rôle qui répond si peu à la majesté de son maître ! Orateurs chrétiens, n'oubliez jamais que vous êtes les envoyés du Roi des Rois, et que vous parlez avec son autorité. Ne regardez donc jamais ceux qui vous écoutent comme vos juges. Si vous les considérez comme tels, vous vous dégradez. C'est une faiblesse, c'est une bassesse que de réclamer leur indulgence, ou de s'humilier devant eux comme si on craignait leur censure. N'ayez d'autre crainte que celle de déplaire à Dieu, et mettez-vous peu en peine des vains jugemens des hommes.

Le style oratoire ne doit pas être poétique.

40. Le style oratoire doit être noble sans être poétique. S'il y a de la trivialité à parler en chaire d'une manière trop commune, il y a de la pédanterie à y parler d'une manière trop relevée. Le discours n'est pas un poëme. Il serait ridicule de se permettre dans un sermon les inversions, les licences, les tournures, les épithètes, les périphrases, les images et les figures qu'on emploie dans une pièce lyrique. La prose n'en use qu'avec modération (1), et c'est

(1) Voici la différence qu'il y a entre le style de la

dans la chaire, plus qu'ailleurs, qu'on doit en être sobre. Il y faut une élocution grave et modeste qui exclut tout ce qui sent le luxe et la parure. Les ornemens oratoires sont le vêtement du discours. Ce vêtement doit répondre à la nature de ce qu'il couvre. Les objets que nous traitons sont si importans, qu'il suffit de les présenter naturellement pour intéresser. Et, comme nous l'avons dit, l'orateur doit craindre, en les ornant trop, de les cacher, ou du moins de porter l'attention des auditeurs plutôt sur la

---

prose et celui de la poésie. La prose, toujours timide, n'ose se permettre les inversions qui font le sel du style poétique. Tandis que la prose met le régissant avant le régime, la poésie ne manque pas de faire le contraire. Si l'actif est plus ordinaire dans la prose, la poésie le dédaigne et adopte le passif. Elle entasse les épithètes, dont la prose ne se pare qu'avec retenue. Elle n'appelle point les hommes par leurs noms : c'est le fils de Pélée, le berger de Sicile, le cygne de Circée. L'année est chez elle le grand cercle qui s'achève par la révolution des mois. Elle donne un corps à tout ce qui est spirituel, et la vie à tout ce qui ne l'a point. Ce n'est pas tout ; chaque genre de poésie a son ton et ses couleurs (LAVAUX). Sous le nom de poésie, nous comprenons la prose poétique, ou plutôt la poésie non mesurée, comme celle de Télémaque.

parure que sur le fond. D'ailleurs, il faut que chaque genre ait ce qui lui convient. C'est en cela que consiste le beau. On s'en éloigne donc en les confondant.

41. S'il est inconvenant de transporter dans la chaire le style poétique, il l'est encore davantage d'y employer un style affecté ou de mode qui ne convient nulle part. Au lieu d'embellir le discours, il le défigure; au lieu d'éclairer les choses pour les mettre à la portée du plus grand nombre, il les obscurcit et les embrouille. « Un beau sermon, disait ironique- « ment La Bruyère, est un discours oratoire « qui est dans toutes les règles, purgé de tous « ses défauts, conforme aux préceptes de l'élo- « quence humaine, et paré de tous les orne- « mens de la rhétorique. Ceux qui entendent « finement n'en perdent pas le moindre trait « ni une seule pensée; ils suivent sans peine « l'orateur dans toutes les énumérations où il « se promène, comme dans toutes les évaluations « où il se jette : ce n'est une énigme que pour le « peuple. » Et cependant c'est le peuple qui forme la masse de l'auditoire. Il se compose en grande partie de gens simples. Si vous offrez à ce peuple des maximes trop abstraites, des ré-

Les ornemens affectés ou de mode rendent les discours inutiles au peuple.

flexions trop subtiles, des termes trop recherchés, quel bien pouvez-vous faire à des hommes qui ne vous entendent pas ? Votre discours leur sera inutile. « Ceux-là s'éloignent donc des « règles de la véritable éloquence, dit saint « Liguori, qui, au lieu de se mettre au niveau « de la faible conception de la plus grande par- « tie de leurs auditeurs, semblent ne vouloir « être compris que par les savans, comme s'ils « avaient honte d'être entendus par le peuple, « qui pourtant n'a pas moins de droit que les « savans à la parole divine. » L'orateur chrétien est obligé de parler pour instruire et édifier sans exception. Celui qui ne se met pas à la portée de tous, en voulant trop bien parler, manque à son devoir et répondra à Dieu du bien qu'il ne fait pas. « A quoi sert, dit saint « Augustin, l'exactitude de votre expression « quand l'auditeur ne la comprend pas ? » *Quid prodest dictionis integritas, quam non sequitur intellectus audientis?* Il ne suffit pas d'être compris par quelques-uns, il faut l'être par tous.

De ceux qui rougissent de parler comme les autres, et surtout des romantiques.

42. Ceci est trop important pour ne pas insister en présentant encore quelques observations. L'expression la plus vraie, la plus juste, est en même temps la plus simple, la plus na-

turelle, celle qui est la plus facile à trouver. Mais, par un travers bizarre, il y a des orateurs qui dédaignent le naturel et la simplicité, et qui rougiraient de parler comme les autres (1). Ce travers est surtout celui des *prédicateurs romantiques*. Il semble qu'ils prennent à tâche de rejeter toutes les expressions dont on a coutume de se servir pour désigner les choses, quoique ces expressions n'aient rien de bas. On dirait qu'ils ont pour principe de dédaigner cer-

(1) Ces orateurs, qui pourraient trouver sans efforts des expressions claires et à la portée de tous, se donnent beaucoup de mal pour être bizarres et affectés. Ils ressemblent, dit M. Pérennès, à ce personnage des *précieuses ridicules* dont le langage est si maniéré. C'est à des esprits de cette trempe que La Bruyère s'adresse, lorsqu'il dit : « Vous voulez, Acis, me dire « qu'il fait froid. Que ne dites-vous : *il fait froid.* « Est-ce un si grand mal de parler comme tout le « monde et d'être entendu quand on parle? »

Un jour M. de la Motte, évêque d'Amiens, rencontra un auteur qui lui lut une de ses productions écrite en style énigmatique. Il l'écouta attentivement, lui fit ensuite différentes questions sur ce qu'il entendait par différentes façons extraordinaires de s'exprimer. *Par ceci*, répondit l'auteur, *je veux dire telle chose ; et par cela telle autre. Vraiment*, reprit le prélat, *vous voulez dire de très-bonnes choses! et que ne les dites-vous donc?*

tains termes et certaines locutions, précisément parce qu'ils sont consacrés par l'usage, et que c'est là tout le secret de leurs singulières compositions. Ainsi, ils diront le *fait divin* pour éviter d'employer le mot usité de *révélation*, qui n'est cependant pas indigne de la chaire. Il faut avouer que c'est une bien pauvre ressource pour donner à ses discours un air de nouveauté, que de confondre ainsi le langage. Je vois dans ce genre bien peu de dignité. Les prédicateurs qui croient par-là produire des fruits de salut parmi la foule que la singularité de leur genre attire, se font grandement illusion. Ils ne font que l'amuser. Les désœuvrés vont les entendre plus pour la forme qui les divertit, que pour le fond dont ils s'embarrassent fort peu. Aussi, ne voit-on aucun résultat solide de cet empressement qu'on fait tant valoir. Cet apparent succès n'est qu'une vogue qui passera promptement. On se dégoûtera de ce nouveau genre comme on se dégoûte d'une mode pour courir après une autre, s'il se trouve des prédicateurs assez complaisans pour s'occuper d'en inventer un pour satisfaire les amateurs. Grand Dieu! quel avilissement d'un ministère si sublime! Travestir la parole de Dieu sous prétexte de la faire goûter à des gens qui s'en moquent! N'est-elle pas assez belle par elle-même, et croit-on l'embellir en la défigurant pour plaire à un monde frivole?

Il se trouve des prédicateurs assez aveugles pour se croire du mérite et du talent parce qu'ils savent se distinguer des orateurs communs par un genre aussi bizarre. En vérité, une telle vanité est digne de pitié. Est-il donc si difficile d'être ridicule? N'est-il pas plus facile de gâter ce qui est conforme au bon sens que de faire un discours selon les règles du bon goût? Qu'on traduise un discours romantique en mettant les termes et les locutions ordinaires à la place de toutes les expressions nouvelles dont on amuse un certain public, et on trouvera que le fond se réduit à bien peu de chose, et que ce qu'on dit a été beaucoup mieux traité par une foule d'orateurs plus sensés, qu'on méprise parce qu'ils parlent pour être entendus et pour convertir.

La présence et l'assentiment de la foule ne sont point une preuve irréfragable de la bonté du genre adopté par le prédicateur.

43. Qu'on ne croie pas que nous n'exprimons ici que nos sentimens particuliers. Ils sont partagés par tout le clergé éclairé (1). On a vu, à la

(1) Il ne faut pas que les *comptes-rendus* de quelques journaux, même graves et religieux, fassent illusion. Quand on sait au juste ce que disent dans l'intimité certains rédacteurs, pour justifier des articles qu'on

fin du chapitre II, ce que pensait sur cet article M. Boyer. On a dû remarquer surtout comment il répondait à l'objection spécieuse de *la présence* et de *l'assentiment de la foule*. Le lecteur nous saura gré d'ajouter ici ce que dit M. l'abbé Morel sur le même sujet. On ne peut réfuter d'une manière plus solide un prétexte qu'on oppose souvent aux observations des gens sensés.

« La raison qui porte certains prédicateurs à dénaturer la parole de la chaire catholique, c'est, dit-il, que le genre qu'ils ont adopté attire la foule et fait affluer les fidèles à l'Église. Rien n'est pitoyable comme cette raison, qui établit les auditeurs, c'est-à-dire une assemblée composée en général d'aveugles et d'ignorans, qui établit, dis-je, les auditeurs juges de la manière dont doit leur parler le prédicateur. Rien n'est déraisonnable comme de juger d'un

---

est surpris de trouver dans leurs feuilles, on ne les prend point à la lettre. Que de motifs, que d'égards, que de considérations imposent une sorte de nécessité.... Et puis, quand on s'est avancé.... En attendant, le public des provinces, qui n'est pas si bien informé que celui de la capitale, prend les choses comme on les donne ; l'opinion se fausse, surtout parmi une certaine classe de lecteurs, et le mal qu'on a fait devient souvent irréparable.

discours par le nombre de ceux qui y assistent.

« *Voyez comme on nous écoute,* disent ces prédicateurs, *quelle foule se presse autour de nous!* — Fort bien, mais on en fait autant autour des comédiens et des farceurs, et nous pouvons rapporter ici les plaintes de saint Léon (*in fest. SS. Apost.*) « Telle est la légèreté et la folie des « hommes, qu'ils cherchent bien plus avide- « ment ce qui les amuse que ce qui leur est « utile. Ils courent à des prédicateurs qui les « charment par leurs belles phrases, et qui, « même quelquefois, les font rire par leurs bons « mots ; et nous voyons des prêtres nourrir, « par leur genre de parler, ces désirs insensés « du peuple, comme si l'Église était une salle de « spectacle, et la chaire les tréteaux de la place « publique. On ne vient pas les écouter pour ai- « mer la vertu et haïr le vice, ils n'en parlent « pas; on vient à eux comme on vient à un « tragédien, à un comédien, pour écouter la « phrase, contempler le geste et la pose. Et vous « pourriez, ô prêtres, participer à une telle dé- « gradation de la parole sainte, en vous ajustant « à un goût si dépravé et si funeste! »

« Mais considérons un peu quel est l'esprit, le caractère, la conduite de ces hommes qui viennent écouter ces lamentables prédicateurs, qui les encouragent par leurs applaudissemens, et qui font venir à certains prêtres l'envie de se les attirer aussi en se livrant au même genre. En général ce sont des hommes vains et légers, sans goût solide, et surtout sans foi et sans christianisme, des hommes sans conduite et sans mœurs, qui ne cherchent point la vérité pour la pratiquer, mais les belles paroles (1) pour s'amuser. « Le vrai sage, dit Salomon, cherche « la doctrine utile et solide; les fous n'aiment à se « nourrir que de sottises : » *Cor sapientis quærit doctrinam, os stultorum pascitur imperitia* (Prov. 15, 14). Le vrai sage, le bon chrétien, s'il connaît un prédicateur nourri de la doctrine de l'Écriture et des Pères, et qui la répand avec foi et piété, va l'écouter; il conserve en sa mémoire les sages avis, les règles de conduite qu'il entend, et il en nourrit son ame, comme

(1) *Belles paroles,* non parce qu'elles sont conformes aux bonnes règles et au bon goût, mais parce qu'elles sont *à la mode.* Le beau, en littérature comme en autre chose, varie pour certaines personnes, au gré de l'opinion. Les hommes sensés ne regardent comme *beau* que ce qui est conforme à la nature, que *ce qui est dans le vrai.* Ce beau, qui est le vrai beau, ne varie pas.

un homme qui a faim, prend avec empressement une nourriture solide sur une table bien fournie. L'homme léger, au contraire, qui pense à toute autre chose qu'à son salut, ne veut entendre que des choses qui l'amusent et le distraient. Essayez de lui dire des vérités utiles et qui troublent sa mauvaise conscience, il vous laissera là. C'est l'Esprit-Saint lui-même qui le dit : « Le pécheur évite d'être repris, il ne « cherche et ne veut des interprétations de « la loi que selon son désir. Que le voluptueux entende une parole sage, elle lui déplaît, il la rejette : » *Verbum sapiens audivit luxuriosus, projiciet illud post tergum suum.* (Eccli., 21, 18).

« Cette foule curieuse et légère n'est donc qu'un amas d'oisifs et d'impies, et leur réunion autour de votre chaire pour entendre vos vains discours, ô prédicateurs insensés, ne doit pas vous donner plus de joie ni plus de gloire que n'a sujet d'en retirer d'une famille nombreuse, mais indolente et perverse, le malheureux père qui lui a donné le jour (1). C'est la parole du

(1) Le prédicateur ne doit être satisfait de voir la multitude des pécheurs et des impies venir à ses ser-

Saint-Esprit : *Ne jucunderis in filiis impiis, si multiplicentur; nec oblecteris super ipsos, si non est timor Dei in illis; melior est enim unus timens Deum quam mille filii impii.* (Eccli., 16, 1.)

« *Voyez donc comme on nous écoute ! Quelle foule se presse autour de nous !* Ne vous glorifiez pas tant de la foule; plus vous aurez eu de monde, plus vous aurez un jugement redoutable à soutenir, parce que Dieu vous reprochera de n'avoir pas semé sur ce vaste champ la bonne semence de sa vraie et pure parole. Cette multitude mourait de faim, et, plutôt que de lui donner le pain vivifiant de la vérité, qui est dans les Écritures pétri et préparé par Jésus-Christ lui-même et ses Apôtres, que lui avez-vous donné? La cendre et la boue de vos théories, de vos fleurs et de votre vanité. Vous l'avez renvoyée mourant d'inanition; votre devoir était de la nourrir, vous ne l'avez pas nourrie : donc vous l'avez tuée. Vous en

---

mons que, lorsqu'au lieu de les amuser, il cherche sincèrement à les convertir, et qu'il prend un genre qui peut avoir ce résultat. Ce ne sont certainement pas les sermons romantiques qui produiront cet effet.

répondrez au jugement, car en ce jour-là on ne vous demandera pas tant combien vous aviez d'auditeurs que combien vous en avez arraché au péché, soutenu, ranimé dans le bien; que de restitutions vous aurez fait faire, que d'orgueilleux, que d'ambitieux vous aurez fait descendre dans la route de l'humilité, que d'ennemis vous aurez réconciliés, que de haines vous aurez éteintes! Enfin, ô ouvriers envoyés dans la vigne par le père de famille, il vous demandera quelles mauvaises herbes vous aurez arrachées? quels soins vous aurez donnés pour que la vigne portât des fruits? Que direz-vous? c'est à la récolte que le maître jugera l'ouvrier; du reste, il ne fera que s'en moquer.

« *Voyez donc comme on nous écoute, quelle foule autour de nous! Notre manière fait honneur au clergé en montrant qu'il n'est pas ignorant des sciences et des progrès du jour* (1).

---

(1) « Depuis quelque temps on se plaint très-haut des études ecclésiastiques; on dit qu'elles ne sont nullement en harmonie avec les besoins du siècle, ni à la hauteur des siences de l'époque, et qu'il faudrait refaire l'enseignement des séminaires. — Ces plaintes et ces blâmes viennent d'ennemis déclarés de l'Église ou d'ignorans et imprudens amis. Les pre-

*Et nous faisons venir dans l'Eglise l'élite de la science ; de la littérature, de la magistrature, du grand et du beau monde.* C'est vrai. Toutefois sachez que vous avez faussé votre ministère,

---

miers, pour se faire un prétexte de ne rien croire ni pratiquer, disent que les défenseurs des vérités catholiques ne savent plus les soutenir, que leurs preuves ne sont plus de saison. Comme si la religion était semblable à tous ces systèmes humains qui dépendent des découvertes et des raisonnemens des savans ; aujourd'hui vantés comme des démonstrations, pour être demain ridiculisés comme des sottises et des songes creux ; tandis que le ciel nous l'a faite *un fait* immense, palpable, toujours subsistant, une cité placée sur la montagne que tout le monde voit, même ceux qui ne veulent pas voir. Les amis ignorans sont certains hommes qui se croient et s'instituent chrétiens, parce qu'ils raffolent d'ogives et de rosaces, de colonnes et de colonnettes, parce qu'ils croient à l'existence de Jésus-Christ sans se mettre en peine de sa divinité, ni de ses lois; comme un fou s'imaginerait être citoyen de la république romaine, parce qu'il se souviendrait du forum et de la tribune aux harangues, de Marius et de Scylla. D'autres vrais chrétiens, mais trop engoués de la science et de son pouvoir, trop peu au fait de ce qu'est le ministère du prêtre parmi les hommes ; voudraient qu'on introduisît dans les séminaires toutes les sciences imaginables, afin d'opposer chaque prêtre comme un homme universel, capable de tenir tête à tous les savans,

que vous n'avez rien fait, que vous avez fait du mal si vous n'avez fait qu'un discours brillant, savant, applaudi, et qui n'allait pas promptement à rendre les gens meilleurs, c'est-à-dire

---

et de les vaincre sur leur terrain, et par leurs propres armes.

« Ces prétentions sont déraisonnables. Les séminaires sont des écoles fondées pour l'*éducation cléricale* autant et plus que pour l'*instruction cléricale*. Les grands hommes, les hommes de Dieu qui les ont élevés pour le renouvellement de l'Église, les Borromée, les Vincent de Paul, les Olier, les Bourdoise, avaient en vue deux choses : 1° la sainteté du prêtre; 2° son instruction. Jamais ils n'ont voulu séparer ces deux choses, et même la première est évidemment la principale dans leur dessein. Or, si vous voulez convertir les séminaires (j'entends les grands séminaires où l'on prépare les jeunes gens aux saints ordres) en je ne sais quelles universités de toutes les sciences, vous étoufferez immanquablement l'esprit de piété en lui ôtant ce qui le fait naître et le fortifie, l'oraison et les autres exercices; en lui retranchant le temps qu'il exige, en bouleversant la tranquillité d'esprit qu'il réclame, en le mettant aux prises avec l'esprit d'orgueil qui l'aura bientôt consumé; car l'étude immodérée, même des sciences ecclésiastiques, et à bien plus forte raison des autres, enfle le cœur. La variété des connaissances, si l'on y prend garde, comme l'abondance des richesses, rend nécessaire cet avis que saint Paul ordonne à son disciple de donner aux

chrétiens, et chrétiens pratiquans. Platon dit que les plus célèbres dans l'art de bien dire parmi les Grecs n'étaient pas de vrais orateurs, parce qu'ils n'avaient encore fait produire à

---

riches : *Divitibus præcipe non sublime sapere.* (1 TIM., 6, 17.) C'est pourquoi je ne crains pas de dire à la science, quelle qu'elle soit, ou profane ou sacrée : *Ne porte pas la tête si haut, je te prie, au contraire, quand tu es seule, voile toujours ton front, car saint Paul l'a stigmatisé d'une manière terrible et indélébile quand il a écrit dessus :* SCIENTIA INFLAT. *Cette tache originelle et funeste ne disparaît qu'autant que tu te trouves illuminée et couverte par les rayons de celle que tu dois toujours avoir pour guide et pour compagne, la piété.*

« De plus, je dirai que les hommes universels en général ne savent rien solidement et ne sont que des fats et des bavards. — De plus encore, dans les séminaires, comme dans toutes les autres réunions, le grand nombre, pour ne pas dire la presque totalité, sont des esprits fort ordinaires, dont vous ne pouvez exiger que la connaissance de la spécialité pour laquelle ils sont faits, sous peine de les dégoûter et les empêcher d'acquérir le nécessaire. De plus enfin, car j'en reviendrai toujours là, les prêtres ne sont pas envoyés pour discuter avec tous les savans du monde sur toutes les sciences, mais pour amener les savans comme les ignorans à la science du salut, non pas par la voie brillante et hautaine du savoir, mais par la puissance de la vertu, de la prière et de la parole de Dieu. D'ailleurs ceux qui veulent (sans nuire

personne des fruits de vraie vertu. Tous les anciens pensaient et parlaient de même, et les grands orateurs de l'antiquité n'ont pas acquis cette renommée, parce qu'ils étaient environ-

---

à leurs études spéciales) être initiés aux sciences modernes, étant habitués, comme je le suppose, à la réflexion et à beaucoup d'étude, peuvent, sans qu'on leur en fasse des classes, se mettre au courant d'une manière suffisante, en choisissant des ouvrages courts et d'un mérite reconnu sur ce qu'ils veulent apprendre, pour y étudier en peu d'heures ce qu'il importe de savoir. Je dis en peu d'heures, en peu de temps, car ils doivent toujours se rappeler leur vocation, qu'ils ne sont ni botanistes, ni des anatomistes, ni tout le reste; qu'ils ne sont pas destinés à être ces éternels chercheurs du siècle dont parle saint Paul, mais des hommes de Dieu nourris des paroles de la foi, et qui doivent éviter les questions impertinentes, inutiles et vaines, sachant qu'elles sont une source de contestations qui entraînent souvent dans les pièges de Satan, en des désirs pernicieux qui précipitent les hommes dans l'abîme de la perdition.

« Veux-je dire par ces observations qu'il faut repousser la science ou plutôt les sciences, et leur fermer la porte des séminaires? A Dieu ne plaise! et celui qui intenterait une telle action contre moi, je ne voudrais pas prendre la peine de lui répondre, tant il serait évidemment, ou de mauvaise foi, ou sans intelligence. Seulement je dis : Ne prétendez pas qu'il faille faire des séminaires, ni une école ponés d'une multitude pressée et entassée, mais parce qu'ils parvenaient à persuader et à faire agir leurs auditeurs.

« *Voyez donc comme on nous écoute, quelle*

---

lytechnique, ni même un collège de France, ni élever des chaires d'histoire naturelle, de géologie, d'archéologie, ni de toutes vos belles sciences baptisées de beaux noms; car il faudrait toute la vie d'un homme pour y suffire, et quand est-ce que vous auriez le temps d'appendre à être prêtre, c'est-à-dire un homme saint et un homme habile dans l'Écriture, le dogme et la morale?

« Veux-je dire aussi que tout est au mieux dans les séminaires, et qu'il n'y a aucun perfectionnement à apporter dans l'enseignement et dans les études? Si je le disais, ce ne serait qu'une flagornerie et des coups d'encensoir que les chefs de ces maisons précieuses et essentielles à l'Eglise repousseraient, car ils savent très-bien que rien dans ce monde n'est parfait, et que tout (surtout dans ce qui regarde les études) est sujet à des réformes et à des améliorations. Je dirai donc mon avis, sans doute avec infiniment de réserve et avec un profond respect pour les évêques et les compagnies qui gouvernent les séminaires, mais pourtant avec franchise et indépendance. Il me paraîtrait bon et essentiel de donner à l'Écriture-Sainte une bien autre place que celle qu'on lui donne dans ces maisons. Non, certainement ce n'est ni enseigner, ni étudier l'Écriture, que de donner et d'avoir sur elle une ou deux conférences par semaine, sans préparation de la part des élèves, sans

*foule autour de nous?* C'est vrai, mais sachez qu'à la longue il viendrait encore plus de monde vous entendre, si vos discours, plus solides et plus persuasifs, sentaient l'esprit de Dieu,

---

examen comme sur le dogme et sur la morale. Les jeunes gens, voyant qu'on y donne si peu d'importance, n'y apportent nulle ardeur, nul soin. Ils viennent y bâiller et y causer, et c'est ainsi qu'on apprend l'Écriture! Pourquoi les Écritures n'auraient-elles pas les honneurs d'une classe aussi sérieuse, aussi fréquente que le traité de la justice et des contrats? Ne dites pas : les jeunes gens peuvent lire et étudier l'Écriture-Sainte en leur particulier; vous savez bien qu'ils ne le font pas, et ne le peuvent pas faire, car les livres leur manquent. Qui a songé à rédiger des leçons d'Écriture, comme nous en avons sur le dogme et la morale? D'ailleurs, je vous en dirai tout autant pour les traités, et à meilleur droit; pourquoi ne pas les renvoyer à la lecture des théologiens? C'est que vous savez qu'ils ne les ouvriraient pas. Aussi avez-vous des classes et des examens, et vous faites bien. Ne dites pas : le dogme et la morale apprennent l'Écriture, car nous y développons les textes que nous y apportons en preuve, nous discutons ceux qu'on nous oppose. C'est se moquer du monde que de prétendre donner le goût des Écritures par l'usage qu'on en fait dans nos traités.

« Ce n'est pas non plus enseigner les Écritures d'une manière glorieuse à la religion, utile aux prêtres et aux peuples, que de se borner à l'étude des langues et aux disputes avec les Allemands. Cela

et s'ils étaient autre chose qu'une vaine musique. L'auditoire probablement ne serait pas le même : vous n'auriez ni ces jeunes étourdis, ni ces femmes vaines et légères, mais ces hom-

---

est bon, nécessaire; oui, certainement. Aussi Dieu, qui n'a jamais manqué à son Église, saura toujours susciter des hommes qu'un goût décidé tournera vers ce genre de travaux: mais ce n'est pas tout; et je dirai hardiment que, pour les dix-neuf vingtièmes et demi des jeunes gens des séminaires, ce genre d'enseignement et d'étude, s'il est seul, est sans attrait, sans utilité, et qu'ils en sentent un repoussement invincible dont ils font porter la peine à leur Bible, comme si elle en était la cause, en se promettant bien de ne l'ouvrir jamais un jour, et ils tiennent parole. Donnez-leur donc les réponses aux difficultés, sans doute; culbutez les prétentions des naturalistes, des rationalistes et de tous les autres, à merveille! mais donnez-leur aussi et donnez-leur surtout une exposition des Écritures nourries des Pères, où la foi, la piété, la littérature nagent comme dans un océan de bonheur, et faites si bien votre compte, que le séminariste, en sortant de chez vous, ne trouve point de livre plus délicieux, plus essentiel que sa Bible. Alors réjouissez-vous, car vous enverrez aux peuples des hommes qui feront connaître et chérir Dieu, l'Église et leur personne, parce que leur vie sera sainte et leurs discours enlevans.

« Les efforts du clergé vers toutes les sciences, surtout vers celles qui lui sont propres, les succès qui les couronnent ne sont ignorés de personne. Les

mes graves, ces femmes chrétiennes dont tout le désir est de se sauver; et cet auditoire-là en vaut bien un autre. J'ose vous promettre même que les étourdis et les légers finiraient par

---

hommes impartiaux se plaisent à le reconnaître et à le publier : néanmoins on dira toujours que nous sommes des ignorans. Travaillons et laissons dire. Le monde moqueur, et intéressé à repousser les enseignemens des prêtres, dira toujours, pour s'autoriser dans ses erreurs et ses passions, que nous sommes des arriérés; et, parce que nous ne nous mettons pas à publier chaque matin quel cours savant nous avons suivi la veille, quel livre allemand, arabe ou chinois nous avons déchiffré, il dira : Ce prêtre ne sait rien. Si vous parlez avec force et avec grace, si vous montrez une habileté qui manifeste l'étendue de vos connaissances sans en faire étalage, vous n'en serez pas plus avancé pour cela. On sera étonné, on dira: Comment se fait-il que cet homme, qui n'a point étudié, que nous n'avons pas vu parmi nous à la suite de nos professeurs, parle si bien? Ce n'est pourtant qu'un prêtre! un homme de rien!

« Prêtres, ne vous fâchez pas; réjouissez-vous au contraire. Le disciple est traité comme le maître. Les Juifs insolens disaient aussi, en parlant de Jésus-Christ qu'ils venaient d'entendre: Comment cet homme-là, ce fils du charpentier, peut-il être si habile? Il n'a pourtant point étudié. Et qu'en savaient-ils, et qui le leur avait dit? Ou bien n'y avait-il moyen de savoir quelque chose qu'en venant ramper aux pieds de ces arrogans Pharisiens? *Quomodo hic litteras scit*

venir vous écouter, entraînés qu'ils seraient par les exemples puissans des hommes et des esprits distingués qui finissent par dominer et entraîner la foule; et enfin souvenez-vous que sur les légers comme sur les graves, sur les dissipés comme sur les pieux, le zèle, la ferveur, la vigueur du discours, l'esprit de Dieu, ont un attrait irrésistible. Oui, si vous êtes un saint éloquent, les villes, les provinces entières courront à vos sermons, et vous renouvellerez dans ces derniers temps les merveilles qu'ont vues nos pères au temps de saint Dominique, de saint Thomas-d'Aquin, de saint Vincent-Ferrier, et de plusieurs autres. Ces hommes divins ne pen-

---

*cum non didicerit?* (JOANN., 7, 15.) Mais le maître, méprisant l'insulte, versait la lumière et le salut sur ses contempteurs, et il a donné sa vie pour eux! O clergé de l'Église catholique, fais de même!

Le Nil a vu sur ses rivages
Les noirs habitans des déserts
Insulter par leurs cris sauvages
L'astre éclatant de l'univers.
Cris impuissans! fureurs bizarres!
Tandis que ces monstres barbares
Poussaient d'insolentes clameurs,
Le Dieu, pousuivant sa carrière,
Versait des torrens de lumière
Sur ses obscurs blasphémateurs.

saient ni aux progrès des lumières, ni au perfectionnement social, ni aux fleurs de rhétorique, ni à flatter par des discours agréables ; et pourtant on venait des heures entières avant le discours retenir ses places, et l'affluence était telle que les églises étaient trop petites, il leur fallait prêcher en plein air, dans les places publiques et dans les champs.

« Il y a bien encore deux autres raisons sur lesquelles les prédicateurs à la mode s'appuient pour se maintenir en possession de leur genre de parler dans nos églises : ce sont les applaudissemens qu'ils reçoivent tandis qu'ils parlent, ou dans le monde, ou dans les comptes-rendus des journaux. Tristes et méprisables argumens que ceux-là ! Je vous dis, moi, que ces applaudissemens, ces comptes-rendus des gazettes, sont une preuve que votre discours a été sans fruit, que vous n'êtes pas un homme de Dieu, mais un comédien et un baladin. Ne dites pas que je suis outré et trop sévère, car c'est la réponse du philosophe Musonius ; et sa parole vient d'autant mieux ici, qu'ayant raison contre un orateur profane, qu'il blâme et qu'il ridiculise de se nourrir des vaines louanges de l'auditoire, nous l'avons cent fois davantage contre les orateurs sacrés, dont les obligations et les devoirs sont bien plus considérables. « Lorsque vous « entendez, dit ce philosophe, un orateur qui « reprend, qui instruit, qui veut persuader, si « ceux qui écoutent se mettent à applaudir, à « gesticuler en signe de satisfaction, à battre « des mains, etc., tenez pour certain que celui « qui parle et que ceux qui écoutent sont des « gens méprisables. C'est un musicien qui « chante, un joueur de flûte qui amuse les « enfans qui se divertissent à l'écouter. Si l'au- « diteur écoutait des paroles utiles, solides et « pénétrantes avec un esprit sérieux, il ferait « autre chose que de perdre son temps à faire « des signes des mains, des yeux et de la voix, « se sentant percé par le discours dans ce qui le « touche le plus. Rien n'est donc plus honteux « pour l'orateur que les applaudissemens; c'est « signe qu'il ne va pas au but où doit tendre « tout esprit solide. » La marque du véritable orateur et du bon discours, c'est le silence, le recueillement, l'immobilité, la gravité du maintien de l'assemblée, et les émotions diverses d'un visage qui témoigne de l'agitation profonde que causent dans l'ame subjuguée les paroles pleines de raison et de motifs puissans présentés par un homme persuadé lui-même et tout occupé, non de soi, mais des autres. Voilà la bonne et la désirable louange, voilà la grande admiration. Ce qui est fort, ce qui est grand ne bavarde pas. Voyez les grandes douleurs, les grandes joies : ni cri, ni agitation; c'est une sorte de pétrification. Il en est de même sous l'influence de la parole des grands orateurs. On s'agite, on se retourne, on fait des signes quand vous parlez; donc vous n'êtes pas un orateur; vous êtes un bavard et un comédien. On applaudissait ainsi aux faux prophètes du temps de Jérémie, et voici comme le Seigneur s'en plaint : « Il se passe sur la terre des choses étranges et « qu'on ne peut entendre qu'avec le dernier « étonnement. Les faux prophètes débitent des « mensonges comme des prophéties, et les prê- « tres leur applaudissent, et mon peuple y « trouve du plaisir! Que lui arrivera-t-il donc « à la fin?

« Ém। d'indignation, vous me dites : *Mais je ne suis ni un comédien ni un faux prophète!* Cela est vrai; néanmoins tenez pour assuré que les applaudissemens, même ceux qu'on ne cherche pas, empêchent tout le fruit du discours chrétien. Je vous donnerai pour témoin de cette triste vérité (qui est fondée sur une constante expérience) un orateur digne d'être entendu là-dessus ; c'est saint Chrysostôme. Il nous dit (*Hom.* 20 *in act.*) que, rentré chez lui après le sermon, et pensant devant Dieu aux applaudissemens dont on l'avait fatigué, et qui avaient fait perdre toute l'envie de profiter des vérités qu'il avait annoncées, il pleurait et gémissait comme ayant tout-à-fait perdu son temps. Voulez-vous savoir quels sont les applaudissemens vraiment désirables? Ce sont ceux qu'ambitionnaient uniquement les Chrysostôme, les Augustin, les Ambroise, et tous les autres grands hommes de l'Église dont nous admirons tant les écrits et les travaux fructueux : c'était d'entendre les fidèles, non pas dire : *C'est beau! c'est sublime!* mais gémir et confesser leurs péchés (1).

(1) On connaît le sentiment de saint Jérôme. On peut se rappeler ici ses paroles à Népotien, que nous avons prises pour épigraphe : « Quand vous enseignerez dans l'église, n'excitez point les applaudissemens, mais les gémissemens du peuple. Que les larmes de vos auditeurs soient vos louanges. » Voici celles qui les suivent dans la lettre du saint docteur : « Il faut que les discours d'un prêtre soient pleins de l'Écriture-Sainte. Ne soyez pas un déclamateur, mais un vrai docteur des mystères de votre Dieu. »

« On fait foule autour de vous ! Mais, encore un coup, que prouve en votre faveur une multitude ignorante (1) et légère ? Combien de saints évêques, combien de doctes et saints personnages ont prêché la parole de Dieu presque dans le désert ! Pour ne parler que d'un seul, saint Charles Borromée prêchait à Milan, et son auditoire était d'ordinaire beaucoup plus rétréci que celui d'autres prédicateurs auxquels on courait, et sur lesquels pourtant il l'emportait de beaucoup par la sainteté, par la solidité et par la gravité du débit. Le monde sera toujours le même ; il négligera toujours ce qui est utile pour courir à ce qui le divertit.

« Enfin je vous dirai : Que vous ayiez peu ou beaucoup d'auditeurs, il n'importe. Ce qui importe souverainement, c'est que vous, ô pré-

(1) Les savans irréligieux de notre siècle sont loin d'avoir, *en fait de religion*, la science, je ne dis pas d'un docteur, mais d'un simple catéchiste, mais celle même des impies leurs devanciers. Ils sont bien plus profondément égarés qu'eux, et il y a en eux bien moins de ressources pour la conversion, parce qu'ils sont moins instruits. On a vu plusieurs philosophes du 18e siècle, tels que Montesquieu, Toussaint, Buffon, La Harpe, revenir à la foi. Les impies de nos jours vivent et meurent dans l'incrédulité. Il y a peu d'exceptions.

dicateur ! qui êtes le père et le médecin des ames, vous leur prépariez une nourriture solide et des remèdes salutaires. Or, où les trouver? Dans l'Écriture et dans les Pères, et pas ailleurs. Glanez donc au milieu de ces riches moissons, et apportez le fruit de vos sueurs aux fidèles; appelez-les à la table du festin, qui est la parole de Dieu. S'ils négligent vos invitations, celui-ci parce qu'il vient d'acheter une terre, celui-là parce qu'il vient de se marier, c'est-à-dire s'ils se laissent tellement emporter par les affaires et les plaisirs, qu'ils négligent ou qu'ils dédaignent de venir à vos instructions vraiment sacerdotales, c'est leur faute, et non la vôtre. En serviteur fidèle, vous aviez tout préparé, la table et les mets, selon les ordres du père de famille; soyez tranquille, vous ne serez pas privé du fruit de vos peines parce qu'ils n'auront pas voulu en profiter. Leur absence, leur négligence n'ôtent rien à votre travail ni à votre mérite devant Dieu. La récompense vous est assurée, la couronne vous est préparée, et l'une et l'autre d'autant plus riches et plus glorieuses que vous vous êtes fatigué et que vous avez travaillé, non pas en vue des applaudissemens des hommes, puisque vous avez pris la route qui les éloigne, mais uniquement pour obéir à Dieu et pour sa gloire. Et, de même qu'on n'exige pas de vous que vous persuadiez, mais que vous parliez de telle sorte que vous persuaderiez si l'on n'y mettait pas d'obstacle (car, ce qu'on exige du médecin, ce sont les soins savans, et non pas la guérison ; *cura exigitur, non curatio*, dit saint Bernard dans son livre *de la Considération*), de même on n'exige pas de vous que vous parliez devant une immense assemblée (et que vous ayiez toujours du succès); cela n'est pas en votre pouvoir (c'est l'affaire du grand médecin qui s'est réservé l'effet de vos efforts).

« Faites donc ce que vous pouvez et ce que vous devez avec foi, étude et piété ; et le reste, et surtout le grand et le brillant auditoire, abandonnez-le à Dieu. Il sait, par sa prescience, ceux qui, en vous entendant, formeront en eux-mêmes des pensées de salut ; il sait quels cœurs endurcis céderont sous le marteau de votre parole ; il vous les amènera quand et comme il voudra. Laissez-le faire ; n'allez pas courir après des paroles indignes de la chaire de vérité. Ils viendront si Dieu le veut. Pour vous, ne vous occupez que d'une chose, qui est de ne mettre aucun obstacle à leur salut (et au vôtre) par la vanité du discours ; mais, au contraire, de hâter leur conversion par la solidité du sermon et la sainteté de l'orateur ; et gardez bien dans votre cœur, pour vous fortifier de plus en plus et vous consoler lorsqu'on vous déteste parce que vous ne plaisez pas au siècle, cet excellent mot de saint Bernard : *Cura, non curatio exigitur.* »

Il ne faut pas se servir de mots scientifiques.

44. Il faut rejeter des sermons les mots scientifiques que le peuple n'entend pas. « Malheur à un orateur, dit Maury, quand il faut être savant pour l'entendre ! Ce n'est point pour étonner par l'étalage de son érudition qu'il parle à une multitude assemblée : c'est pour l'instruire, c'est pour l'émouvoir, c'est pour l'attendrir. Il s'écarte par conséquent de son but s'il préfère les expressions abstraites et intellectuelles, que le vulgaire ne comprend point, aux paroles usitées et animées, que tout le monde comprend, et qui produisent une impression générale. Un orateur chrétien est encore plus redevable à ses auditeurs de cette simplicité d'élocution, sans laquelle il n'y aura jamais de véritable éloquence. Tous les hommes sont obligés de pratiquer les lois de la religion : il est donc juste qu'ils puissent tous entendre le ministre qui les annonce.... Voulez-vous être

éloquens? Soyez simples ; je ne dis pas assez, soyez familiers dans vos discours. Vous ne trouverez pas un seul mot scientifique dans les grands maîtres de la chaire. L'élocution de leurs sermons les plus admirés à la cour est encore à la portée du peuple ; et leur exemple prouve que, *s'il faut être savant pour exercer avec empire le ministère de la parole, un orateur sacré ne doit jamais du moins vouloir le paraître dans son langage*. Ainsi rejetez, à leur exemple, toutes ces expressions bizarres qui cacheraient vos pensées au lieu de les énoncer, et n'élevez pas de nuages entre la vérité et votre auditoire. Quintilien éclaircit ce précepte de goût par une comparaison très-ingénieuse, quand il dit que *les auteurs doivent regarder les mots d'une langue comme autant de pièces de monnaie, qu'il faut rejeter lorsque le peuple ne les reçoit point* (Inst., lib. III). Les expressions techniques réservées aux sciences et aux arts ne sauraient donc jamais se transporter avec succès dans le genre oratoire. Ce jargon scientifique mésallierait l'éloquence de la chaire, qu'on vit si long-temps étouffée parmi nous par l'étalage d'une vaine érudition aussi barbare que l'ignorance. »

Sentiment de saint Liguori.

45. Saint Liguori ne voulait, dans les sermons, que des mots usuels qui fussent compris par tout l'auditoire. « Dans les villes, dit-il en citant Muratori, une bonne partie de la population se rend à l'église pour entendre la parole de Dieu. Sur tant d'auditeurs, les deux tiers, au moins, sont pour l'ordinaire des gens qui ne comprennent rien à des discours ingénieux, ni même à beaucoup de mots qui n'appartiennent pas à leur dialecte (1). Or, l'orateur qui fait un très-beau discours ne satisfait que peu de personnes, et il laisse, pour ainsi dire, à jeun la plus grande partie de son auditoire. Cela posé, ajoute-t-il, croyez-vous que le Seigneur tiendra compte à ces orateurs de leurs efforts pour instruire le petit nombre de ceux qui les entendent, sans se mettre en peine de ceux qui ne les entendent pas et qui composent le plus grand nombre? Et que dirons-nous de ceux qui ne viennent pas parce qu'ils ne comprennent pas

(1) On ne doit pas se servir en chaire des mots tirés du grec ou d'une autre langue que les personnes éclairées seules comprennent. Il en est de même de ces termes généraux qui ne désignent les choses que de fort loin; tel serait, par exemple, celui de *sensualisme* pour désigner le vice de l'impureté.

le prédicateur? « Je suis redevable, disait saint Paul, aux savans et aux ignorans. » *Sapientibus et insipientibus debitor sum* (Rom., 1, 14). C'est de la même manière que le prédicateur est tenu. »

Trait de saint Jean-Chrysostôme.

46. Citons aux orateurs qui ne se mettent pas à la portée de la multitude un modèle qu'ils feront bien d'imiter. Lorsque saint Jean Chrysostôme commençait sa carrière évangélique, il employait dans ses discours un langage trop relevé pour le commun des auditeurs. Une femme du peuple, qui ne le comprenait pas, lui dit : *Mon père, nous autres pauvres d'esprit, nous ne vous entendons pas.* Averti par une si vive et si touchante leçon, ce grand homme, qui avait autant de vertu que de talent, changea sa manière et prit un genre plus simple. C'est peut-être à cet avis que nous devons les éloquentes homélies de cet orateur, dont le caractère distinctif est la simplicité unie à la majesté des idées.

Observation importante sur les articles qui suivent.

47. Après tout ce que nous venons d'exposer, nous pouvons espérer qu'en donnant maintenant les règles qui regardent plus spécialement *l'élégance* ou *l'élocution*, afin de compléter notre travail, on comprendra nos intentions.

Les bons prêtres, ceux qui veulent sincèrement plaire à Dieu, profiteront de ce qu'il y a d'utile et se tiendront en garde contre l'abus. Qu'ils se souviennent toujours de cette vérité, que nous avons souvent répétée d'après les Saints et les hommes de Dieu, que, dans l'intérêt des ames, ils doivent préférer déplaire aux littérateurs, et faire du fruit dans les auditeurs, à leur plaire pour n'obtenir aucun résultat solide, et pour se perdre par la vaine complaisance dans les suffrages du siècle et les applaudissemens du monde lettré. La conduite des prédicateurs mondains est une prévarication et une infidélité, que les beaux prétextes du bien de la religion et de la pureté d'intention ne peuvent justifier. Qu'on ne prenne donc, dans les règles qui vont suivre, que ce qui peut donner de la force et de l'énergie au discours, et qu'on laisse tout ce qui n'est propre qu'à l'embellir aux dépens du fond et du succès selon Dieu.

De l'élégance. — En quoi elle se fait principalement remarquer.

48. L'élégance, comme nous l'avons dit, consiste en général dans la réunion de tous les agrémens du style ; mais elle se fait principalement remarquer dans les synonymes, les périphrases et les épithètes, dans les expressions figurées et dans certaines tournures oratoires

qui donnent de la beauté, de l'intérêt, de la vivacité, de l'énergie et de la force au discours, et à l'orateur la facilité d'exprimer de différentes manières ses pensées, et de les développer sans déplaire aux auditeurs et sans les rebuter. Nous allons exposer ce qu'il y a de plus essentiel sur ce sujet.

Des synonymes et des périphrases.

49. Les *synonymes* sont des mots qui ont une signification à peu près semblable. « Il ne faut pas s'imaginer, dit l'abbé Girard, que les mots qu'on nomme synonymes le soient dans toute la rigueur d'une ressemblance parfaite, en sorte que le sens soit aussi uniforme entre eux que l'est la saveur entre les gouttes d'eau d'une même source; car, en les considérant de près, on verra que cette ressemblance n'embrasse pas toute l'étendue et la force de la signification; qu'elle ne consiste que dans une idée principale que tous énoncent, mais que chacun diversifie à sa manière par une idée accessoire qui lui constitue un caractère propre et singulier. La ressemblance que produit l'idée générale fait donc les mots synonymes; et la différence qui vient de l'idée particulière qui accompagne la générale fait qu'ils ne le sont pas parfaitement,

et qu'on les distingue comme les diverses nuances d'une même couleur (1). »

La *périphrase* est l'expression, en plusieurs mots, de ce qui pouvait être dit en moins de mots, et même en un seul. Fléchier, ne voulant pas employer le mot *canon*, fait une périphrase lorsqu'il dit : « Les *foudres de bronze* « que l'enfer a inventés pour la destruction des « hommes. »

Nous observerons qu'il ne faut se servir, dans la prédication, que des synonymes et des péri-

(1) D'Alembert a fait sur les synonymes une observation utile qui nous paraît propre à donner une juste idée de ce qu'on doit entendre par ce mot, et de la manière dont on doit considérer les synonymes dans l'usage qu'on en fait. « L'expérience, dit-il, nous a appris qu'il n'y a pas, dans notre langue, deux mots qui soient parfaitement synonymes, c'est-à-dire qui, en toute occasion, puissent être substitués indifféremment l'un à l'autre. Je dis *en toute occasion*, car ce serait une imagination fausse et puérile que de prétendre qu'il n'y a aucune circonstance où deux mots puissent être employés sans choix l'un à la place de l'autre; l'expérience prouverait le contraire, ainsi que la lecture de nos meilleurs ouvrages. Deux mots exactement et absolument synonymes seraient sans doute un défaut dans une langue morte, parce qu'on ne doit point sans nécessité multiplier les mots, non plus que les êtres, et que la première

phrases clairs et intelligibles pour la multitude. Il faut en bannir tous les synonymes et toutes les périphrases qui ont besoin d'être expliqués. On ne doit s'en servir que pour éviter de prononcer des mots bas qui ne conviennent pas à la chaire, ou pour ne pas répéter le même terme dont on vient de faire usage précédemment, ou pour d'autres raisons légitimes; mais jamais par le seul motif de faire du style ou d'éviter, comme font plusieurs, de parler comme les autres.

---

qualité d'une langue est de rendre clairement toutes les idées avec le moins de mots qu'il est possible; mais ce ne serait pas un moindre inconvénient que de ne pouvoir jamais employer un mot à la place d'un autre. Non-seulement l'harmonie et l'agrément du discours en souffriraient, par l'obligation où l'on serait de répéter souvent les mêmes termes, mais encore une telle langue serait nécessairement pauvre et sans aucune finesse.... Toutes les fois donc que, par la nature du sujet qu'on traite, on n'a point à exprimer des nuances particulières d'idées, et qu'on n'a besoin que du sens général, chacun des synonymes peut être indifféremment employé. » Il y a ici un abus à éviter : c'est celui qui consiste à donner aux mots une signification autre que celle qui est communément reçue. Cet abus jette la confusion dans le langage et empêche d'être clair. Un prédicateur doit s'en garantir encore plus strictement qu'un écrivain.

Des épithètes. 50. Les *épithètes* sont des adjectifs qu'on ajoute aux substantifs pour les qualifier. On ne doit jamais surcharger son style d'épithètes inutiles, faibles ou vagues. L'épithète est inutile quand elle n'ajoute aucune nouvelle idée au mot qui renferme déjà celle qui est exprimée par l'adjectif, comme dans la phrase suivante : *Ils furent surpris tout à coup par une tempête orageuse*. Cette épithète *orageuse* n'ajoute rien au sens du mot *tempête*. On pourrait dire par une *affreuse* ou par une *violente* tempête.

On ne doit se servir de l'épithète que pour exprimer une pensée que le mot n'exprimerait pas seul. Elle devient donc inutile toutes les fois qu'elle ne sert point à le caractériser, à le graduer. Ainsi toute épithète qui n'est pas nécessaire pour la clarté, l'énergie, la couleur, et d'autres raisons de nécessité ou d'utilité, doit être retranchée. Il faut qu'elle caractérise les choses nettement, qu'elle y ajoute une idée frappante, pleine de sens et de vérité. Certaines épithètes valent des phrases et disent quelquefois plus. Il y en a qui, par une qualification tout-à-fait opposée à la nature du sujet, expriment cependant d'une manière très-énergique les vrais caractères qui lui conviennent, et en donnent la plus juste idée ; c'est ce qu'on peut remarquer dans les exemples suivans :

« Il s'est trouvé *une philosophie insensée* « qui a prétendu réformer la société en ren- « versant ses fondemens. »

« On a vu *une impiété superstitieuse* refuser « à Dieu la connaissance de l'avenir, tandis « qu'elle consultait les devins. »

Les épithètes vagues donnent au style de la diffusion et de la langueur. Celles qui sont à prétention le rendent bizarre, burlesque, par le ridicule d'une fausse énergie. « On a vu, dit « Abelly, des gens se faire une loi de ne mettre « jamais un substantif sans adjectif, et par-là « ils s'exposent à dire bien des mots qui ne si- « gnifient rien, à rendre leur élocution froide, « et à donner dans le phœbus ou le galima- « thias. »

Bossuet est original et admirable dans le choix de ses épithètes, dont l'emploi est toujours une invention de son génie. Elles lui fournissent des rapports nouveaux et sublimes. Bourdaloue en est très-sobre ; et elles sont toujours justes, simples et nécessaires. Massillon les emploie plus souvent. Neuville en est surchargé : cette loquacité rend son élocution flasque et assoupissante. C'est pour cela que ses discours paraissent un vain bruit de paroles, quoiqu'ils soient quelquefois assez solidement prouvés, et qu'on y trouve même de la profondeur. (MAURY.)

Il y a des épithètes qui, quoique justes, ne doivent cependant pas être employées par l'orateur sacré, parce qu'elles conviennent plutôt au style poétique qu'à celui de la chaire qui est plus grave. Un sermon n'est pas un poëme. Il faut que chaque genre reste dans ses limites.

Des expressions figurées.

51. Nous comprenons sous le nom d'*expressions figurées* toutes les figures de mots qu'on nomme *tropes* et dont il ne convient pas que nous donnions ici la nomenclature. Nous parlerons seulement de la *métaphore*. Ce que nous en dirons peut s'appliquer à toutes les autres figures de mots. Voici un résumé des principales règles qui regardent cette matière. Il suffira pour le but que nous nous proposons.

Il n'est pas défendu au prédicateur de se servir des expressions figurées, quand elles n'ôtent rien à la clarté et qu'elles ne tiennent pas trop au genre poétique. Comme elles ont pour bases des comparaisons, elles doivent être justes et n'offrir aucune disconvenance dans les idées. Les comparaisons forcées, trop recherchées ou affectées, dégénèrent en métaphores ridicules qui produisent le plus mauvais effet. Elles doivent être tirées d'objets familiers au grand nombre des auditeurs. Celles qui sont empruntées des sciences, des arts et des métiers, sont donc en général mal choisies. Il faut qu'elles soient nobles, et par conséquent qu'elles n'offrent rien de bas et de trivial. Elles doivent se soutenir et n'être pas interrompues par une comparaison nouvelle qui n'a nul rapport avec la première. Quand elles paraissent trop fortes, on les adoucit par un correctif. En général, les expressions figurées ne doivent pas être trop fréquentes dans le discours, surtout dans le discours sacré; et, quand on les emploie, il faut qu'elles soient claires et intelligibles à la multitude. Autrement elles fatigueraient et nuiraient, et, loin d'être une beauté, elles seraient un défaut.

52. La *métaphore* transporte la signification propre d'un mot (qu'il soit nom, adjectif ou verbe) à une signification qui ne lui convient qu'en vertu d'une comparaison qui est dans l'esprit. C'est sans contredit une des plus belles, des plus riches et des plus brillantes figures de mots. Elle frappe l'âme par des images sensibles; elle met la vérité sous les yeux; elle carac-

De la métaphore.

térise par des traits vifs et marqués les choses qu'on aurait de la peine à exprimer par des mots propres ; elle donne de l'ame aux objets même inanimés et du corps aux pensées. Quelles beautés dans les vers suivans ! et ne viennent-elles pas des métaphores ?

Celui qui *met un frein* à la fureur des flots
Sait aussi des méchans arrêter les complots.
(Racine.)

Le Dieu qui rend la force aux plus faibles courages
Soutiendra ce *roseau plié par les orages*.
(Voltaire.)

*Mettre un frein à la fureur des flots*, pour dire calmer les flots ; un *roseau plié par les orages*, pour dire une personne malheureuse ; il y a là certainement beaucoup d'énergie. Les exemples suivans ne sont pas moins beaux :

Ne vous *enivrez* point des éloges flatteurs
Que vous donne un amas de vains admirateurs.
(Boileau.)

La raison dans mes vers *conduit* l'homme à la foi.
C'est elle qui, *portant son flambeau* devant moi,
M'encourage à chercher mon *appui* véritable,
M'apprend à le connaître et me le rend aimable.
(Racine fils.)

Le ravage des champs, le pillage des villes,
Et les proscriptions et les guerres civiles,
Sont les *degrés sanglans* dont Auguste a fait choix
Pour *monter* sur le trône et nous donner des lois.
(Corneille.)

Quand les métaphores se succèdent et se soutiennent avec les mêmes images dans un discours un peu étendu, il se forme une autre figure qu'on n'appelle plus *métaphore*, mais *allégorie*. (Girard.) Nous en avons cité de très-belles, tirées de Bossuet, chap. VII, n° 36.

La métaphore donne un grand empire à l'imagination sur nos sentimens. C'est par elle que l'orateur réveille les passions, qu'il va les chercher au fond des cœurs et les peint à nos yeux. C'est la figure principale des poètes. Les orateurs l'emploient avec plus de réserve. Il faut qu'elle se présente pour ainsi dire à leur insu. Trop recherchée, elle offusque au lieu d'embellir. Les preuves, les raisonnemens exigent de la réflexion et beaucoup d'ordre; mais les ornemens veulent une sorte d'abandon. On sent que les figures sont naturelles dans Bossuet et dans Massillon, et qu'elles coûtent davantage à Fléchier. (Besplas.)

La métaphore, assujettie aux lois que la raison et l'usage de la langue lui prescrivent, est non-seulement le plus beau et le plus usité des tropes; c'est aussi le plus utile. Il rend le discours plus abondant, par la facilité des changemens et des emprunts, et il prévient la plus grande de toutes les difficultés en désignant chaque chose par une dénomination caractéristique. Ajoutez à cela que le propre des métaphores est d'agiter l'esprit, de le transporter tout d'un coup d'un objet à un autre ; de le presser, de comparer soudainement deux idées qu'elles présentent, et de lui causer, par ces vives et promptes émotions, un plaisir inexprimable.

Mais, pour que les métaphores produisent ces effets, il faut qu'elles soient justes et naturelles. Voici les règles les plus essentielles qui les concernent :

1° Les métaphores sont défectueuses quand elles sont tirées de sujets bas. Il ne faut pas imiter cet auteur (TERTULLIEN) qui dit que *le déluge universel fut la lessive de la nature*, ni celui qui dit que *le gourmand fait de son ventre un égoût incommode d'alimens et de breuvages ;* que *l'esprit est un champ qui languit, s'il n'est fumé*, etc.

2° Elles sont aussi défectueuses quand elles sont forcées, prises de loin, et que le rapport n'est point assez naturel, comme quand Théophile a dit : *Je baignerai mes mains dans les ondes de tes cheveux :* et dans un autre endroit : *La charrue écorche la plaine*. On peut rapporter à la même espèce les métaphores tirées de sujets peut connus.

3° Il faut, en faisant des métaphores, avoir égard aux convenances des différens styles. Il y a des métaphores qui conviennent au style poétique, qui seraient déplacées dans le style oratoire. Boileau a dit :

> Accourez, troupe savante;
> Des sons que ma lyre enfante
> Les arbres sont réjouis.

On ne dirait pas en prose qu'*une lyre enfante des sons*.

4° Il convient quelquefois d'adoucir une métaphore en la changeant en comparaison, ou bien en y mettant un correctif; par exemple, en disant, *pour ainsi dire, si l'on peut parler ainsi*, etc. *L'art doit être, pour ainsi dire, enté sur la nature. La nature soutient l'art, et lui sert de base; et l'art embellit et perfectionnela nature.*

5° On peut quelquefois entasser des métaphores les unes sur les autres; mais alors il faut qu'elles soient bien distinguées et que l'on voie toujours votre objet représenté sous des images différentes. C'est ainsi que Massillon dit dans son sermon du *Petit nombre des Élus* :

« Vous auriez vu les élus aussi rares que ces « grappes de raisin qui ont échappé à la vigi- « lance du vendangeur, aussi rares que ces épis « qui restent encore sur la terre, et que la faulx « du moissonneur a épargnés. Je vous aurais « parlé des deux voies dont l'une, étroite et rude, « est la voie du petit nombre; l'autre, large, « spacieuse, semée de fleurs, qui est comme « la voie publique de tous les hommes, etc. »

Aucune de ces images, qui sont tirées de l'Écriture, ne nuit à l'autre; au contraire, elles se fortifient toutes. Mais cet amas de métaphores doit être employé rarement, et seulement dans les occasions où l'on a besoin de faire sentir des choses importantes. On reconnaît un grand écrivain non-seulement aux figures qu'il met en usage, mais à la sobriété avec laquelle il les emploie.

6° Lorsqu'il y a plusieurs métaphores de suite, il n'est pas toujours nécessaire qu'elles soient tirées exactement du même sujet, comme on vient de le voir dans un des exemples précédens (celui de la 4e règle). *Enté* est pris de la culture des arbres ; *soutien*, *base*, sont pris de l'architecture. Mais il ne faut pas qu'on les prenne de sujets opposés, ni que les termes métaphoriques, dont l'un est dit de l'autre, excitent des idées qui ne puissent point être liées, comme si l'on disait d'un orateur, *c'est un torrent qui s'allume*, au lieu de dire *c'est un torrent qui entraîne*.

7° Chaque langue a des métaphores particulières qui ne sont point en usage dans les autres langues. Par exemple, les Latins disaient d'une armée : *Dextrum et sinistrum cornu ;* et nous disons *l'aile droite et l'aile gauche*. Ces métaphores, consacrées par l'usage, deviennent souvent ridicules quand on y change quelque chose, ou qu'on les traduit trop servilement ou sans connaître assez l'acception des mots. Un étranger, écrivant à son protecteur, lui disait : *Monseigneur, vous avez pour moi des boyaux de père ;* il voulait dire *des entrailles*. On dit *mettre la lumière sous le boisseau*, pour dire cacher ses talens, les rendre inutiles; l'auteur du poëme de la *Magdeleine* ne devait donc pas dire, *mettre le flambeau sous le muid*.

8° On ne se sert des métaphores que quand on manque de termes propres, ou quand on veut présenter une idée avec plus d'énergie ou avec plus de décence. Cette dernière règle doit être observée par les prédicateurs encore plus strictement que par les orateurs et les écrivains profanes. Ils ne doivent employer les métaphores que par nécessité ou pour de bonnes raisons, et jamais pour l'unique motif de l'harmonie ou de l'ornement du style.

Des tournures oratoires ou des figures qui se rapportent plus spécialement au style.

53. Nous appelons *tournures oratoires* ce que les rhéteurs nomment *figures de pensées*. On a vu dans les deux chapitres précédens ce qui regarde les figures qui se rapportent aux matières qui y sont traitées. Nous avons réservé pour celui-ci celles qui ont plus de rapport au style. Il y en a qui lui donnent de la vivacité, d'autres qui servent à l'ordre et à la distinction des objets, ou qui fournissent à l'orateur différens moyens très-adroits pour dire ce qui serait peut-être mal pris, si l'on n'avait pas recours à ces moyens. On peut les appeler, si l'on veut, *précautions oratoires*. Enfin il y en a qui n'ont pour but que d'aider le prédicateur à varier ses locutions, pour ne pas fatiguer ses auditeurs en employant toujours les mêmes. Nous parlerons seulement des principales. Commençons par celles qui donnent de la chaleur au style.

54. La première est celle qu'on peut appeler l'*allocution* ou *discours direct*, par opposition au *monologue* qui consiste à parler, sans s'adresser à personne, quoiqu'on se fasse entendre au public. Cette figure donne de la vivacité au style. Nous l'avons dit, un sermon ne doit pas être fait comme un traité ou une dissertation. Ne croyez pas écrire un livre lorsque vous composez un discours. Quand il s'agit simplement d'enseigner, on ne s'adresse qu'à l'intelligence. Alors il suffit de se faire comprendre. Quand on y a réussi, le but est atteint. L'orateur chrétien n'a pas seulement à enseigner, il doit encore faire aimer ce qu'il dit et déterminer à le mettre en pratique. Il faut donc qu'il s'adresse à ses auditeurs directement, qu'il les presse, et, pour cela, qu'il entre en communication intime avec eux. Il faut qu'il parle tout à la fois à leur esprit et à leur cœur, et qu'il s'y insinue activement. C'est pourquoi il ne doit pas se contenter de leur exposer simplement et froidement ce qu'il pense, mais mettre de la variété et surtout de l'action dans sa manière de s'exprimer.

De l'allocution ou discours direct.

Ainsi donc, orateur chrétien, voulez-vous rendre votre style animé? évitez la langueur du monologue ; adressez directement la parole à vos auditeurs. Cette espèce d'apostrophe prolongée vous mettra en rapport plus intime avec eux. Conversez donc sans cesse avec tous ces interlocuteurs muets en apparence, mais dont la religion épie et démêle les soupirs, excite et recueille les larmes, entend et exauce les remords. Au lieu de vous enfoncer dans des contemplations abstraites, parlez à cette assemblée déjà comme à demi vaincue par sa foi, et qui se livre pour être émue. Chaque auditeur qui en fait partie attend de vous en secret, au milieu de ce concours public, le sujet d'un entretien qui va s'établir devant Dieu entre votre ministère et sa conscience. Troublé peut-être d'avance à votre insu dans la solitude de ses pensées, le coupable est prêt à se rendre, pourvu que vous ne descendiez point à des personnalités qui le blesseraient. Tenez-vous dans les bornes de la discrétion et de la prudence, et chacun prendra sans s'offenser ce qui, dans votre morale, pourra le concerner. (MAURY et autres.)

De la communication.

55. A la figure précédente se rapporte la *communication,* par laquelle l'orateur, plein de confiance en ses raisons, les communique fami-

lièrement à ses auditeurs, à ses juges, à ses adversaires mêmes, s'en rapportant à leur décision. Cicéron emploie souvent cette figure. Dans le plaidoyer pour Ligarius, après avoir poussé vivement Tubéron, son accusateur : « Qu'en « pensez-vous ? dit-il à César. Croyez-vous « que je sois fort embarrassé de défendre Li- « garius ? Vous semble-t-il que je sois unique- « ment occupé de sa justification ? Mais, quel- « que puissans que soient les moyens que je « viens d'alléguer, je ne veux devoir le salut « de mon client qu'à votre humanité, qu'à « votre clémence, qu'à votre compassion pour « un malheureux. »

56. On donne aussi des mouvemens au style par la *subjection* ou *anté-occupation*. Cette figure consiste à se faire à soi-même, à son auditeur ou à son adversaire, une ou plusieurs questions auxquelles on répond. Elle a pour but de prévenir des objections et des difficultés, ou de donner lieu à certaines explications qu'on veut faire. Fléchier, parlant de M. de Lamoignon, au lieu de dire en style ordinaire *qu'il ne fut conduit à sa charge, ni par la faveur, parce qu'il n'avait d'autres relations à la cour que celles que lui donnaient ou ses affaires ou ses de-*

De la subjection ou anté-occupation (réfutation anticipée).

*voirs; ni par le hasard, parce qu'on fut long-temps à délibérer,* etc., donne beaucoup de vivacité à son style par la subjection :

« Quelles pensez-vous que furent les voies « qui le conduisirent à cette fin? La faveur? il « n'avait eu d'autres relations à la cour que « celles que lui donnèrent ou ses affaires ou ses « devoirs. Le hasard? on fut long-temps à dé- « libérer; et, dans une affaire aussi délicate, « on crut qu'il fallait donner tout au conseil et « ne rien laisser à la fortune. La cabale? il « était du nombre de ceux qui n'avaient suivi « que leur devoir, et ce parti, quoique le plus « juste, n'avait pas été le plus grand. L'habileté « à se servir des conjonctures? Ces temps dif- « ficiles étaient passés où l'on donnait les char- « ges par nécessité ou par choix, et où chacun, « voulant profiter des troubles de l'état, ven- « dait chèrement, ou les services qu'il pouvait « rendre, ou les moyens qu'il avait de nuire. »

De la dubitation.

57. La figure appelée *dubitation* anime aussi le discours. Elle sert à l'orateur pour exprimer l'embarras et l'incertitude où il se trouve sur ce qu'il doit dire ou faire. On la reconnaît dans ce passage d'un sermon de Bourdaloue *sur la Nativité :*

« J'annonce un Dieu humble et pauvre ; « mais je l'annonce aux grands du monde. Que « leur dirai-je donc, Seigneur, et de quels « termes me servirai-je pour leur proposer le « mystère de votre humilité et de votre pau- « vreté ? Leur dirai-je : Ne craignez point ? « dans l'état où je les suppose, ce serait les « tromper. Leur dirai-je : Craignez ? je m'é- « loignerais de l'esprit des mystères que « nous célébrons, et des pensées consolantes « qu'il inspire et qu'il doit inspirer aux plus « grands pécheurs. Leur dirai-je : Affligez- « vous ? pendant que tout le monde chrétien « est dans la joie ? Leur dirai-je : Consolez- « vous ? pendant qu'à la vue d'un Sauveur qui « condamne toutes leurs maximes, ils ont tant « de raisons de s'affliger ? Je leur dirai, ô mon « Dieu, l'un et l'autre ; et par-là je satisferai au « devoir que vous m'imposez. »

De l'énumération.

58. Lorsqu'on veut rassembler les traits les plus frappans d'un objet qu'on veut dépeindre, on se sert de *l'énumération*. On l'emploie aussi pour faciliter les détails dans les instructions morales, et pour reprendre différentes classes de pécheurs. En voici un exemple :

« Qui est-ce qui pense à l'Éternité ? Est-ce cette

« jeune personne qui, livrée aux vanités du « monde et aux désirs de son cœur, ne pense à « rien moins qu'à son avenir? Est-ce ce jeune « homme qui passe son temps à se divertir et à « satisfaire ses passions? Cet homme avancé en « âge qui ne s'occupe qu'à amasser une for- « tune périssable? Ce pécheur qui remet de jour « en jour sa conversion? Ce père qui, loin de « donner le bon exemple à son fils, est pour lui « un sujet de scandale? Cette mère qui veille si « peu sur sa fille, etc. »

Cette figure se joint ordinairement à la *répétition* dont nous avons parlé à la fin du chapitre précédent.

De l'épiphonème.

59. On termine quelquefois l'énumération par une exclamation, une sentence ou une réflexion qui lui sert de conclusion. On nomme cette figure *Epiphonème*. En voici un exemple :

Déjà nous avons vu le Danube inconstant,
Qui, tantôt catholique et tantôt protestant,
Sert Rome et Luther de son onde ;
Et qui, comptant après pour rien
Le Romain, le Luthérien,
Finit sa course vagabonde
Par n'être pas même chrétien :
*Rarement à courir le monde*
*On devient plus homme de bien.*

(REGNIER-DESMARAIS).

On place quelquefois l'Epiphonème après chaque détail; c'est ce qu'on voit dans l'exemple suivant, tiré de Massillon.

« Quelle ressource pour un pécheur, lequel, « après avoir sacrifié au monde et à ses maî-« tres son repos, sa conscience, ses biens, sa « jeunesse, sa santé; après avoir tout dévoré, « des rebuts, des fatigues, des assujettissemens « pour des espérances frivoles, se voit tout « d'un coup fermer les portes de l'élévation « et de la fortune; arracher d'entre les mains « des places qu'il avait méritées, et qu'il croyait « déjà tenir; menacé, s'il se plaint, de perdre « celles qu'il possède; obligé de plier devant « des rivaux plus heureux, et de dépendre de « ceux qu'il n'avait pas même crus dignes au-« trefois de recevoir ses ordres? Ira-t-il loin du « monde se venger par des murmures éternels « de l'injustice des hommes? Mais, que fera-t-« il dans sa retraite, que laisser plus de loisir et « trouver moins de diversions à ses chagrins? « Se consolera-t-il dans l'exemple de ses sem-« blables? mais *nos malheurs à nos yeux ne « ressemblent jamais aux malheurs d'autrui;* « et d'ailleurs, quelle consolation de sentir re-« nouveler ses peines à mesure qu'on en re-

« trouve l'image et le souvenir dans les autres? « Se retranchera-t-il dans une vaine philosophie, et dans la force de son esprit? Mais « *la raison toute seule se lasse bientôt de sa* « *fierté. On peut être philosophe pour le public; on est toujours homme pour soi-même.* Se fera-t-il une ressource en se livrant au plaisir et aux infâmes voluptés? Mais « *le cœur, en changeant de passion, ne fait* « *que changer de supplice.* Cherchera-t-il « dans l'indolence et dans la paresse un bonheur qu'il n'a pu trouver dans la vivacité des « espérances et des prétentions? *Une conscience criminelle peut devenir indifférente,* « *mais elle n'en est pas plus tranquille. On peut* « *ne plus sentir ses disgraces et ses malheurs;* « *on sent toujours ses infidélités et ses crimes...* « *Le pécheur malheureux l'est sans ressource.* « *Tout manque à l'ame mondaine, dès que* « *le monde vient à lui manquer.* »

De l'ellipse ou retranchement de mots.

60. Pour rendre le style énergique, rapide et concis, on peut retrancher les mots qui, n'étant pas absolument nécessaires, peuvent être facilement suppléés. On appelle ce retranchement *ellipse*. On le remarque dans les exemples suivans:

« Je t'aimais inconstant, qu'aurais-je fait « fidèle? » Pour *qu'aurais-je fait, si tu avais été fidèle ?*

« Il parut, vit l'ennemi, l'attaqua, le vain- « quit. » Pour *il parut, et lorsqu'il eut vu l'ennemi, il l'attaqua et le vainquit.* On voit quelle vivacité les retranchemens donnent au style.

Autres figures de style.

61. Les figures de style dont il nous reste à parler, sont la définition, la gradation, la réticence, la suspension, la prétérition ou prétermission, la concession, la permission, la correction, l'ironie, l'allusion, la paraphrase, l'hyperbole et l'antithèse. En donnant la définition de chacune de ces figures, nous en indiquerons l'usage, et nous citerons des exemples.

De la définition oratoire.

62. La *définition* en général consiste à expliquer un mot par un autre ou par plusieurs autres. Elle doit être claire, précise et aussi courte qu'il est possible. Les définitions des orateurs diffèrent beaucoup des définitions des dialecticiens et des philosophes. Ces derniers expliquent strictement et sèchement chaque chose par son genre et par sa différence ; ainsi, ils définissent l'homme *un animal raisonnable.* L'orateur se donne plus de liberté, et définit

d'une manière plus étendue et plus ornée. Il dira, par exemple, *l'homme est un des plus beaux ouvrages du créateur qui l'a formé à son image, lui a donné la raison et l'a destiné à l'immortalité.*

Il y a différentes sortes de définitions. La première se fait par l'énumération des parties d'une chose, comme lorsqu'on dit : *la Bible est un livre qui contient l'Ancien et le Nouveau Testament*. La seconde définit une chose par ses effets. Ainsi, l'on peut dire que *la guerre est un monstre cruel qui traîne sur ses pas l'injustice, la violence et la fureur; qui se repaît du sang des malheureux, se plaît dans les larmes et dans le carnage, et compte parmi ses plaisirs la désolation des campagnes, l'incendie des villes, le ravage des provinces*, etc. La troisième espèce est comme un amas de diverses notions pour en donner une plus magnifique de la chose dont on parle. La quatrième consiste dans la négation et l'affirmation, c'est-à-dire à désigner d'abord ce qu'une chose n'est pas, pour faire ensuite mieux concevoir ce qu'elle est. Cicéron, par exemple, voulant définir le consulat, dit que cette dignité n'est point caractérisée par des haches, les faisceaux, les licteurs, la robe prétexte, ni tout l'appareil extérieur qui l'accompagne, mais par l'activité, la sagesse, la vigilance, l'amour de la patrie; et il en conclut que Pison, qui n'a aucune de ces qualités, n'est point véritablement consul, quoiqu'il en porte le nom et qu'il en occupe la place. La cinquième définit une chose par ce qui l'accompagne. Ainsi, l'on dit de *l'alchimie* que c'est *un art insensé, dont la fourberie est le commencement, qui a pour milieu le travail et pour fin l'indigence.* Enfin, la sixième définit par des similitudes et des métaphores. On dit, par exemple, que *la vie est une ombre qui fuit, une vapeur qui se dissipe.*

Les définitions oratoires ressemblent, comme on le voit, aux *descriptions* et aux *comparaisons* dont nous avons parlé dans le chapitre VII. On peut donc ne pas se borner à ce qui suffit pour s'expliquer. L'orateur a plus de liberté qu'un professeur qui donne une leçon. Il peut donner un libre essor à sa verve, et peindre les objets avec tous les ornemens convenables.

63. La *gradation* offre une suite d'idées, de sentimens ou d'images, qui renchérissent les uns sur les autres en croissant ou en décroissant. Il y a gradation croissante d'événemens mal- De la gradation.

heureux et de nouvelles affligeantes dans le récit suivant, tiré du premier livre des Rois :

« Le jour même (du combat et de la défaite « des Israélites par les Philistins) un homme « de la tribu de Benjamin, échappé du combat, « vint en courant à Silo. Il avait les habits « déchirés et la tête couverte de poussière. Dans « le temps que cet homme arrivait, Héli était « assis sur son siége et tourné vers le chemin ; « car son cœur tremblait de crainte pour l'arche « de Dieu. Cet homme étant donc entré dans la « ville, et ayant dit les nouvelles du combat, « il se fit parmi tout le peuple des cris lamen- « tables. Héli, ayant entendu le bruit de ces « clameurs, dit : Qu'est-ce que ce bruit confus « que j'entends ? Sur cela, cet homme vint à « Héli, en grande hâte, et lui dit cette nouvelle. « Héli avait alors quatre-vingt-dix-huit ans ; « ses yeux s'étaient obscurcis et il ne pouvait « plus voir. Cet homme dit à Héli : C'est moi « qui reviens de la bataille et qui suis échappé « du combat. Héli lui dit : Qu'est-il arrivé, « mon fils ? Cet homme, qui avait apporté la « nouvelle, lui répondit : Israël a fui devant « les Philistins ; une grande partie du peuple a « été taillée en pièces ; vos deux fils, Ophni et

« Phinéès, ont été tués; l'arche de Dieu a été « prise. Lorsqu'il eut nommé l'arche de Dieu, « Héli tomba de son siége à la renverse près de « la porte; et, s'étant cassé la tête, il mourut. »

64. La *réticence* est une figure par laquelle on interrompt une phrase commencée, mais lorsqu'on en a dit assez pour que l'auditeur devine ce qu'on affecte de ne pas dire, ou soupçonne plus que l'on ne dirait. On emploie cette figure par pudeur, par ménagement, par adresse ou par dissimulation. On en voit un exemple dans ces paroles d'Athalie à Joad, lorsqu'elle lui demande Éliacin et les trésors qu'elle croit cachés dans le temple : De la réticence.

En l'appui de ton Dieu tu t'étais reposé ;
De ton frivole espoir es-tu désabusé?
Il laisse à mon pouvoir et son temple et ta vie;
Je devrais, sur l'autel où ta main sacrifie,
Te... Mais du prix qu'on m'offre il faut me contenter;
Ce que tu m'as promis, songe à l'exécuter.

65. La *suspension* consiste à laisser quelque temps celui à qui l'on parle dans l'incertitude de ce qu'on va dire, et à le surprendre par quelque chose qu'il n'attendait pas. Bossuet emploie ainsi la suspension dans son *oraison funèbre de la reine d'Angleterre :* De la suspension.

« Combien de fois a-t-elle, en ces lieux,
« remercié Dieu humblement de deux graces :
« l'une, de l'avoir faite chrétienne; l'autre...
« Messieurs, qu'attendez-vous? Peut-être
« d'avoir rétabli les affaires du roi son fils?
« Non, c'est de l'avoir faite reine malheureuse.»

« Le fréquent usage de cette figure, dit Abelly, est puéril. *Dirai-je? Ne dirai-je pas? Si je le dis, vous croirez que... Si je ne le dis pas, il arrivera que... Je le dirai donc; mais non, je ne le dirai pas.* Je sais bien un endroit où un homme, impatient d'entendre cette incertitude, se leva tout en colère, et sortit de l'église en disant : *Dis-le si tu veux.* »

De la prétérition ou prétermission (feinte de silence).

66. La *prétérition* ou *prétermission* est une figure par laquelle on feint de passer sous silence ou de ne toucher que légèrement des choses essentielles, sur lesquelles elle appuie réellement et avec force. Démosthènes en offre cet exemple dans un de ses discours aux Athéniens contre Philippe, roi de Macédoine :

« Je ne parlerai ni de vos animosités domes-
« tiques, ni de l'agrandissement de Philippe.
« Je ne dirai pas qu'après tant de conquêtes il
« parviendra à la monarchie universelle de la
« Grèce, avec d'autant plus d'apparence qu'il

« n'y avait lieu de se défier autrefois de le voir « où il est à présent. »

Dans l'*oraison funèbre de la duchesse d'Orléans*, Bossuet fait un bel usage de cette figure :

« Je pourrais vous faire remarquer, dit cet « orateur, qu'elle connaissait si bien la beauté « des ouvrages d'esprit, que l'on croyait avoir « atteint la perfection quand on avait su plaire « à Madame. Je pourrais encore ajouter que les « plus sages et les plus expérimentés admiraient « cet esprit vif et perçant qui embrassait sans « peine les plus grandes affaires, et pénétrait « avec tant de facilité dans les plus secrets « intérêts. Mais pourquoi m'étendre sur, etc. »

67. La *concession* consiste à accorder quelque chose qu'on ne pourrait évidemment refuser ; à paraître ainsi faire un sacrifice dont on ne manque pas de tirer avantage. C'est ce qu'a fait Bossuet dans son *oraison funèbre de la reine d'Angleterre*, lorsque, sachant que l'on avait reproché à Charles Ier sa faiblesse, et sentant qu'il ne pouvait ni la taire, ni la nier, il dit, en parlant de cet infortuné monarque : De la concession.

« Je veux bien avouer de lui ce qu'un auteur « célèbre a dit de César, qu'il a été clément « jusqu'à être obligé de s'en repentir. Que ce

« soit donc là, si l'on veut, l'illustre défaut de « Charles, aussi bien que de César ; mais que « ceux qui veulent croire que tout est faiblesse « dans les malheureux et les vaincus ne pensent « pas pour cela nous persuader que la force ait « manqué à son courage, ni la vigueur à ses « conseils. Poursuivi à toute outrance par l'im- « placable malignité de la fortune, trahi de « tous les siens, il ne s'est pas manqué à lui- « même. Malgré les mauvais succès de ses armes « infortunées, si on a pu le vaincre, on n'a pas « pu le forcer ; et, comme il n'a jamais refusé ce « qui était raisonnable étant vainqueur, il a « toujours refusé ce qui était faible et injuste « étant captif. »

La concession est d'un grand secours lorsqu'il s'agit de combattre un sentiment, un préjugé, une erreur. Cette figure est même si naturelle, que nous l'employons tous les jours dans la conversation. Nous voulons faire revenir un homme de la prévention qu'il a contre un autre, de la haine qu'il lui porte : « Oui, sans doute, « lui disons-nous, vos soupçons sont fondés ; « vos reproches sont justes ; à votre place, je « penserais comme vous. Cependant prenez « garde ; en telle occasion, celui dont vous

« vous plaignez s'est bien conduit avec vous. Il « est honteux, repentant peut-être, d'avoir « trahi votre confiance, méconnu les obligations « qu'il vous a... » Ainsi, loin de heurter de front la prévention ou la haine, on accorde quelque chose, et l'on se ménage ainsi par un sacrifice l'avantage qu'on veut obtenir.

De la permission.

68. La *permission*, qui a du rapport avec la concession, s'emploie lorsque, ne pouvant faire changer à quelqu'un de résolution, malgré les excellentes raisons dont on s'est servi, on l'abandonne à lui-même; lorsque, pour empêcher une action criminelle, on en décrit d'avance les circonstances affreuses et les suites funestes; lorsque cette action est commise, et que, pour en faire sentir l'énormité, on semble inviter à en commettre de plus criminelles encore.

Les prédicateurs en font quelquefois usage pour faire voir aux pécheurs la suite de leur persévérance dans le mal. En voici un exemple :

« C'est donc en vain, malheureux pécheurs, « que je vous aurai fait, de la part de Dieu, les « plus tendres invitations. Vous résistez aux « efforts de sa bonté, vous lassez sa patience. « Allez donc, allez, aveugles que vous êtes; « je le veux : suivez votre voie, ajoutez iniquités

« à iniquités, comblez la mesure de vos crimes. « Que prétendez-vous? où voulez-vous en venir? « Ne voyez-vous pas le terme affreux où vous « allez aboutir? Un tribunal redoutable où « vous allez comparaître? un Dieu vengeur qui « va vous juger? un arrêt irrévocable qui va « fixer votre malheureux sort? une éternité de « supplices? Voilà ce qui vous attend si vous « endurcissez vos cœurs. Ah! plutôt, etc. »

De la correction.

69. La *correction* est une figure par laquelle l'orateur corrige ses expressions ou ses pensées, et leur en substitue d'autres plus convenables ou plus fortes. Fléchier, après avoir vanté la noblesse du sang dont Turenne était sorti, revient sur sa pensée et la corrige ainsi :

« Mais, que dis-je? Il ne faut pas l'en louer « ici, il faut l'en plaindre. Quelque glorieuse « que fût la source dont il sortait, l'hérésie des « derniers temps l'avait infectée. »

De l'ironie.

70. L'*ironie* cache un sens opposé à celui qu'expriment les paroles. On dit, par ironie, le contraire de ce qu'on pense et de ce qu'on veut faire penser aux autres. Par exemple, Pradon et Pelletier étaient de mauvais écrivains, et Cotin un très-médiocre prédicateur, selon Boileau; ce poète, en parlant d'eux, dit, par ironie :

Pradon comme un soleil en nos ans a paru,
Pelletier écrit mieux qu'Ablancourt et Patru;
Cotin, à ses sermons traînant toute la terre,
Fend des flots d'auditeurs pour aller à sa chaire.

L'ironie est une arme qui doit être maniée avec beaucoup de prudence par l'orateur chrétien. Il ne lui est jamais permis de l'employer pour blesser le prochain. Elle porte des coups terribles, et les plaies qu'elle fait sont souvent incurables. Il ne faut la diriger que contre les doctrines, ou en général de manière à ne jamais attaquer les individus. Si nous avons cité Boileau, ce n'est point pour le proposer comme un modèle aux prédicateurs. Ce satyrique auteur n'a pas toujours été juste dans ses censures, surtout envers l'abbé Cotin, qui ne doit pas être jugé d'après ce qu'il en dit.

71. L'*allusion* est une figure par laquelle on dit une chose qui a du rapport à une autre, sans faire une mention expresse de celle à laquelle elle se rapporte. Les livres du nouveau Testament et surtout les épîtres de saint Paul, et même les livres liturgiques, ainsi que ceux qui contiennent l'Office divin, sont pleins d'allusions aux choses de l'ancien Testament. On rappelle souvent l'Arche de Noé, la servitude De l'allusion.

d'Égypte, l'Agneau pascal, la colonne qui guidait les Israélites, le passage de la mer Rouge, la manne, l'eau du rocher, le serpent d'airain, le voyage dans le désert, etc. Les prédicateurs doivent, à l'exemple des saints Pères, faire un grand usage de ces allusions et de beaucoup d'autres qui intéressent toujours les auditeurs.

Ils doivent bien se garder de ces allusions injurieuses et malignes qui peuvent blesser quelqu'un. Si elles sont défendues aux simples fidèles dans leurs entretiens, à plus forte raison les prêtres, qui doivent être des ministres de paix et de charité, sont-ils tenus de se les interdire sévèrement, surtout dans la chaire.

De la paraphrase.

72. La *paraphrase* est l'explication ou plutôt le développement oratoire d'un passage de l'Écriture-Sainte ou d'une prière en usage dans l'Église. L'orateur se contente quelquefois de faire une sorte d'imitation sans rappeler le texte. Mais ce n'est point la méthode ordinaire. On trouve beaucoup de paraphrases dans nos sermonnaires. On les emploie surtout dans les péroraisons. Nous en avons cité plusieurs exemples à la fin du chapitre VI.

De l'hyperbole.

73. L'*hyperbole* est une figure qui exagère

les choses, soit en augmentant, soit en diminuant. Elle consiste à présenter des idées qui surpassent même la vraisemblance; à dire le plus ou le moins, pour faire entendre quelque excès en grand ou en petit : comme lorsqu'on nomme géant un homme de haute taille, et pygmée un petit homme. Elle emploie des mots qui, pris à la lettre, vont beaucoup au-delà de la vérité, mais qui sont réduits à leur juste valeur par ceux qui nous entendent.

On avait promis mille écus à celui qui ferait le meilleur quatrain sur les victoires du grand Condé; un poète gascon fit ces quatre vers, qui renferment une hyperbole ingénieuse :

> Pour célébrer tant de vertus,
> Tant de hauts faits et tant de gloire,
> Mille écus, sandis! mille écus!
> Ce n'est pas un sou par victoire.

L'hyperbole d'augmentation est plus commune que celle de diminution. Il faut prendre garde de passer les bornes, de peur d'être ridicule. On peut ajouter un correctif pour réduire l'excès à ses justes termes. Les prédicateurs le font ordinairement.

74. L'*antithèse* oppose les mots aux mots, les pensées aux pensées. Cette figure plaît, si De l'antithèse.

elle présente de la justesse, et si elle ne revient pas trop souvent. En voici deux beaux exemples, tirés de l'*Oraison funèbre du vicomte de Turenne*, par MASCARON :

« M. de Turenne, vainqueur des ennemis « de l'État, ne causa jamais à la France une « joie si universelle que M. de Turenne vaincu « par la vérité et soumis au joug de la foi.

« Rome profane lui eût dressé des statues, « sous l'empire des Césars; et Rome sainte « trouve de quoi l'admirer, sous les pontifes « de la religion de Jésus-Christ. »

On peut encore citer le suivant, qui se trouve dans l'*Oraison funèbre de Madame la duchesse d'Aiguillon* :

« On la vit souffrir, mais on ne l'entendit « pas se plaindre. Elle fit des vœux pour son « salut, et n'en fit pas pour sa santé. Prête à « vivre pour achever sa pénitence, prête à « mourir pour consommer son sacrifice; soupi- « rant après le repos de sa patrie, supportant « patiemment les peines de son exil; entre la « douleur et la joie, entre la possession et l'es- « pérance, se réservant tout entière à son « créateur, elle attendit tout ce qui pouvait

« arriver, et ne souhaita que ce que Dieu vou-
« drait faire d'elle. »

Il faut que les antithèses soient naturelles. « Chercher un détour pour trouver une batte- « rie de mots, dit Fénélon, cela est puéril. « D'abord les gens de mauvais goût en sont « éblouis ; mais dans la suite ces affectations « fatiguent l'auditeur. Connaissez-vous, ajou- « te-t-il, l'architecture de nos vieilles églises, « qu'on nomme gothique ? N'avez-vous pas re- « marqué ces roses, ces points, ces petits or- « nemens coupés et sans dessin suivi, enfin « tous ces colifichets dont elle est pleine ? Voilà « en architecture ce que les antithèses et les au- « tres jeux de mots sont dans l'éloquence. L'ar- « chitecture grecque est bien plus simple ; elle « n'admet que des ornemens majestueux et na- « turels : on n'y voit rien que de grand, de pro- « portionné, de mis en sa place. Cette archi- « tecture, qu'on appelle gothique, nous est « venue des Arabes : ces sortes d'esprits étant « trop vifs, et n'ayant ni règle ni culture, « ne pouvaient manquer de se jeter dans de « fausses subtilités. Delà leur vint le mauvais « goût en toutes choses. Ils ont été sophistes « en raisonnement, amateurs de colifichets en

« architecture, et inventeurs de pointes en « poésie et en éloquence. Tout cela est du « même génie (1). Un sermon plein d'antithèses « et d'autres semblables ornemens est fait « comme une église bâtie à la gothique. »

Écoutons Abelly sur le même sujet. « L'an-« tithèse est belle, dit-il, mais il faut craindre « le reproche qu'on faisait à un illustre de « notre siècle, qu'il ne pouvait faire marcher « un lion sans un mouton, le noir sans le « blanc, le jour sans la nuit, le ciel sans la « terre, et Dieu sans le diable. L'on a toujours « trouvé que le poète raillait fort à propos un « avocat qui jouait avec des antithèses dans « une cause où il s'agissait de la vie de son « client, *crimina rasis librat in antithetis*. « L'on se moquerait bien d'un homme qui « étudierait un discours plein de jeux d'esprit, « pour annoncer à une dame de qualité la mort « de son mari ou de son fils; je trouve un « prédicateur trop fleuri encore plus insuppor-« table que ceux-là. »

---

(1) Le *Gothique* est aujourd'hui la grande mode. D'après ce que vient de dire Fénélon, on ne peut féliciter notre siècle sur le goût bizarre qui le porte à rechercher les ornemens de ce genre.

Besplas fait aussi sur cette figure de bonnes observations. « L'antithèse, dit-il, est la figure chérie des orateurs. Infiniment attrayante par son éclat et l'opposition de ses membres, elle séduit les hommes les plus sévères, et les rend indulgens. Il faut en éviter la profusion et même en limiter beaucoup l'usage ordinaire; car elle éblouit à force de lumière et offre dans le discours le même défaut que le pinceau sur la toile, lorsque les objets trop éclairés empêchent l'œil de s'y reposer. On ne voit pas dans Horace, dit un auteur, de ces antithèses *pressées et poussées l'une sur l'autre*. Un orateur doit être plus grave et plus sérieux qu'un poète, surtout un orateur chrétien. Il ne peut, sans blesser sa profession, se permettre le luxe des ornemens. Fléchier ne pouvait s'en défendre. Son style avec son élégante parure déplaît quelquefois, par une certaine uniformité de beauté que ne connaît pas la nature : l'antithèse y occasionne une sorte de bruit qui fait heurter ensemble toutes ses périodes, et fatigue l'oreille de l'auditeur. Fontenelle a été un nouveau maître de ce mauvais goût; et ses ouvrages le plus justement applaudis ne sont que trop infectés de ce vice. Les grands modèles, plus graves, plus sévères, dédaignent la recherche de cet ornement, où le cœur n'a pas assez de part. Bossuet, Fénélon, Bourdaloue, Massillon, Cheminais, Corneille, Boileau, Pascal, Racine, Jouvenci, Cossart, Hersaut, Rollin, etc., dédaignaient cette parure.

« Ce défaut est familier au père de Neuville; accablé sous le poids de ses richesses, il n'a pu les verser avec assez de mesure pour éviter la profusion d'ornemens, et en particulier l'emploi trop fréquent de cette séduisante figure. Il faut bien qu'elle soit dangereuse, puisque Quintilien nous fait entendre que c'est par-là que commença la décadence du goût chez les Romains. C'était le défaut d'Isocrate et de Cicéron dans sa jeunesse; ce dernier s'en ressentit toute sa vie. Extrêmement soigneux de l'arrangement des mots et des membres de phrases, dans lequel consiste la beauté de cette figure, il sacrifiait ses propres principes aux charmes de cet ornement : mais au moins, remarque le même Quintilien, faisait-il oublier ce défaut par la beauté des sens cachés sous cette figure. Loin de finir brusquement ses périodes par un trait raccourci; loin de les couper, d'y substituer des silences déplacés, des suspensions, des réticences; il conserve partout, et jusqu'à la fin, la cadence et le nombre convenable à la période.

« Le vice que nous attaquons tombe plutôt sur l'antithèse des mots que sur l'opposition des idées. La chaire, surtout, peut tirer un grand avantage de cette figure par les contrastes qu'elle offre à l'auditeur, en lui montrant la contradiction des préceptes avec sa conduite; alors elle devient un reproche véhément, très-convenable à un si haut ministère. » Massillon en offre beaucoup d'exemples.

Il faut varier et mélanger les figures.

75. L'orateur ne doit pas se borner à l'emploi d'un seul genre de figures. Il convient de les varier, et même de les mêler ensemble. Ce mélange contribue à la beauté et à la force du discours. Nous allons indiquer, par différens exemples, comment on peut faire ce mélange. Rien n'est plus propre à en faire sentir les avantages.

On peut joindre : 1° L'exclamation à l'interrogation, et la comparaison à la supposition.

« Malheureux homme que je suis! qui me
« délivrera de ce corps de mort (1)?

(1) *Infelix ego homo! quis me liberabit de corpore mortis hujus?* (Rom., 7, 24.)

« O mon Dieu! nous ne vous connaissons pas : « le ciel est moins élevé au-dessus de la terre « que votre être ne l'est au-dessus de notre intel- « ligence ; vos œuvres les plus merveilleuses ne « sont qu'une faible expression de vos grandeurs « infinies : à peine ont-elles devant vous l'éclat « d'une fleur des champs devant l'astre qui la « fait éclore. Qu'êtes-vous donc, et qui peut « apprécier l'avantage inestimable de vous voir? « Les ouvrages les plus ordinaires de vos mains, « contemplés de près, ravissent d'étonnement. « Si vous étendiez notre vue, et qu'elle embrassât « à la fois tous ces êtres admirables dont vous « avez peuplé et embelli l'univers, l'amas de « tant de prodiges, saisi d'un coup d'œil, nous « jetterait dans une surprise délicieuse : quelles « impressions doit donc faire naître la vue de « leur créateur, puisque toutes les créatures « rassemblées ne sont que comme une goutte « échappée de cet océan immense de biens et de « perfections! » (L'abbé Richard.)

2° L'exclamation à l'apostrophe.

« Race perverse et corrompue! Est-ce ainsi « que tu es reconnaissant envers le Seigneur, « peuple fou et insensé? N'est-ce pas lui qui « est ton père, qui t'a possédé comme son

« héritage, qui t'a fait, qui t'a créé (1)? »

« O race incrédule et dépravée! jusqu'à « quand serai-je avec vous? jusqu'à quand vous « souffrirai-je (2)? »

« O Galates insensés! qui vous a fasciné les « yeux pour vous rendre ainsi rebelles à la « vérité (3)? »

3° L'apostrophe à l'invocation et au souhait. Le P. de Mac-Carthy en donne un bel exemple à la fin de son sermon *sur la dévotion à la Sainte-Vierge*.

« O France! que tu es heureuse d'avoir été « mise solennellement, il y a deux siècles, par « un de tes pieux monarques, enfans de saint « Louis, sous la protection spéciale de cette « glorieuse patronne! C'est elle, après Dieu, « qui t'a rendu tes autels, ton trône antique, « et la race bienfaisante de tes rois très-chré- « tiens. O Marie, achevez votre ouvrage,

(1) *Generatio prava atque perversa! Hœccine reddis Domino, popule stulte et insipiens? Numquid non ipse est pater tuus, qui possedit te, et fecit, et creavit te?* (Deut., 32.)

(2) *O generatio incredula et perversa! quousque ero vobiscum? usquequo vos patiar?* (Matth., 17, 16.)

(3) *O insensati Galatæ! quis vos fascinavit non obedire veritati?* (Gal., 3, 1.)

« protégez cette France, fille aînée de l'Église, « qui, pendant quatorze cents ans a conservé « sans altération le dépôt précieux de la vraie « foi ; qui fut long-temps la patrie des Saints, « comme elle est toujours celle des héros ; qui, « de nos jours même, a été arrosée du sang « des martyrs de la religion comme de la fidé-« lité, et qui n'a encore, hélas! ni relevé toutes « ses ruines, ni guéri toutes ses plaies. Protégez « ce roi qui vous chérit et vous révère ; qui « vous a toujours invoquée dans ses longues « disgraces, soutenues avec une si noble con-« stance ; qui vous rend hommage de toutes ses « consolations et de toutes ses prospérités, et « qu'on voit si souvent quitter son trône pour « aller prosterner son front auguste au pied de « votre autel, vous confier ses royales sollicitudes, « vous recommander la perpétuelle pensée de son « esprit, le grand besoin de son cœur : la félicité « de ses peuples. Oh ! combien de fois les peu-« ples, à leur tour, vous demandent le bonheur « de leur roi bien-aimé, et la longue durée de « son règne paternel ! Ah ! qu'il vive assez pour « voir ses vœux accomplis, les discordes étein-« tes, la religion et les bonnes mœurs respectées « dans tous ses états comme elles le sont dans

« son auguste famille, l'impiété et la licence « replongées dans les enfers, et tous les cœurs « réunis dans l'amour d'un si bon prince et du « Dieu qui récompense les rois vertueux et les « sujets qui leur ressemblent! Ainsi soit-il. »

4° La répétition et l'énumération à la réfutation.

M. de Boulogne, répondant à ceux qui repoussent les missions en demandant *si la France est une lande sauvage et un peuple barbare*, fait d'abord la peinture de notre situation, et conclut que jamais les missions n'ont été plus nécessaires. Puis il demande si la France était barbare dans le beau siècle de Louis XIV, qui vit éclore tant d'institutions pour annoncer la parole de Dieu aux peuples, et faire tant de missions au dehors et dans l'intérieur du royaume.

« Quoi donc, s'écrie-t-il, le siècle de la « décence et de l'honneur ne parlait que des « missions et ne voulait que des missionnaires, « et le siècle de la dégradation et de la licence « s'en trouverait offensé et les repousserait « comme des moniteurs intempestifs et des « censeurs hors de saison! On ne parlait que « de missionnaires quand le nombre des pasteurs

« était proportionné au nombre des ouailles, et
« on les repousserait lorsque tant de brebis
« errent sans guides et sans pasteurs, et ne
« connaissent plus de bercail! On ne parlait
« que de missionnaires, lorsque la chaire
« sainte brillait dans toute sa splendeur, et on
« les repousserait dans ce temps déplorable où
« l'on peut dire qu'il n'y a presque plus de
« chaires, et qu'un si grand nombre de nos tri-
« bunes saintes sont muettes et abandonnées!
« On ne parlait que de missionnaires dans un
« temps où l'ordre public n'avait point été com-
« promis, où le trône était affermi sur ses bases,
« où la religion tenait dans l'état le même rang
« que Dieu dans l'univers, et on les refuserait
« au sortir d'une révolution impie qui a tout
« ébranlé, qui a mis toutes les passions en prin-
« cipes, tous les vices en action, et où la reli-
« gion, n'ayant plus, ce semble, qu'une
« existence provisoire, ne sait plus quelle place
« elle tient! Fut-il jamais une contradiction
« plus odieuse et plus insigne? Et qui jamais
« expliquera un semblable délire, à moins
« peut-être qu'on ne dise que ce qui convenait
« à une époque de piété, de zèle et de bonnes
« œuvres, ne convient plus à l'ère des idées, des

« théories savantes et des hautes spéculations ; « et que, s'il fallait, au siècle du génie, « des confesseurs, des prédicateurs et des con- « vertisseurs, il ne faut plus, au siècle des « lumières, que des faiseurs de constitutions « et des faiseurs de romans, des rhéteurs et des « histrions, des penseurs et des baladins ? »

Voici un autre exemple sur le même sujet :

« On demande à quoi bon les missions. *A « quoi bon les missions !* C'est à vous de répon- « dre, malades, indigens, malheureux répan- « dus dans les villes et dans les campagnes, « qui, voyant tout-à-coup des hommes inconnus « venir à votre secours, vous servir, vous instrui- « re, vous consoler, satisfaire, prévenir tous « vos besoins ; à vous qui, trouvant en eux des « lumières et des ressources, levez les mains au « ciel pour le remercier des unes et des autres ; « c'est à vous de justifier les missionnaires, à « vous de célébrer les missions : vous le faites « assez souvent par vos transports et par vos « larmes ; toutes nos réponses ne vaudraient « jamais celles-là. *A quoi bon les missions !* « On ne manque pas, nous le savons, de « pasteurs zélés et instruits ; mais, quelque « zélés, quelque instruits que puissent être ces

« pasteurs, obtiennent-ils toujours une con-
« fiance générale? N'ont-ils jamais de contra-
« dictions à essuyer de la part du caprice ou de
« la part de l'indocilité? Les mêmes instructions,
« les mêmes talens font-ils toujours les mêmes
« impressions? L'objet le plus familier et le
« plus connu est-il toujours l'objet le plus chéri
« et le plus admiré? Ignore-t-on que le dégoût
« est né de l'habitude? D'ailleurs, les lumières
« les plus étendues, la vigilance la plus active
« peuvent-elles suffire pour éclairer toute une
« grande paroisse, un bourg entier? Serait-il
« possible aux pasteurs ordinaires d'exercer
« eux-mêmes les fonctions diverses que réunit
« chaque mission? N'est-il donc pas à souhaiter
« pour les paroissiens qu'ils aient de temps
« en temps des instructions nouvelles, et
« pour les curés qu'ils aient de temps en temps
« de nouveaux coopérateurs! *A quoi bon les*
« *missions!* Il est vrai que les fruits qu'on en
« retire ne sont pas éternels; mais un bien
« passager en est-il moins un bien? Mais doit-on
« compter pour rien tant de restitutions impor-
« tantes, tant de réconciliations sincères,
« tant d'aumônes considérables qu'une mission
« occasionne? Mais est-ce si peu de chose que

« de laisser dans toute une ville des monumens « de charité, des exemples de religion, des « motifs de subordination, et, si ce n'est l'ha« bitude, du moins la connaissance et le prin« cipe de toutes les vertus? *A quoi bon les « missions!* Vains censeurs! nous commençons « à vous entendre et nous cessons de vous « répondre. Pour répondre aux questions que « vous nous faites, il faudrait répondre à celles « que vous sous-entendez; vous nous dites : *A « quoi bon les missions?* et vous sous-entendez : « *A quoi bon les mœurs et la religion?* »

Ce morceau est tiré d'un ouvrage qui est dans son genre un chef-d'œuvre de raisonnement et d'éloquence. Quoique ce soit un ouvrage de circonstance, il est vraiment digne d'être compté parmi ceux qui méritent un rang distingué dans la littérature française. Cet ouvrage est l'*Apologie générale de l'Institut et de la Doctrine des Jésuites*. C'est le meilleur écrit qui ait été fait en leur faveur. Les bornes que nous nous sommes prescrites ne nous permettant pas de multiplier les citations, nous nous contenterons, pour satisfaire les lecteurs, de mettre sous leurs yeux la conclusion de cette éloquente apologie.

L'auteur, après avoir fait la récapitulation de tout ce qu'il a exposé dans l'ouvrage en faveur de l'institut de cette société célèbre, termine ainsi :

« C'est cependant cet institut qu'on charge « des plus odieuses imputations ; qu'on défend « de justifier sous les plus rigoureuses peines ; « qu'on a fait déposer au greffe comme un code « d'illusion et de fanatisme ; qu'on a livré aux « flammes comme un ouvrage d'impiété et de « corruption ; que, par un jugement qui n'a « point eu d'exemple dans le monde chrétien, « on veut faire abjurer par ceux-là même qui, « pendant plus de cinquante ans, se sont fait « une habitude de le révérer, une habitude de « l'aimer, une habitude de le suivre.

« Ce sont les élèves de cet institut, ce sont « des hommes qui entretiennent parmi eux l'u- « nion la plus fraternelle et la plus constante ré- « gularité ; ce sont des citoyens qui rendent au « public les services les plus multipliés, les plus « désintéressés, les plus essentiels ; ce sont des « religieux qui font hommage à l'Être suprême, « et de tous leurs penchans et de tous leurs « travaux, qu'on travestit en hommes corrom- « pus, en citoyens pervers, en religieux sa- « criléges.

« C'est une société qui a pour base cet institut, une société qui subsiste depuis deux cents ans, et qui, depuis deux cents ans, a toujours passé pour l'école de la science et de la vertu, qu'on veut faire passer dans ce siècle pour l'école de l'ignorance et de la scélératesse; une société qui, répandue dans une multitude de nations, les sert et les édifie toutes, qu'on s'efforce de diffamer, d'anéantir au milieu de la nation française; une société élevée par la religion, protégée par la politique, applaudie par la raison, qu'on vient d'abattre et de détruire contre le vœu de la raison, contre le vœu de la politique, contre le vœu de la religion.

« Venez donc gémir sur ses ruines, religion sainte, vengez l'honneur d'un institut que la main de vos pontifes avait marqué du sceau de la vénération, et que la main des bourreaux a marqué du sceau de l'ignominie! Consolez des infortunés que la violence arrache des asiles même que vous leur aviez ouverts! Dérobez au glaive de la justice des liens que vous aviez tissus et qu'elle s'efforce de rompre! Justifiez des pratiques que vous avez placées au rang des vertus et qu'on a

« rangées dans la liste des crimes! Attendrissez-
« vous sur les peuples idolâtres à qui on enlève
« ceux qui devaient un jour les former au
« christianisme et à l'humanité! Pleurez sur
« ces statues brisées, sur ces temples déserts,
« sur ces autels profanés, sur ces chaires
« muettes! Ressentez la plaie faite à votre Église
« et la honte imprimée au sanctuaire! Trem-
« blez surtout à l'aspect des trophées que l'im-
« piété et le schisme vont arborer de concert
« sur les débris d'une société toujours persé-
« cutée parce qu'elle vous fut toujours fidèle!
« Religion sainte! jusqu'ici vous l'avez hono-
« rée de vos éloges; honorez-la désormais de
« vos larmes!

« Venez gémir sur ses ruines, politique
« éclairée! souffrirez-vous sans vous plaindre
« qu'on ébranle à vos yeux les fondemens sur
« lesquels reposent la sûreté des particuliers et
« la stabilité des corps, l'obéissance des peuples
« et l'autorité des juges; qu'on détruise des
« établissemens que vous aviez formés vous-
« même pour le maintien des mœurs et pour
« la gloire de la nation; qu'on tarisse la source
« de tant d'instructions nécessaires; que l'on
« coupe la racine de tant de travaux utiles; qu'on

« étouffe le germe, qu'on disperse la semence « d'où vous avez vu éclore tant d'hommes cé- « lèbres; qu'on dépouille la piété et le savoir « du dépôt de l'enseignement, pour le confier « entre les mains du hasard, et peut-être de « l'ignorance, et peut-être du vice; qu'on ôte « ainsi à la jeunesse des guides assurés, aux « familles des consolateurs, aux malheureux « des intercesseurs, aux ecclésiastiques et aux « religieux des coopérateurs et des émules, aux « autels un corps de ministres zélés, au trône « un corps de sujets fidèles, à la patrie un « corps de citoyens irréprochables et labo- « rieux? Politique éclairée! vos secours n'ont « pu prévenir sa chute, vos regrets la ven- « geront!

« Venez gémir sur ses ruines, raison équita- « ble? Représentez-vous tous les outrages faits « à la reconnaissance. Voyez une société pour- « suivie par des hommes dont la plupart lui « doivent leur éducation et leurs talens; bannie « des villes et des provinces qu'elle a si bien « défendues contre l'erreur et le schisme dans « les temps d'ignorance et de séduction, contre « la maladie et la mort dans les temps de peste « et de calamité; proscrite au milieu d'un siècle

« dont elle contribuait à grossir les lumières,
« et dont elle réussissait à affaiblir la perver-
« sité. Représentez-vous tous les outrages faits
« à la vérité. Voyez des suppositions transfor-
« mées en principes, des falsifications substi-
« tuées à des preuves, la réalité détruite par
« l'apparence, l'expérience immolée à la possi-
« bilité, des témoignages éclatans confondus
« par des calomnies obscures, des raisons qu'on
« dissimule, des terreurs qu'on feint, des stra-
« tagèmes qu'on n'ose avouer, des motifs qu'on
« étale et des intérêts qu'on cache; des écrits
« spécieux qui ne prouvent pas ce qu'ils avan-
« cent, qui n'entendent pas ce qu'ils traitent,
« qui ne répondent pas à ce qu'on leur objecte;
« un peuple entier séduit par des sophismes,
« dominé par des préventions, amusé par des
« prétextes, troublé par des chimères. Repré-
« sentez-vous tous les outrages faits à la jus-
« tice. Voyez des préjugés populaires devenus
« des accusations juridiques; le langage de la
« passion substitué par des dénonciateurs in-
« fidèles au langage de la loi; deux cents ans
« de possession, cent soixante ans de prescrip-
« tion regardés comme inutiles; une multitude
« de déclarations, d'édits solennels et de lettres-

« patentes regardés comme abusifs; des en-
« gagemens contractés à la face des autels et
« sur la foi publique, détruits, et une déclara-
« tion fondée sur ces engagemens, conservée,
« c'est-à-dire l'effet conservé et la cause dé-
« truite; des religieux dissous par l'autorité
« temporelle, sans le concours et contre la ré-
« clamation de l'autorité spirituelle, c'est-à-
« dire des religieux qui ont cessé de l'être au
« tribunal des hommes et qui le sont encore au
« tribunal de Dieu; les nationaux punis pour
« les étrangers, les vivans pour les morts, un
« corps entier pour quelques-uns de ses mem-
« bres, c'est-à-dire un crime étranger puni
« comme un crime personnel, un crime
« passé comme un crime présent, un crime
« particulier comme un crime général. Enfin,
« représentez-vous tous les outrages faits à
« l'humanité. Voyez des citoyens paisibles, des
« religieux édifians qui se reposaient à l'ombre
« des lois et dans le sein de l'innocence, traînés
« tout-à-coup du pied des autels aux pieds des
« tribunaux, à travers les clameurs de la pré-
« vention, les invectives de la calomnie, les
« imprécations de la vengeance. Voyez-les pré-
« senter en vain d'une main tremblante les té-

« moignages réunis des villes, des diocèses et « des provinces; réclamer en vain d'une voix « défaillante les titres de leur existence et le « prix de leurs services; se flatter en vain que « le bras de la justice, secondé par celui de l'É- « glise, les sauve de l'abîme où l'on se hâte de « les précipiter. Voyez-les pendant une année « entière flottant entre l'espérance et la crainte; « ajoutant à l'impression du mal présent le « souvenir du mal passé et le pressentiment « du mal à venir; sentant croître à chaque mo- « ment leurs agitations et leurs frayeurs à l'as- « pect d'un orage qui grossissait de jour en « jour, et au bruit d'un tonnerre qui de jour en « jour grondait avec plus de fracas; attendant « sans cesse, ou que le soleil dissipât les nuages, « ou que la foudre éclatât sur leur tête. Au pre- « mier coup de cette foudre, voyez les maîtres « forcés de se séparer de leurs disciples et d'es- « suyer autant de larmes qu'ils en répandent; « l'asile de la piété inondé par les suppôts de la « justice; des huissiers menaçans mêlés avec « des religieux étonnés; le fruit du goût, de « l'économie et du travail, livré à la déprédation « tion et à la rapacité; le sceau de la proscrip- « tion imprimé sur toutes les portes; l'empire

« de la douleur et de la désolation établi dans « le séjour de l'étude et de la tranquillité. « Voyez le jour fatal arrivé, où se consomme la « plus affreuse des dissolutions, où se repré- « sente aux yeux de la France insensible la plus « désolante des scènes, où les frères se sépa- « rent, où les cœurs se déchirent, où de mal- « heureux jeunes gens, qui ont passé les plus « beaux jours de leur jeunesse dans de pénibles « travaux, sont dévoués à l'indigence et à l'i- « nutilité; où de plus malheureux vieillards « sont forcés de chercher dans les hôpitaux « ou dans des chaumières un asile et une sub- « sistance. Pour comble d'horreur, voyez quatre « mille hommes à qui on a ravi leur état, et à « qui l'on veut ravir encore leur honneur; « quatre mille religieux à qui on présente leur « institut à abjurer, ou la misère et l'exil à « subir; quatre mille citoyens qu'on place ainsi « entre le crime et la mendicité, entre le parjure « et le désespoir. Voyez.... A la vue de tant « de cruautés l'humanité frissonne; la justice « réclame contre tant d'iniquités; la vérité dé- « pose contre tant d'impostures; la reconnais- « sance s'indigne contre tant d'ingratitude; « toutes quatre à la fois poussent un cri en fa-

« veur de ce corps infortuné et si peu digne de « l'être; toutes gémissent sur ses ruines. Rai- « son équitable! refuserez-vous d'y gémir avec « elles? Refuserez-vous des regrets à une so- « ciété qui les mériterait par ses services, quand « elle ne les arracherait pas par ses malheurs?

« Pour nous qui, dispersés par sa chute, « promenons de ville en ville, de province en « province, de royaume en royaume, le spec- « tacle de ses débris et le sentiment de nos « douleurs, retenons nos larmes. S'il est beau « d'en faire couler, il ne le serait pas d'en « verser nous-mêmes. Ne pleurons pas sur la « société. La violence de la tempête a pu dé- « tacher quelques branches de ce grand arbre, « mais le tronc inébranlable n'en résistera « pas moins à la fureur des vents, et survivra « long-temps à l'orage. Ne pleurons pas non « plus sur nous-mêmes. Proscrits, les na- « tions voisines nous offrent une patrie: celle « du philosophe est partout où il peut servir « les hommes, et celle du chrétien partout où « il peut servir Dieu. Pauvres, l'image de notre « innocence fera respecter, rendra même inté- « ressante celle de notre pauvreté, et la cha- « rité suppléera peut-être à l'équité et à la

« reconnaissance. Jeunes, l'adversité nous ac-
« cueille dès nos premiers ans : c'est la com-
« pagne du sage, c'est la nourrice des saints ;
« qu'elle nous apprenne à le devenir. Vieux, la
« carrière des souffrances va finir pour nous
« avec celle de la vie ; déjà nous côtoyons l'a-
« bîme de l'Éternité, il s'ouvre : nous voilà à
« l'abri des fureurs des hommes, nous voilà
« rejoints à la société des justes, rien ne peut
« plus nous en séparer. Ne pleurons pas même
« sur l'institut. On l'arrache de nos mains, on
« ne l'arrachera jamais de nos cœurs. Le glaive
« des bourreaux, qui peut tout sur nos têtes,
« ne peut rien sur nos ames. C'est là que cet
« institut se trouve tout entier écrit en caractères
« que ni le fer ni la flamme ne sauraient effa-
« cer ; c'est là que notre conscience le vengera
« hautement de l'opprobre dont on veut le cou-
« vrir. En vain donc, déployant à nos regards
« l'appareil de la misère et les instrumens des
« supplices, les tribunaux retentiront avec fra-
« cas de cette horrible parole : *Abjure l'institut ;*
« nous n'y répondrons jamais que par celles-ci :
« *Plutôt la misère, plutôt les supplices que le*
« *crime et l'infamie.* Bien loin d'abjurer cet
« institut, nous continuerons d'y puiser ces

« sentimens de piété qui ne comptent pour « rien les biens de la terre; ces sentimens de « courage qui rendent la vertu, si ce n'est inac- « cessible, du moins supérieure à l'infortune; « ces sentimens d'élévation qui font envier à « l'injustice même qui triomphe le sort de « l'innocence même qui succombe; ces senti- « mens de générosité qui rendent le bien pour « le mal.

« France! nous sommes tes victimes, nous « n'en serons pas moins tes enfans, nous n'en « serons pas moins tes sujets, nous espérons « même pouvoir devenir encore tes bienfaiteurs. « Si ce n'est pas par nos travaux, ce sera du « moins par nos prières. Oui, qu'on nous ferme « à tes yeux la route de l'enseignement, celle « de la prédication, celle de toutes les fonc- « tions ecclésiastiques, celle de tous les em- « plois civils : on ne nous fermera pas pour « cela l'entrée des temples, ni l'oreille du « Créateur. Ces temples seront témoins chaque « jour des vœux redoublés que nous ferons « pour toi. Chaque jour ce Créateur nous verra, « les bras étendus vers le ciel, intéresser sa « puissance à ta félicité; lui demander qu'il « couronne ton front des palmes de la gloire;

« qu'il nourrisse dans le cœur de tes peuples « la flamme de l'honneur ; qu'il continue à « faire luire sur tes contrées le soleil de la foi ; « qu'il répande sur tes campagnes le fleuve de « l'abondance ; qu'il écarte de tes provinces le « démon de la révolte ; qu'il fasse asseoir en « tout temps sur les tribunaux de tes juges le « génie de la modération et de la justice ; sur « les sièges de tes pontifes, le génie du zèle et « du savoir ; sur le trône de tes maîtres, le génie « de la bienfaisance et de l'humanité : qu'il « t'envoie tour à tour l'ange de la paix et de « la victoire ; que par tes succès il nous con- « sole de nos revers ; que du moins à nos re- « vers il n'ajoute pas les tiens.

« Tel sera toujours l'objet de tous nos vœux. « C'est ainsi qu'en nous rendant utiles, nous « profiterons du seul moyen qu'on nous laisse « de nous rendre heureux ; c'est ainsi que la « religion nous tiendra lieu de la fortune : c'est « ainsi qu'après avoir fait l'apologie de l'Insti- « tut par nos écrits, nous continuerons d'en « faire l'éloge par notre conduite. »

Quelle éloquence ! quels traits pathétiques ! Et surtout quelle force de raison, quel accent de vérité ! On sent que c'est ici le cri de l'innocence opprimée. Et dans ce cri si énergique, si perçant, quelle élévation d'ame ! quels beaux sentimens ! quelle vertu ! Ce morceau est admirable sous le rapport de l'art oratoire. Et cependant ce n'est pas son éloquence qui frappe le plus en le lisant ; c'est le sujet même qui en fait le fond. Est-il possible de ne pas s'étonner qu'aujourd'hui, après tant d'événemens si capables d'ouvrir les yeux et de faire réfléchir, après tant d'expériences et tant de leçons ; que dans ce siècle qui vante si haut ses lumières, sa sagesse, sa modération ; que dans ce temps qu'on dit être celui de la tolérance et de la liberté, on voie encore en France une société qui a produit et formé tant de grands hommes dans tous les genres, une société si habile à élever la jeunesse et à cultiver les sciences et les lettres, une société, c'est-à-dire une classe tout entière de Français, de citoyens utiles, frappés d'une sorte d'anathème ? Ceci n'est plus dans nos mœurs, ni en rapport avec le progrès de notre civilisation. Il faut laisser aux peuples barbares, aux nations arriérées, le soin de donne r depareils spectacles. La France si éclairée, si grande, si généreuse, doit au monde un exemple plus digne d'elle.

76. L'éloquence doit aux figures des traits frappans. Elles donnent de la vivacité, de la chaleur, de la grace, de la force, de l'onction au discours; mais, pour en obtenir un effet sûr, il ne faut pas les prodiguer ni courir après elles; il faut plutôt en être économe et les laisser venir d'elles-mêmes. Lorsqu'on est bien pénétré de son sujet, les idées abondent, et les figures se présentent en foule; mais, dans ce cas même, il faut encore se défier de sa fécondité; savoir choisir dans cette abondance d'idées et d'expressions celles qui conviennent, et sacrifier celles qui seraient inconvenantes, qui nuiraient à la précision et ne formeraient qu'une vaine parure. Observations sur l'emploi des figures.

Comme ceci est important, exposons avec plus de développement les bonnes règles sur cet article, et ne craignons pas de répéter ici des avis qui ont déjà été donnés ailleurs. Ce n'est qu'à force de les réitérer qu'on les fera bien retenir.

Pour que les figures produisent un bon effet, il faut d'abord, comme nous l'avons dit, les employer avec mesure et discrétion. Elles sont comme les yeux du discours, dit Quintilien; mais les yeux ne doivent pas être répandus par tout le corps. Les figures trop multipliées masquent les pensées au lieu de les embellir. Selon Aristote, elles font du discours une énigme. Une prairie toute couverte de fleurs pourrait surprendre d'abord, mais l'œil en serait bientôt fatigué. En effet, ce n'est point la nature ; elle est moins prodigue de ses beautés. La satiété naît presque toujours de l'abondance ; et les plus belles choses doivent se montrer rarement, pour ne point cesser de paraître belles.

Secondement, les figures doivent être soutenues par le fond des choses. Il n'y a point, dit Longin, de figure plus excellente que celle qui est cachée. Or, il n'y a rien qui puisse mieux l'empêcher de paraître, que la beauté des pensées. Ces deux choses doivent s'aider mutuellement, la figure doit relever la pensée, et la pensée ôter à la figure ce qu'elle paraît avoir naturellement d'artificieux et de trompeur. Cicéron s'exprime à peu près de même. Le discours le plus magnifiquement orné, dit-il, est ridicule, s'il ne porte sur des pensées solides et vraies. En effet, qu'y a-t-il de plus insensé qu'un vrain bruit de mots éclatans et pompeux, qui ne dit rien et n'apprend rien?

Fénélon traite, comme nous l'avons déjà vu,

de vain déclamateur et de charlatan celui qui ne cherche, en parlant, que des phrases brillantes et des tours ingénieux. Selon lui, *le seul homme digne d'être écouté est celui qui ne se sert de la parole que pour la pensée, et de la pensée que pour la vérité et la vertu.* On doit donc le mépris le plus profond à ces parleurs de métier, comme les appelle encore l'archevêque de Cambrai, qui ne pensent qu'à éblouir les yeux par des figures brillantes, et nullement à contenter l'esprit par des pensées solides (1).

Troisièmement, il faut placer les figures à propos. Les unes sont destinées à instruire, les autres à toucher; le plus grand nombre a pour but, comme nous l'avons déjà dit, de

(1) « Il n'est que trop vrai, dit Abelly, qu'on abuse des figures en les rendant trop fréquentes ou trop puériles, sous prétexte de délecter; que cet abus ôte beaucoup du poids que doit avoir un discours important, et qu'il empêche qu'on ne lui donne toute la créance qu'il mérite.

« L'abus des figures, ajoute-t-il, peut rendre un orateur sujet à la raillerie que Tertullien en fait si agréablement dans la personne d'un soldat bien armé, et en présence de ses ennemis, qui fait le beau, et qui s'applique plus à faire admirer sa bonne mine qu'à frapper ceux qui l'attaquent. »

donner à l'orateur la facilité de varier son style et d'exprimer plus adroitement et plus fortement ses pensées. La règle que nous donnons ici regarde plus spécialement les figures à mouvement. Il faut qu'elles naissent du fond même du sujet. Il y en a qui pensent avoir fait merveille et mériter les plus grands éloges, quand ils ont éclaté par une apostrophe, une exclamation, une prosopopée, etc. Ils se trompent grossièrement, et font preuve du plus mauvais goût. Les cris perçans de la douleur siéent mal à celui qui ne souffre pas, et l'on y est insensible. Mais, quand ils sont naturels et qu'ils partent d'un cœur vraiment pénétré, on n'y résiste pas, ils touchent, ils ébranlent, ils déchirent. Ainsi les plus belles figures sont froides et languissantes, si elles ne peignent des sentimens inspirés par la chose même dont il s'agit.

Quatrièmement, il faut que les figures, qui sont le vêtement des pensées, répondent au genre et au ton du discours. Elles doivent être en harmonie avec le fond, et ne pas s'écarter de ce qui lui convient. De même qu'il doit y avoir une sorte de convenance entre le vêtement et le rang de celui qui le porte, de même aussi, entre les figures et les pensées, il doit régner un parfait accord. Alors la composition est si naturelle, que les figures deviennent presque insensibles, c'est-à-dire qu'on n'y songe pas. C'est le comble de l'art, suivant Longin, et la preuve du plus grand talent.

Cinquièmement, il faut que les figures qu'on destine à produire un grand effet soient préparées et amenées avec art. C'est ce que nous avons surtout observé en parlant des mouvemens. Voyez la nature; elle prépare toujours de loin ce qui doit nous plaire ou nous frapper le plus. Les fleurs ne naissent pas subitement et toutes formées; leur tige, faible d'abord, se développe par des accroissemens insensibles. Le crépuscule précède l'aurore, l'aurore le soleil, et c'est encore par degré que celui-ci arrive à son midi. Un ouragan ne se déclare point sans être annoncé par des signes qui le font prévoir. Imitez donc la nature, préparez vos principales figures, dans quelque genre qu'elles puissent être. (GIRARD.)

77. C'est ici qu'il convient de faire quelques observations sur le style périodique et le style coupé. Le *style périodique* est celui où les propositions ou les phrases sont liées les unes aux

Observations sur le style périodique et le style coupé.

autres, soit par le sens même, soit par des conjonctions. Le *style coupé* est celui dont toutes les parties sont indépendantes et sans liaison réciproque. Un exemple suffira pour les deux espèces :

« Si M. de Turenne n'avait su que combat-
« tre et vaincre, s'il ne s'était élevé au-dessus
« des vertus humaines, si sa valeur et sa pru-
« dence n'avaient été animées d'un esprit de
« foi et de charité, je le mettrais au rang des
« Fabius et des Scipion. »

Voilà une période qui a quatre membres, dont le sens est suspendu : *Si M. de Turenne n'avait su que combattre et vaincre*, etc. Ce sens n'est pas achevé, parce que la conjonction *si* promet au moins un second membre ; ainsi le style est là périodique. Le veut-on coupé? il suffit d'ôter la conjonction :

« M. de Turenne a su autre chose que com-
« battre et vaincre ; il s'est élevé au-dessus des
« vertus humaines ; sa valeur et sa prudence
« étaient animées d'un esprit de foi et de cha-
« rité ; il est bien au-dessus des Fabius et des
« Scipion. »

Le style périodique a deux avantages sur le style coupé. Il est plus harmonieux et il tient l'esprit en suspens. La période commencée, l'esprit de l'auditeur s'engage, et est obligé de suivre l'orateur jusqu'au point, sans quoi il perdrait le fruit de l'attention qu'il a donnée aux premiers mots. Cette suspension est très-agréable à l'auditeur ; elle le tient toujours en haleine. Le style coupé a plus de vivacité et plus d'éclat. On emploie tour à tour ces deux sortes de style suivant que la matière l'exige.

Il y a deux excès à éviter dans la construction et la coupe des phrases. Le premier est de ne pas mettre entre elles assez de liaisons, le second est de ne pas pouvoir les finir. Ce dernier défaut est celui des orateurs dont la mémoire travaille beaucoup. Ils sont obligés de tout lier pour mieux retenir. On le remarque dans le style du P. de Neuville et dans celui de M. de Boulogne. L'un et l'autre ont des phrases interminables. On évitera ce défaut et le précédent en écrivant naturellement et en imitant les bons auteurs.

Du sublime et de ses différentes sortes.

78. Parlons maintenant du *sublime*. On appelle ainsi un genre de parler ou d'écrire qui exprime de grandes idées ou de grands sentimens. De là vient qu'on distingue en général deux sortes de sublime, celui d'idée et celui de sentiment. Le sublime d'images se rapporte

au premier, celui de circonstance tient à l'un ou à l'autre. Il en est de même de celui qu'on nomme sublime d'expression.

Source du sublime.

79. Le sublime a sa source dans tout ce qui est au-dessus des conceptions ordinaires et des sentimens communs. Il est d'abord dans de grandes idées exprimées avec une simplicité précise qui fait pénétrer plus avant les pensées dans l'ame. Il ne tient pas à l'abondance des détails, mais plutôt au choix et à la force des traits. Une phrase, un mot suffit pour le produire, et alors il ressemble à l'éclair qui jaillit des nues et disparaît à l'instant. Il élève notre esprit au-dessus de sa sphère ordinaire et le transporte dans les régions élevées de l'intelligence. C'est une sorte de *vision subite qui ravit.* Elle nous fait apercevoir ce que notre vue ordinaire n'aperçoit pas. Elle nous fait sentir si vivement les choses, que nous ne pouvons nous empêcher d'en être étonnés. C'est ce qui produit notre admiration.

Le sublime est aussi dans de grands tableaux. Comme dans notre état présent notre intelligence dépend beaucoup des sens, c'est surtout par le moyen des images et des grands tableaux que présente la nature qu'elle s'élève au-dessus d'elle-même pour saisir par comparaison ce qu'elle ne comprendrait pas sans ce moyen. La nature physique est une représentation fidèle de la nature intellectuelle. C'est dans le monde intelligent que se trouve le type, le modèle, ou, si l'on veut, la figure originale du monde physique. Ainsi tout ce qui, dans la nature, présente de grands tableaux, produit aussi en nous de grandes idées ; et, quand nous en sommes frappés, notre esprit, étonné de sortir de ses idées habituelles, est saisi d'un sentiment subit qui le transporte (1).

« Il est dans la nature, dit M. Pérennès, certains objets dans la grandeur ou la force est tellement hors de proportion avec nos organes, que nous ne pouvons la mesurer, et que notre ame, après avoir vainement cherché à les embrasser dans leur ensemble, retombe sur elle-

(1) Et, ce qu'il importe d'observer, c'est alors que notre esprit sent plus que jamais qu'il est créé. Élevé tout-à-coup hors de sa sphère ordinaire, il se précipite sur la vérité avec une activité incroyable; mais, dans le même moment qu'il fait l'essai de sa force, il sent sa faiblesse et ses bornes. Ce qu'il voudrait saisir lui échappe. L'abîme de l'infini lui a apparu, et il reste frappé d'une sorte de stupeur et d'épouvante.

même, frappée d'un sentiment profond de surprise, d'admiration ou de crainte : ce sont les objets sublimes. Telle est la vue d'une vaste et sombre forêt, dont les arbres supposent des siècles de végétation; d'une mer immense, dont la surface se confond à l'horizon avec les nuages; d'une chaîne de montagnes, couronnée de neiges éternelles, et hérissée de rochers dont les anfractuosités forment d'effrayans abîmes. L'aspect de ces objets ébranle l'imagination, émeut l'ame tout entière, et lui fait éprouver ce trouble que cause le sentiment de l'infini. Le propre des spectacles sublimes est de nous arracher à nos idées habituelles, pour nous absorber dans un sentiment unique, et en quelque sorte surhumain.

Caractères principaux qui distinguent les objets sublimes dans la nature physique.

80. « Les caractères qui, réunis ou séparés, nous semblent distinguer les objets sublimes dans la nature physique, peuvent se réduire à quatre :

1° L'*étendue* dans toutes ses dimensions : c'est le caractère qui nous frappe dans une plaine dont notre œil ne peut atteindre les bornes ; ou dans une montagne dont le sommet se perd dans les nues. Le sentiment qu'elle inspire est l'*étonnement*.

2° *La magnificence;* elle résulte de la grandeur unie à la richesse, et elle fait naître en nous l'*admiration.* C'est l'impression que produit la vue d'un ciel resplendissant d'étoiles, ou l'aspect général de la nature.

3° *La majesté;* elle naît de la grandeur unie au calme et à la sérénité. Supposez le soleil se levant dans un ciel pur, et répandant de toutes parts la lumière et la vie, ou une solennité religieuse, célébrée dans une vaste basilique avec tout l'appareil que peut déployer le culte chrétien, vous aurez l'idée d'un spectacle sublime par sa majesté. Le sentiment qu'il excite dans l'ame est *le respect.*

4° *La puissance,* qui est produite par l'union de la force et de l'étendue. C'est le caractère que nous présentent les phénomènes les plus terribles de la nature, une tempête, un vaste incendie; et le sentiment qui y correspond est *la terreur.*

Ces quatre caractères se trouvent souvent réunis dans la nature, et il y a une grande analogie entre les idées et les sentimens qu'ils font naître (1).

(1) Les hommes ont imité par les arts le sublime de la nature, et ils sont quelquefois heureusement

Du sublime de sentiment.

81. Outre les sentimens dont nous venons de parler, qui sont l'effet des grandes idées et des grands tableaux, il y en a qui n'ont point ces causes, et qui néanmoins nous étonnent et nous ravissent par leur sublimité et leur grandeur. « L'homme déploie quelquefois, dit le même auteur, une grandeur immense, une puissance qui paraît surpasser les forces de l'humanité, et devant laquelle nous demeurons saisis d'étonnement et d'admiration. Ainsi, c'est un spectacle sublime que celui d'un homme supérieur à tous les coups de la fortune, supportant tous les malheurs, affrontant tous les périls avec un calme inaltérable. Régulus, pour demeurer fidèle à son serment, quitte sa famille et sa pa-

---

parvenus à donner à leurs ouvrages un caractère imposant de grandeur et de majesté. Les pyramides d'Égypte, qui, depuis tant de siècles, s'élèvent au milieu du désert, et qui donnent une si haute idée de la puissance de l'homme, frappent d'une sorte d'étonnement et de respect le voyageur qui s'arrête à leurs pieds. Monumens d'une architecture moins ancienne, nos vieilles cathédrales gothiques ont aussi le pouvoir de réveiller dans les ames des émotions profondes. L'on ne peut entrer, dit M. de Châteaubriand, dans leur enceinte sombre et silencieuse, sans éprouver une sorte de frissonnement et un sentiment vague de la divinité. (M. Pérennès.)

trie, et va sans hésiter se livrer aux tortures qui l'attendent à Carthage ; Marius, prisonnier, désarme d'un mot l'esclave Cimbre qui vient pour l'égorger ; d'Assas se dévoue à la mort pour l'armée française (1) ; une femme de Florence, pour sauver son enfant qu'une lionne va dévorer, se précipite vers l'animal et l'attendrit par ses cris : tous ces traits révèlent une puissance morale, une force de sentiment que nous ne pouvons calculer ; ils sont sublimes. L'histoire sacrée surtout offre un grand nombre d'actions qui présentent le même caractère. Cette mère des Machabées, qui, pour demeurer fidèle au culte de ses pères, voit ses sept en-

---

(1) Le chevalier d'Assas, capitaine français, servait dans le régiment d'Auvergne, et, le 16 octobre 1760, commandait à Clostercamp, près de Gueldre, une avant-garde. Sorti du camp au point du jour pour reconnaître les postes, il tombe entre les mains d'une colonne ennemie, qui l'entoure et le menace de la mort s'il dit un seul mot ; il y allait du salut de l'armée. D'Assas recueille ses forces et s'écrie : *A moi, Auvergne ! voilà l'ennemi ;* et à l'instant il tombe percé de coups ; mais son cri d'alarme sauva les Français. Ce trait a été récompensé dans la famille de d'Assas par une pension de 1,000 livres, réversible à perpétuité sur les aînés portant son nom. Nous pensons que cette pension, si bien méritée, se paie encore aujourd'hui.

fans expirer l'un après l'autre, sous ses yeux, dans d'horribles tortures, et qui, loin d'être abattue par la vue de leurs souffrances, les encourage au matyre, et reçoit elle-même la mort avec une inébranlable fermeté, n'offre-t-elle pas un degré de force morale qui étonne et confond l'imagination?

La religion est la source la plus abondante du sublime.

82. Aussi la religion est-elle la source la plus abondante du sublime, parce que tout y est mystérieux et infini, et qu'elle inspire tout à la fois et les grandes idées et les grands sentimens. Il suffit de la connaître pour être frappé de l'étonnante grandeur qui s'y montre de toutes parts. Par son enseignement, et par tout ce qui la constitue, elle élève l'homme au-dessus de lui-même. Rien de plus relevé que les considérations qu'elle lui présente, et rien de plus sublime que les sentimens qu'elle lui inspire.

Exemples du sublime. — Exemple du sublime d'idée.

83. Ce que nous venons d'exposer sera mieux compris par des exemples. Nous allons en donner sur les différens genres de sublime. Commençons par le sublime d'idée.

Le début simple de la Genèse est sublime :

« Au commencement Dieu créa le ciel et la « terre. »

Les historiens vulgaires auraient fait ici de

grands préambules. L'orateur sacré entre de suite en matière, et annonce en peu de mots le premier et le plus grand des événemens, *la création de l'univers.*

Moïse donne une grande idée de la toute-puissance de Dieu lorsqu'il rapporte ainsi la création de la lumière :

« Dieu dit : Que la lumière soit. Et la lumière « fut. »

Dieu donne une grande idée de son être, lorsqu'il dit de lui-même :

« Je suis celui qui suis ; *ego sum qui sum.* »

Ce sont aussi des idées sublimes que celles qui désignent le souverain Être dans ces expressions : *le Roi des Rois, le Seigneur des Seigneurs, le Dieu des Dieux ;* comme dans ce passage :

« Le Dieu des Dieux, le Seigneur a parlé (Ps., 49, 1). »

Bossuet nous fait vivement sentir la généralité et le crime de l'idolâtrie, lorsqu'il dit ces paroles :

« Tout était Dieu, excepté Dieu même. »

Voici un passage tiré d'un livre de dévotion (1),

(1) Le *Mois de Marie*, par un prêtre du diocèse de Belley, édition de 1839, p. 144.

où l'on trouve une réflexion sublime. L'auteur parle du voyage de la sainte famille à Bethléem :

« Après les fatigues d'un long chemin, les « saints voyageurs n'éprouvent que des mépris « et des humiliations de la part des habitans de « Bethléem ; ils ne trouvent personne qui « veuille leur donner un asile, et sont contraints « de se retirer dans le creux d'un rocher servant « d'étable à de vils animaux. *C'est là le palais « où entre la reine de l'univers, et où le Dieu du « ciel et de la terre veut prendre naissance.* »

Cette dernière réflexion est sublime par le contraste étonnant qu'elle présente.

En voici une autre qui ne l'est pas moins. Elle se trouve dans un théologien qui, après avoir observé aux prêtres qui célèbrent le saint sacrifice qu'ils doivent recueillir avec soin les parcelles, et ne pas négliger la plus petite, quoiqu'elle ne paraisse que comme un grain de poussière, ajoute cette réflexion qui est sublime : *Ce qui vous paraît un grain de poussière cache le maître du monde*. Le sublime se trouve dans les deux idées extrêmes que présente cette simple observation.

Exemples du

84. Il y a de beaux exemples du sublime

d'image. L'Écriture-Sainte en renferme un grand nombre. Citons-en quelques-uns : sublime d'image.

« Celui qui transporte les montagnes... qui « change la terre de place, qui ébranle ses « colonnes, qui commande au soleil, et il « s'arrête ; qui tient les étoiles comme sous le « sceau, qui seul étend les cieux, et qui mar- « che sur les flots de la mer (1). »

« Dis-moi, où étais-tu quand je posais les « fondemens de la terre ?... Et apprends-moi « qui a mesuré ses limites, si tu en as connais- « sance ?.... Sur quoi ses bases sont-elles « appuyées ?... J'ai dit à la mer : Tu viendras « jusqu'ici... et tu briseras là l'orgueil de tes « flots... As-tu pénétré jusqu'au fond de la « mer, et t'es-tu promené dans ses plus profonds « abîmes ?... Dis-moi si tu sais où la lumière « habite, et où est le lieu des ténèbres ?... Qui a « marqué le cours aux orages, et qui a tracé la « voie au bruyant tonnerre ?... Pourrais-tu

(1) *Qui transtulit montes... Qui commovet terram de loco suo, et columnæ ejus concutiuntur. Qui præcipit soli, et non oritur : et stellas claudit quasi sub signaculo. Qui extendit cœlos solus, et graditur super fluctus maris* (JOB, 9, 5-8).

« réunir les brillantes étoiles des Pléïades (1)? »

« J'ai vu l'impie exalté ; il était élevé comme « les cèdres du Liban. Je n'ai fait que passer, il « n'était déjà plus. Je l'ai cherché, et je n'ai « pas même trouvé le lieu où il était (2). »

Racine a rendu ainsi la première partie de ce passage :

J'ai vu l'impie adoré sur la terre ;
Pareil au cèdre, il cachait dans les cieux
Son front audacieux.
Il semblait, à son gré, gouverner le tonnerre ;
Foulait aux pieds ses ennemis vaincus.
Je n'ai fait que passer, il n'était déjà plus.

Bossuet présente une image sublime quand,

---

(1) *Responde mihi. Ubi eras quando ponebam fundamenta terræ?... Quis posuit mensuras ejus, si nosti?... Super quo bases illius solidatæ sunt?... Dixi (mari) : Usque huc venies... Et hic confringes tumentes fluctus tuos... Numquid ingressus es profunda maris, et in novissimis abyssi deambulasti?... Indica mihi, si nosti, in qua via lux habitet, et tenebrarum quis locus sit... Quis dedit vehementissimo imbri cursum, et viam sonantis tonitrui?... Numquid conjungere valebis micantes stellas Pleïadas?* (Job, 38.)

(2) *Vidi impium super exaltatum, et elevatum sicut cedros Libani : et transivi, et ecce non erat : et quæsivit eum, et non inventus est locus ejus* (Ps., 36, 35 et 36).

en parlant de la chute des empires, il dit qu'*ils s'écroulent avec fracas.*

Ce sont des images sublimes que celles qui composent le tableau du jugement dernier, dans le poème de la Religion :

Déjà j'entends des mers mugir les flots troublés;
Déjà je vois pâlir les astres ébranlés;
Le feu vengeur s'allume, et le son des trompettes
Va réveiller les morts dans leurs sombres retraites.
Ce jour est le dernier des jours de l'univers;
Dieu cite devant lui tous les peuples divers;
Et, pour en séparer les saints, son héritage,
De sa religion vient consommer l'ouvrage.
La terre, le soleil, le temps, tout va périr,
Et de l'éternité les portes vont s'ouvrir;
Elles s'ouvrent : ce Dieu, si long-temps invisible,
S'avance, précédé de sa gloire terrible;
Entouré du tonnerre, au milieu des éclairs,
Son trône étincelant s'élève dans les airs.
Le grand rideau se tire, et ce Dieu vient en maître.
Malheureux qui pour lors commence à le connaître!
Les anges ont partout fait entendre leur voix,
Et, sortant de la poudre une seconde fois,
Le genre humain, tremblant, sans appui, sans refuge,
Ne voit plus de grandeur que celle de son juge.

Il y a du sublime dans ces vers où Horace peint l'impassible fermeté du juste écrasé sous les ruines du monde :

*Si fractus illabatur orbis,*
*Impavidum ferient ruinæ.*

Voici comment M. de Lamartine les a imités, en y joignant de beaux développemens :

Pour moi, quand je verrais, dans les célestes plaines,
Les astres s'écartant de leurs routes certaines,
Dans les champs de l'éther, l'un par l'autre heurtés,
Parcourir au hasard les cieux épouvantés ;
Quand j'entendrais gémir et se briser la terre,
Quand je verrais son globe, errant et solitaire,
Flottant loin des soleils, pleurant l'homme détruit,
Se perdre dans les champs de l'éternelle nuit ;
Et quand, dernier témoin de ces scènes funèbres,
Entouré du chaos, de la mort, des ténèbres,
Seul je serais debout ; seul, malgré mon effroi,
Être infaillible et bon, j'espèrerais en toi,
Et, certain du retour de l'éternelle aurore,
Sur les mondes détruits, je l'attendrais encore.

Les morceaux suivans inspirent l'effroi, la terreur et le saisissement, par un certain degré de vague et d'obscurité si bien ménagé, qu'en donnant l'essor à l'imagination il rend le sublime plus terrible et plus imposant :

« Une parole secrète m'a été dite, et mon « oreille l'a reçue furtivement, comme le bruit « d'un souffle léger qui murmure en se faisant « un secret passage. Dans l'horreur d'une « vision nocturne, lorsque les hommes sont « ensevelis dans un profond sommeil, la terreur « m'a saisi et je l'ai éprouvée jusque dans mes

« os; le poil même de ma chair s'est hérissé par « l'effet du saisissement que j'ai ressenti quand « l'esprit a passé devant moi. Quelqu'un m'est « apparu dont je ne connaissais pas le visage; il « s'est présenté comme un fantôme devant mes « yeux, et j'ai entendu une voix semblable à « un vent léger. L'homme sera-t-il trouvé juste « si on le compare à Dieu, et sera-t-il plus « innocent que celui qui l'a fait (1)?... »

Un voyageur raconte ainsi l'effet d'une tempête qu'il essuya pendant la nuit :

« Au milieu d'une mer orageuse, nous « aperçûmes, à la lueur des éclairs, un autre « vaisseau qui, comme nous, luttait contre la « tempête; tout-à-coup, dans l'obscurité, nous « entendîmes un cri épouvantable, et puis, « après, nous n'entendîmes plus rien que le « bruit des vents et des flots. » La description

---

(1) *Ad me dictum est verbum absconditum, et quasi furtive suscepit auris mea venas susurri ejus. In horrore visionis nocturnæ, quando solet sopor occupare homines, pavor tenuit me, et tremor, et omnia ossa mea perterrita sunt : et cum spiritus me præsente transiret, inhorruerunt pili carnis meæ. Stetit quidam, cujus non agnoscebam vultum, imago coram oculis meis, et vocem quasi auræ lenis audivi. Numquid homo, Dei comparatione, justificabitur, aut factore suo purior erit vir?* (JOB, 4, 12-17).

la plus détaillée eût été au-dessous de ce récit.

Exemples du sublime de sentiment et de circonstance.

85. Donnons maintenant des exemples du sublime de sentiment et de circonstance. Lorsqu'on vient annoncer au vieil Horace que deux de ses fils ont été tués, et que le troisième, se voyant hors d'état de résister contre trois, a pris la fuite, il s'indigne de la lâcheté de ce dernier. Une sœur du jeune Horace dit à son père : *Que vouliez-vous qu'il fît contre trois?* Le vieil Horace s'écrie : *Qu'il mourût!* Ces derniers mots, qui expriment si vivement l'idée que ce Romain avait du courage et de l'honneur, sont sublimes.

Le dernier vers de ce passage de Racine renferme un sentiment sublime :

Celui qui met un frein à la fureur des flots,
Sait aussi des méchans arrêter les complots.
Soumis avec respect à sa volonté sainte,
*Je crains Dieu, cher Abner, et n'ai point d'autre crainte.*

Ces paroles de l'un des défenseurs de Louis XVI (1), aux conventionnels : *Je cherche parmi vous des juges, et je ne trouve que des accusateurs*, sont sublimes en ce qu'elles montrent une hardiesse et un courage étonnans dans de pareilles circonstances.

(1) Desèze.

Auguste a découvert que Cinna conspire contre lui ; il l'a convaincu de son crime ; il peut se venger, ordonner de sa vie, et il lui dit :

Soyons amis, Cinna, c'est moi qui t'en convie.

Cette déclaration inattendue est un trait sublime qui enlève l'admiration pour la clémence de l'offensé.

C'est un trait sublime que celui que nous avons rapporté de Massillon, qui, à la vue des trophées de la mort, et après un silence de quelques instans, commence son *Oraison funèbre de Louis XIV* par ces mots : *Dieu seul est grand, mes frères !*

Il y a aussi du sublime dans cette apostrophe qui termine la supposition du même orateur, dans son sermon *sur le petit nombre des élus : O Dieu ! où sont vos élus, et que reste-t-il pour votre partage ?*

Le sublime est dans les choses plus que dans les expressions.

86. Le sublime est moins dans les mots que dans les choses. « Vous aurez beau accumuler les expressions les plus nobles, les phrases les plus pompeuses, dit M. Pérennès, vous n'atteindrez jamais au sublime s'il n'y a, dans les choses que vous exprimez, une force réelle, une véritable grandeur. Bien plus, les mots les plus communs, les plus simples, les plus familiers peu-

vent devenir sublimes par les circonstances dans lesquelles ils sont prononcés. Malesherbes, condamné à mort pendant la révolution, fait un faux pas en sortant de la prison pour marcher au supplice : *Ceci*, dit-il, *est de mauvais augure ; un Romain serait rentré chez lui.* Ce mot, dans une situation ordinaire, serait une plaisanterie commune. Mais, dans la bouche d'un homme qui va porter sa tête sur l'échafaud, il indique une prodigieuse fermeté d'ame ; il est sublime. Les premiers fidèles qui, en présence de la mort et des plus horribles tortures, prononçaient ces seuls mots : *Je suis chrétien!* déployaient une force et un courage surnaturels, qui seront, dans tous les siècles, l'objet de l'admiration des hommes.

Le sublime et le ridicule se touchent.

87. « Ainsi des paroles communes peuvent recevoir des circonstances où elles sont prononcées un caractère de grandeur qui peut aller jusqu'au sublime. Mais aussi le contraire a lieu fréquemment. Des mots sublimes, appliqués à une circonstance vulgaire, perdent toute leur grandeur et toute leur force. La puissance de l'homme tient toujours par quelque côté de la faiblesse et de la misère ; et *le sublime*, comme on l'a souvent dit, *est voisin du ridicule.* »

« Tous extrêmes se touchent, dit Maury, et entre un trait sublime et un trait burlesque il n'y a souvent qu'une ligne. L'homme d'un grand talent monte si haut qu'on le perd de vue; s'il s'arrête un seul instant, il s'abat; et plus son vol était hardi, plus sa chute est profonde; au lieu que l'écrivain médiocre est séparé de ces abîmes par l'immensité des espaces intermédiaires qui, en l'éloignant de la région du génie, le préservent nécessairement de ses écarts; et, de même qu'il s'élève sans devenir grand, il déchoit sans se trouver fort au-dessous des lieux communs qui forment son élément ordinaire. Aussi peut-on observer qu'il est beaucoup plus aisé de parodier un chef-d'œuvre plein de génie, et surtout les plus beaux endroits de ce chef-d'œuvre, qu'un ouvrage médiocre (1). C'est le

(1) Dans une pièce de M. Delavigne, un jeune homme raconte à un de ses amis que son oncle vient de mourir entre les mains de trois médecins. *Que vouliez-vous qu'il fît contre trois*, lui demande-t-il? — *Qu'il mourût!* répond son ami; et le vers sublime de Corneille fait rire le parterre. L'auteur du *Cid* a dit, en parlant d'un vieux guerrier : *Ses rides sur son front gravaient tous ses exploits*. Ce vers pompeux, appliqué, dans la comédie des *Plaideurs*, à un huissier fameux par des exploits d'un autre genre, produit un effet comique (Pérennès).

concours d'une multitude de circonstances qui forme le sublime ; changez-en une seule, substituez même, dans une phrase, un mot à une autre expression synonyme en apparence, mais sans noblesse et sans harmonie, l'enflure, l'exagération, le ridicule vont frapper tous les esprits ; et vous rirez du même trait qui enlevait votre admiration, ou qui vous arrachait des larmes. »

Il y a des choses qui sont sublimes et qui ne le sont qu'une fois. Ordinairement les traits sublimes sont imprévus. Ceux qui veulent imiter les originaux tombent assez souvent dans le ridicule. Qu'un prédicateur, par exemple, se mette à représenter le trait de Massillon dans son début de l'*Oraison funèbre de Louis XIV*, il se rendra ridicule. Il en serait de même de beaucoup d'autres traits. En général, le sublime dans le même genre reste original, surtout quand il tient aux circonstances.

L'art n'apprend point à être sublime. — Quels sont les vrais moyens de le devenir.

88. Ce n'est point l'art qui apprend à être sublime. Ceux qui l'ont été, l'ont été sans y penser. « Quelques rhéteurs, dit M. Pérennès, ont prétendu que le sublime résultait de l'amplification des figures, du choix et de l'arrangement des mots. C'est là une grande erreur. Le

sublime, comme nous l'avons vu, étant dans les choses, la première condition pour le produire est d'appliquer son esprit aux grandes et nobles idées. Mais l'esprit est soumis à l'influence du caractère et des habitudes morales. *L'esprit se sent toujours des bassesses du cœur*, a dit Boileau. Il est donc nécessaire, pour produire le sublime, d'avoir une ame élevée. « Il est « impossible, dit Longin, qu'un esprit rabaissé « vers de petits objets produise quelque chose « qui soit digne d'admiration et fait pour la « postérité. On ne met dans ses écrits que ce « que l'on puise en soi-même, et le sublime « est, pour ainsi dire, le son que rend une « grande ame. » Cette opinion est confirmée par l'expérience. Les hommes renommés pour la grandeur de leurs conceptions ont été des hommes célèbres par l'élévation de leur esprit et la noblesse de leur ame. C'est parce qu'il était dévoué à sa patrie, et enflammé d'une généreuse ardeur pour la gloire et la liberté d'Athènes, que Démosthènes s'élevait jusqu'au sublime, quand, développant cette maxime si morale, que l'homme doit accomplir ses devoirs sans considérer ce qu'il en peut advenir, il jurait, par les mânes des citoyens morts à

Marathon, à Salamine et à Platée, que les Athéniens n'avaient point failli en défendant, à leur propre péril, l'indépendance de la Grèce. Si Bossuet remuait si profondément ses auditeurs, et les frappait à la fois de terreur et d'admiration, quand il montrait, sur le cercueil d'un grand de la terre, la vanité et le néant de toutes les grandeurs humaines, c'est que la religion, dont son ame était pénétrée, l'élevait et le soutenait à cette hauteur, que le génie humain, livré à ses propres forces, n'eût jamais pu atteindre. C'est aussi aux inspirations d'une ame pieuse et tout évangélique que Massillon devait ces traits hardis qui enlevaient tout son auditoire, et le faisaient tressaillir d'effroi à la pensée des jugemens de Dieu. » A leur exemple, l'orateur chrétien deviendra sublime sans y penser, s'il a soin de nourrir son esprit et son cœur des grandes vérités de la foi, et surtout si, en y joignant une grande vertu, il sait, à l'imitation de Bossuet, se rendre familier l'usage des livres saints.

Des moyens de former son style.

89. Terminons ce chapitre en indiquant quelques moyens de former son style, qu'on pourra joindre à ceux dont nous venons de par-

ler. Ce que nous en avons dit ailleurs serait insuffisant si nous n'y revenions pas.

1er MOYEN. — La lecture des bons modèles.

90. Le premier est *la lecture des bons modèles*. « Elle a toujours été regardée, dit l'abbé Girard, comme singulièrement propre à développer le germe des talens. La voie des préceptes est longue, celle des exemples est beaucoup plus courte. Les maîtres peuvent nous donner des règles du style; c'est dans les auteurs qu'il faut en chercher la pratique. Mais quels auteurs doit-on lire? et comment doit-on les lire? » Voici quelques avis à ce sujet (1). Nous les adressons surtout à ceux qui commencent. Qu'ils choisissent parmi les auteurs, et principalement parmi les orateurs chrétiens, ceux que le jugement des siècles et l'opinion du clergé éclairé a placés au premier rang. Qu'ils se bornent rigoureusement à un petit nombre de modèles (2). Lisez peu à la fois; les objets se

---

(1) Nous continuerons d'exposer ce que dit l'abbé Girard, en faisant cependant à son texte les mutations que nécessite la différence du but que nous nous proposons.

(2) *Timeo hominem unius libri*, disait, d'après un ancien, le docteur angélique saint Thomas d'Aquin. En effet, il y a toujours plus de vraie science dans celui qui n'a lu qu'un bon livre, mais qui l'a bien

fixeront plus aisément dans votre esprit. Lire trop à la fois, c'est ordinairement se fatiguer sans fruit. L'esprit s'affaisse sous le poids dont on le charge. « Il est comme les fleurs et les « plantes, a dit ingénieusement un de nos meil- « leurs critiques, qui se nourrissent mieux « quand on les arrose modérément ; mais quand « on leur donne trop d'eau, on les suffoque et « on les noie. » (CLÉMENT.)

Appliquez-vous, en lisant, à saisir le plan, la conduite, l'ensemble de l'ouvrage ou du discours que vous lisez ; à découvrir l'enchaînement, la suite et la progression des pensées et des sentimens ; à en démêler la vérité, la justesse, le naturel, la force, la solidité, etc. Ainsi vous verrez l'accord des choses avec les mots et les phrases, avec les figures et les tours, et avec tous les ornemens du discours. Vous en

---

lu, que dans celui qui en a lu plusieurs, sans se donner le temps de les méditer et de les approfondir. Les grands lecteurs sont ordinairement des hommes superficiels et rarement de vrais savans. Il faut donc lire peu de livres et beaucoup lire ceux qu'on lit, c'est-à-dire les lire plusieurs fois et avec attention. Tel est le sens de ces mots de Pline le jeune : *Multum legendum, non multa.* (LIB. VII, EPIST. 9.)

apprendrez plus par cette étude que par toutes les leçons des rhéteurs.

2e MOYEN. — La composition. Exercices préliminaires.

91. Le premier moyen prépare au second, qui est la composition dont nous traiterons spécialement dans le chapitre suivant. Elle est le fruit de la lecture. Celle-ci enrichit l'esprit, celle-là lui apprend à faire usage de ses richesses. *L'exercice dans l'art d'écrire*, dit Cicéron, *est le meilleur de tous les maîtres.* Avant d'inventer tout-à-fait, on pourra s'exercer d'abord à traduire. Cette pratique a de grands avantages, non-seulement pour former le style, mais pour apprendre à penser et pour faire acquérir la facilité de s'exprimer. *La traduction*, dit Daguesseau, *est comme l'école de ceux qui se destinent à peindre par la parole.* Qu'on essaie donc de traduire quelques morceaux éloquens des anciens, comme ont fait Bossuet et Fénélon, et on sentira quelle fécondité d'idées, de tours et d'expressions procure cet exercice, et combien il est propre à développer le talent. En traduisant les plus beaux passages des auteurs, surtout ceux des écrivains sacrés et des saints Pères, on reçoit d'eux immédiatement des leçons d'éloquence et de goût.

Il serait très-utile de traduire ensuite des

passages substantiels de vieux auteurs qui ont écrit dans les premiers temps de notre langue, comme l'a fait Massillon, relativement au P. Lejeune, et de comparer ces traductions aux passages analogues des auteurs du siècle de Louis XIV. On peut, par exemple, remarquer avec quel art Massillon a su fondre dans ses sermons le riche fond du célèbre missionnaire, et rendre en français moderne les beaux traits de son devancier. Il faut avouer que traduire ainsi c'est inventer. A la traduction on fait succéder un autre exercice qui est moins facile, mais qui perd beaucoup de ses difficultés quand il vient après ceux que nous venons d'indiquer. Cet exercice est l'*imitation*, qui est le moyen le plus sûr pour se former à l'art d'écrire, pourvu toutefois qu'on choisisse bien ses modèles. Nous en parlerons dans le chapitre qui suit.

www.ingramcontent.com/pod-product-compliance
Lightning Source LLC
LaVergne TN
LVHW020552110826
845149LV00002B/241

*9782014485127*